KB060332

디팩 초프라의
더 젊게
오래 사는 법

더 젊게 오래 사는 법

ⓒ 나비스쿨, 2024

발행일 2024년 6월 10일 1판 1쇄 발행
2024년 7월 30일 1판 2쇄 발행
지은이 디팩 초프라, 데이비드 사이먼
펴낸이 조우석
펴낸곳 나비스쿨
편집장 김현정
디자인 studio J
인쇄 예원프린팅

등록 No.2020-00008
주소 서울특별시 성북구 돌곶이로 40길 46
이메일 navischool21@naver.com

ISBN 979-11-984403-8-9 (03190)

디팩 초프라의

더 젊게
오래 사는 법

디팩 초프라
데이비드 사이먼
김석환 옮김

나비
스쿨

기억하세요.

우리에겐

젊음을 되찾고 노화를 물리칠

강력한 힘이 있습니다.

디팩 초프라

누구나 젊음을 되찾을 수 있습니다. 이 책을 두 번 이상 읽고 모든 원칙을 이해하세요. 핵심을 모두 이해했다면 시작할 날짜를 정하세요. 한 주에 한 가지씩, 10주 동안 실천하세요. 머지않아 그 결과에 놀라게 될 것입니다.

10주는 습관을 만드는 데 필수적인 시간입니다. 축하합니다. 당신은 젊고 건강한 삶을 누리는 평생 습관의 길에 들어섰습니다.

『늙지 않는 몸, 영원한 마음』(Ageless Body, Timeless Mind) 초판이 지금으로부터 30여 년 전에 출간되었습니다. 이 책의 핵심 메시지는 인간의 신체가 꾸준히 퇴화하는 생물학적 기계가 아니라는 것입니다. 오히려 인간은 환경과 역동적으로 교류하는 존재, 정보와 지성의 네트워크가 훌륭하게 체계화되어 있는 존재, 변형과 재생이 가능한 존재입니다. 『늙지 않는 몸, 영원한 마음』이 출간된 이후 초프라 웰빙 센터를 찾은 수많은 이들이 책 속 원리를 적용하여 삶의 질을 드높였습니다. 이 책은 지금도 많은 사랑을 받고 있지요. 많은 독자와 평론가들이 『늙지 않는 몸, 영원한 마음』에 변함없는 찬사를 보내고 있습니다.

이번에 선보이는 『더 젊게 오래 사는 법』은 이러한 의식을 습관화할 수 있는 10가지 실천법을 담고 있습니다. 이를 통해 십 년은 더 젊어질 수 있습니다. 이 책에 담긴 실천법은 간단하고 명료합니다. 즉각적인 실천으로 생물학적 나이를 되돌리면 무한대의 창의력과 활력이 넘치는 내면의 저장고를 발견하게 될 것입니다.

이 책을 선택한 당신은 사회의 통념에 기꺼이 도전하는 열정적인 사람일 가능성이 큽니다. 인생의 후반기를 쇠퇴하는 시기로 보기보다는, 더 큰 지혜와 창의성을 발견하는 기회로 여기고 있지요. 건강한 몸과 마음으로 90세를 맞이하는 일이 이제 더는 꿈이 아닙니다. 실제로 그런 성취를 하는 사람이 점점 많아지고 있습니다.

『더 젊게 오래 사는 법』은 재생을 위한 안내서로 설계되었습니다. 우리는 여러분이 이 책의 가르침을 총 10주 동안 실천할 것을 권장합니다. 무언가를 아는 것은 변화를 일으키는 첫 단계입니다. 하지만 안타깝게도 이 책을 읽는 것만으로는 노화를 되돌릴 수 없습니다. 프로그램의 이점을 최대한 누리려면 권장 사항을 매일 충실하게 실행

해야 합니다.

어떤 분은 이런 의문을 가질 수도 있습니다. 젊음을 되찾는 것이 과연 중요한가에 관해서요. 만약 우리가 시작도 끝도 없는 불멸의 영혼이라면, 우리의 본성이 물질 법칙에 지배받지 않는 초월적 실재라면 오래 사는 것이 정말 중요할까요? 젊어지기 위해 애를 써야 할까요? 그것이 허영심은 아닐까요? 진정한 자아를 바라보지 못하게 되는 것은 아닐까요?

그럴 때 우리는 말합니다. 더 깊은 현실에서는 모든 것이 '놀이'라고요. 인생은 자신을 찾기 위해 자신을 잃어버리는 숨바꼭질 같은 우주 게임입니다. 본질적으로 우리는 같은 존재이며, 젊든 늙든, 악당이든 영웅이든, 죄인이든 성인이든 별다른 차이가 없습니다. 이 책의 진정한 목적은 더 깊은 현실, 순수한 잠재력, 정신의 영역이 당신의 진정한 본질임을 알리는 것입니다. 젊음을 되찾는 것은 가능성의 일부일 뿐이며, 이것을 구현할지 여부는 오직 당신에게 달려 있음을요.

우리는 순수한 영적 잠재력을 추구합니다. 영적 잠재력을 탐구하는 수단은 인간의 신체, 인간의 신경계, 인간의 마음입니다. 진정한 본성을 찾을 수 있도록 몸과 마음을 다스리는 것은 매우 가치 있는 일입니다.

인간의 신경계로 경험하는 삶은 기적적인 창조의 선물입니다. 삶에 대한 인식을 바꿈으로써 현실을 바꿀 수 있다는 점에서 우리는 축복받은 존재이지요. 인식을 바꾸고 새롭게 행동할 때 우리는 말 그대로 다른 육체를 만들 수 있습니다. 고대 아유르베다의 치유 체계에 이런 말이 있습니다. "과거의 경험을 알려면 현재의 몸을 살펴보라. 미래의 몸을 알려면 현재의 경험을 살펴보라."

이 책의 기본 원리는 모든 경험이 우리 몸의 화학과 전기로 변환된다는 것입니다. 생각, 감각, 느낌에 따라 우리의 신경계는 신체를 조절하는 전달자를 생성합니다. 이러한 생화학적 전달자는 세포, 조직, 장기를 구성하는 분자를 만들어내지요.

심신 의학 분야에서는 우리가 내리는 선택이 삶의 모든 면을 좌우한다고 말합니다. 몸과 마음은 밀접하게 연결되어 있어서 한쪽의 변화가 다른 쪽에 즉각적인 영향을 미칩니다. 초프라 센터에서 경험한 수많은 사실을 통해 우리는 이 프로그램이 당신의 생각과 느낌을 개선할 수 있다고 확신합니다. 당신은 젊음을 되찾을 능력이 있습니다. 이책이 그런 당신을 도울 것입니다. 위대한 여정에 첫발을 디딘 당신을 환영합니다. 10주 후 당신이 성공했다는 소식을 기다리겠습니다.

차례

들어가며

생각의 감옥에서
탈출하라

———————

지금까지 쌓아왔던 생각을 버리세요.
생각을 바꾸면 곧바로 젊어질 수 있습니다.
노화를 촉진하는 가장 큰 원인은
바로 당신의 생각입니다.

당신은 지금껏 감옥 안에서 살아왔습니다. 자아의 한계는 전적으로 마음에서 비롯됩니다. 젊음을 되찾고 싶다면 이 감옥에서 탈출해야 합니다. 불필요한 한계에 갇혀 사는 것을 탓하자는 것이 아닙니다. 새끼 코끼리의 다리를 말뚝에 묶어두면 이내 자신의 한계를 실감합니다. 그리고 몇 년 뒤, 어른 코끼리가 된 뒤에도 그 말뚝에서 벗어나지 못합니다. 나무를 통째로 뽑을 힘을 지녔는데도 말이지요.

대부분의 사람들도 마찬가지입니다. 자신의 세계관에 의문을 제기하지 않고 어린 시절에 배운 한계 안에서 생각하고 행동합니다. 더 건강하고 풍요롭게 살기 위해서는 그동안 진실이라 믿었던 것들이 습관화된 생각에서 비롯된 것이라는 사실을 깨달아야 합니다. 우리는 확언이 가득한 세상에서 태어납니다. 우리를 둘러싼 말들이 우리의 생각과 행동이 되지요. 젊음과 노화를 바라보는 관점도 마찬가지입니다. 지금껏 신체의 노화는 당연한 것으로 여겨졌습니다. 그 사실에 의문을 제기한 사람은 없었습니다. 세대를 거듭할수록 그 생각은 강화되었습니다. 나이가 든다는 것은 정신적, 육체적 능력이 감소한다는 습관적인 생각이 굳어졌습니다. 이제 그것을 바꿀 때가 왔습니다.

양자 도약의 가능성

동양의 전통적인 지혜와 양자 물리학의 극적인 발견을 바탕으로 우리는 노화에 대한 당신의 생각을 바꾸고자 합니다. 이러한 시도가 처음에는 급진적으로 보일 수도 있습니다. 하지만 이 책을 통해 당신은 반드시 젊음을 되찾을 수 있습니다.

양자 물리학의 관점에서 볼 때 현실은 신비롭고 마법 같은 곳입니다. 일상생활의 물리적 차원에서는 시간과 공간이 지배적이고 에너지 고갈, 부패, 노화 등이 일반적인 현상이지만, 이것은 양자 현실의 특징이 아닙니다. 양자 영역은 순수한 잠재력의 원천이며, 우리의 신체/정신 시스템, 물리적 우주의 원료를 만들어냅니다. 양자 영역은 창조의 자궁입니다. 눈에 보이는 것이 설계되고 조립되는 보이지 않는 세계입니다. 양자 물리학의 핵심 원리는 다섯 가지로 요약됩니다:

1. 양자 영역에는 고정된 것이 없고 가능성만 존재한다.

2. 양자 영역에서는 모든 것이 서로 얽혀 있고 분리될 수 없는 하나다.

3. 양자 도약은 양자 영역의 한 특징이다. 양자 도약은 중간에 어떤 장소나 시간을 거치지 않고 공간이나 시간의 한 위치에서 다른 위치로 이동할 수 있는 능력이다.

4. 양자 영역의 법칙 중 하나는 불확정성 원리이다. 이는 어떤 사건 이 입자(물질)이면서 동시에 파동(에너지)이라는 것을 의미한다. 즉 당신의 의도가 그것을 입자로 볼지 파동으로 볼지를 결정한다.

5. 양자 영역에서 사건을 만들어내기 위해서는 관찰자가 필요하다. 원자보다 작은 입자는 관찰되기 전에는 가상의 입자로만 존재하 며, 모든 사건은 관찰되는 순간까지 가상의 사건이다.

우리의 신체/정신 시스템도 우주 만물의 근간이 되는 똑같은 양자 장이 표현된 것입니다. 따라서 우리는 이러한 양자 원리를 신체와 노화를 바라보는 방식에 적용할 수 있습니다. 생물학적 관점에서 다시 설명하면 이렇습니다:

1. 당신은 단순히 습관적으로 동일시하고 있는 육체가 아니다. 당신 의 본질적인 상태는 무한한 가능성의 장이다.

2. 당신의 몸은 우주 전체와 분리할 수 없는 하나다. 완벽하게 건강 할 때 당신은 확장된 느낌을 받는다. 불편함이나 질병이 있을 때, 오직 그때만 당신은 위축된다. 이것은 분리된 느낌에서 비롯된다.

3. 당신은 지각과 해석에서 비약적인 도약을 할 수 있다. 이러한 비약적인 도약으로 당신은 신체의 경험뿐만 아니라 신체 구조 자체를 바꿀 수 있다. 신체가 지닌 생물학적 나이도 비약적인 도약을 이룰 수 있다. 모든 중간 시기를 거치지 않은 채 말이다.

4. 당신의 몸은 물질(입자)인 동시에 비물질(파동)이다. 당신은 몸을 물리적으로 경험할 수 있다. 그리고 에너지, 변형, 지성의 네트워크로도 경험할 수 있다.

5. 어떤 생물학적 나이를 경험할지 결정하기 전에는 당신에게 모든 나이가 열려있다. 어떤 나이가 되고 싶은지는 당신에게 달려 있다.

만약 자신을 다른 것과 분리된 물리적 실체로 본다면 젊음을 되돌릴 소중한 기회를 포기하는 것입니다. 자신을 모든 것과 연관된 가능성의 영역으로 바라보면 새로운 기회가 펼쳐집니다. 생각의 전환을 통해 우리의 신체/정신 시스템, 우리가 인식하는 세계, 우리 존재의 본질을 완전히 새롭게 이해할 수 있습니다.

> 양자 물리학의 관점으로 우리 몸을 바라보면
> 노화를 다루는 새로운 길이 열린다.
> 이를 통해 우리는 젊음을 되찾을 수 있다.

전통적인 지식은 우주의 작용을 이해하고 설명하려고 노력합니다. 양자 물리학의 관점은 생명, 신체, 노화를 바라보는 흥미로운 방식을 제공합니다. 동양의 유구한 지혜는 현실의 본질에 대해 놀라운 통찰력을 제공합니다. 현대 과학과 고대 지식 전통을 모두 탐구하는 우리는 삶에 대한 서로 다른 관점이 점점 더 밀접하게 일치하는 것에 고무됩니다. 인도의 고대 치유 전통인 아유르베다에 따르면 노화는 환상에 불과합니다. 진정한 자아는 몸도 마음도 아니기 때문입니다. 당신의 본질적인 본성, 즉 진정한 당신은 육체적, 정신적 층을 넘어 현존하는 인식의 영역에 자리합니다. 이 의식의 영역은 마음속의 생각과 몸속의 분자 모두를 일어나게 합니다. 시간과 공간이 아무런 의미가 없는 이 인식의 영역을 활용하는 것이 곧 정서적, 육체적 재생의 기초입니다.

이 순수한 잠재력에 접근하는 것은 신체적 결과뿐 아니라 영적인 결과도 가져옵니다. 당신의 본질적인 자아를 우주의 다른 모든 것과 불가분의 관계에 있는 초공간적 존재로서 알게 될 때, 삶에서 더 큰 창의성과 의미와 목적이 깨어납니다. 건강을 개선하고 젊음을 되찾는 가장 심오한 방법은 궁극적으로 영적인 방법이지만, 모든 사람이 이러한 접근 방식을 즉시 받아들일 준비가 되어 있는 것은 아닙니다. 어떤 사람은 체중 감량을 원하고, 어떤 사람은 금연을 위해 도움이 필요하며, 어떤 사람은 건강한 정신을 기대할 수 있습니다. 모든 요구는 그 자체로 중요합니다. 이때 영적인 접근 방식을 취하면 의식의 진화로 가는 문이 열립니다. 이를 통해 더 많은 것이 가능해집니다.

> 영적인 접근 방식이란 우리의 주의와 의도를
> 국소적으로 집중하면서도
> 인식을 확장한다는 것을 의미한다.

우리가 어떤 행동을 하는 이유는 그 행동이 우리에게 만족과 성취감, 행복을 가져다주기를 바라기 때문입니다. 모든 욕망의 근원이자 목표인 영적 영역을 포용할 때, 우리를 둘러싼 피할 수 없이 변화하는 상황, 환경, 사람과는 무관하게 만족, 행복, 성취의 가능성이 생깁니다. 이 영역에 있는 운이 좋은 사람들은 흔히 깨달음이라고 불리는 것을 성취합니다.

영적인 관점에서 자신의 선택을 바라본다는 것은 '당신은 누구인가? 당신은 왜 여기에 있는가? 정말로 원하는 것은 무엇인가? 어떻게 가장 잘 봉사할 수 있는가?' 같은 큰 질문을 던지는 것을 의미합니다. 언뜻 보기에 이러한 질문은 노화 과정을 늦추는 것과는 무관해 보일 수 있지만, 실제로는 재생에 필수적인 질문입니다. 내면의 기준점을 자신이 쌓아온 지위와 소유물에 두는 자기중심적 존재로부터 보편적 지성의 실타래로 짜인 의식적 에너지 네트워크로 전환하는 것은 신체/정신 시스템에 큰 영향을 미칩니다. 100세, 또는 그보다 더 오래 살고 싶은 이유가 자신의 창조적 잠재력을 최대한 발휘하기 위해서라는 것을 분명히 알 때, 당신의 몸에서는 화학적이고 생리적인 변화가 일어나기 시작합니다. 자신의 고유한 재능을 파악하고 이를 다른 사람을 위해 사용하기로 결심할 때, 면역 체계가 강화됩니다. 규칙적으로 운동하거나 균형 잡힌 식사를 준비하는 것이 즐거운 경험이라고 생각할 때, 순환기 건강이 개선되고 혈압이 낮아집니다. 당신의 인식과 해석과 기대는 정신적, 육체적 건강의 모든 측면에 영향을 미칩니다. 관점을 바꾸고 새로운 선택을 하는 것은 당신의 삶을 좋은 방향으로 이끄는 가장 강력한 도구가 됩니다.

재생으로 가는 창

과학을 크게 발전시키는 방법의 하나는 일반적인 작동 방식에서 예외적인 상황, 환경, 사건을 연구하는 것입니다. 이를 변칙 또는 예외적인 규칙이라고 합니다. 대부분의 과학자는 변칙을 무시하지만, 사실 우리가 연구해야 하는 것이 바로 이런 것들입니다. 규칙을 어기는 것이 있다면 그것이 무엇이든, 아무리 드물게 일어나고 아무리 확률이 희박하더라도 새로운 가능성이 생겼다는 것을 의미합니다. 그리고 새로운 가능성이 나타났다면 거기에는 반드시 작동 원리가 존재하니다. 천만 명 중 단 한 명만이 암이나 에이즈에서 완치된다고 해도 우리는 주목해야 합니다. 많은 과학자가 너무 드물게 발생하여 지배적인 세계관을 침해하지 않는 사건은 무시하는 경향이 있습니다. 그들은 천만 명 중 한 명꼴로 일어날 정도로 드문 일인데 굳이 조사할 필요가 있느냐며 이상 현상을 무시하곤 합니다.

요점은 어떤 일이 천만 번 중 한 번만 발생해도 상관없다는 것입니다. 한 번이라도 발생했다면 그 발생을 설명할 어떤 작동 원리가 있어야 하기 때문입니다. 그리고 작동 원리가 있다면 과학자로서 우리는 그 작동 원리가 무엇인지 알고 싶어 합니다. 작동 원리를 이해하면, 우리가 그 현상을 재현할 수 있을지도 모르기 때문입니다.

갈릴레오, 코페르니쿠스, 뉴턴, 아인슈타인은 그 당시의 일반적인 가설에 의문을 제기하고 이전에는 무시되었던 현상을 자신의 견해에 포함했습니다. 이들을 비롯해 다른 위대한 과학자들 또한 이상 현상에 주목하고 이를 설명하는 작동 원리를 이해하려고 노력했습니다. 무언가가 패러다임에 맞지 않거나 이론에 맞지 않을 때, 그것은 우리에게 지금 사용 중인 모델을 재검토하게 만듭니다. 예외적인 상황을 포함하기 위해 이론을 확장하거나 변경하도록 강요합니다.

이에 관한 좋은 예가 있습니다. 제 친구 중 하나가 에이즈 진단을 받았습니다. 죽음을 눈앞에 둔 그는 삶을 바꾸기로 마음먹었습니다. 명상을 하고, 건강한 음식을 먹고, 삶에서 독소를 제거하기 시작했지요. 15년이 지난 지금, 그는 완전히 건강해졌습니다. 피검사를 해본 결과 HIV 바이러스가 완전히 사라진 것으로 밝혀졌습니다. 그의 변화는 매우 극적이지만, 이런 변화를 경험한 사람들이 최근 들어 점점 많아지고 있습니다. 우리의 의식 이론은 같은 경험을 하는 사람들이 임계치에 도달하면 모든 사람에게도 사실이 되리라 예측합니다.

우리는 이와 똑같은 원리가 인간의 노화에도 적용된다고 믿습니다. 최근의 역사를 살펴보면 평균 기대 수명이 현저하게 변화했음을 알 수 있습니다. 로마 제국 시대에 인간의 평균 수명은 28세였습니다. 20세기 초 서양인의 평균 수명은 49세였습니다. 과거에는 높은 유아 사망률이 인간의 기대 수명에 영향을 미쳤지만, 오늘날 미국 인구 중 가장 빠르게 증가하는 연령대는 90세 이상입니다.

오늘날 미국에서 태어난 여자아이의 기대 수명은 80세이며, 남자아이의 기대 수명은 74세입니다. 역사적으로 장수하면서 문명에 큰 공헌을 한 사람들이 많이 있습니다. 다빈치는 60대에 명화를 그려냈고, 톨스토이는 70대에 소설을 썼으며, 미켈란젤로는 80대에 대작을 완성했습니다. 시가와 스카치를 즐기던 처칠은 아흔 살까지 활기찬 삶을 누렸지요. 우리의 집단의식이 이 같은 경험을 포용함에 따라, 그것은 점차 일반적인 믿음이 될 것입니다.

인간이 같은 속도로 나이를 먹지 않는다는 사실을 알게 되면서 과학자들은 사람의 나이를 특징짓는 세 가지 다른 방법을 찾아냈습니다. 첫 번째는 출생 증명서에 기재된 연대기적 나이입니다. 연대기적 나이는 어머니의 자궁에서 나온 이후 지구가 자전축을 따라 태양 주위를 공전하는 횟수를 측정합니다. 연대기적 나이는 신체/정신 시스템의 접근을 통해 변경할 수는 없지만, 당신이 어떻게 느끼고 기능하는지와는 가장 관련이 적습니다.

두 번째는 생물학적 나이입니다. 생물학적 나이는 당신의 생리적 시스템이 얼마나 잘 기능하고 있는지를 측정한 것입니다. 이는 노화 과정에서 가장 중요한 요소입니다. 생물학적 나이는 같은 연대기적 나이를 가진 사람들의 평균 인구를 기준으로 계산됩니다. 거의 모든 생화학적, 생리적 과정의 값은 연령대별로 다르게 결정될 수 있습니다. 노화의 생물학적 지표 또는 생체 지표로 알려진 이러한 수치에는 혈압, 체지방량, 청각 및 시각 측정치, 호르몬 수치, 면역 기능, 체온 조절, 골밀도, 피부 두께, 콜레스테롤 수치, 혈당 내성, 유산소 능력 및 대사율 등이 포함됩니다. 일단 자신의 결과를 알고 나면 그룹 평균과 비교하여 자신의 생체 지표가 연대기적 또래보다 나이가 많은지 또는 어린지 확인할 수 있습니다. 생물학적 나이는 연대기적 나이와 매우 다를 수 있습니다. 자신을 잘 관리하는 50대는 그보다 훨씬 어린

30대의 생물학적 나이를 가질 수 있습니다. 반대로 건강에 주의를 기울이지 않은 30대는 그보다 훨씬 많은 50대의 생물학적 나이를 가질 수도 있습니다. 현재 생물학적 나이가 어떻든 우리는 이 책에서 권장하는 변화를 실천함으로써 이를 바꿀 수 있다고 믿습니다.

생물학적 나이는 노화 과정의 핵심 요소다.

세 번째는 심리적 나이입니다. 심리적 나이는 자신이 얼마나 늙었다고 느끼는지에 따른 주관적인 경험입니다. 우리는 30대 때보다 더 좋아진 느낌이라고 말하는 60대 사람들을 많이 만납니다. 이전에는 하루에 담배를 두 갑씩 피우고, 직장에서 행복하지 못했으며, 잘 먹지 못했을 수 있었습니다. 노화를 되돌리는 10가지 단계를 실천한 뒤, 이들의 정신적, 육체적 상태는 극적으로 개선되었습니다. 그들은 긴장을 풀고 삶을 즐기는 법을 배웠기 때문에 연대기적으로는 나이가 더 들었지만 몇 년 전보다 분명히 젊어졌다고 느낍니다. 심리적 나이는 생물학적 나이와 밀접하게 연결되어 있습니다. 신체가 더 효율적이고 활기찬 방식으로 기능할 때, 우리는 이러한 활력을 살아있다는 느낌으로 경험합니다.

비록 우리가 연대기적인 나이를 되돌릴 수는 없지만, 생물학적 나이와 심리적 나이라는 더 중요한 척도는 되돌릴 수 있습니다. 이를 통해 과거에 가졌던 신체적, 정서적 활력을 되찾을 수 있지요.

노화의 생체 지표

유산소 능력

항산화 수준

청각 측정치

혈압

혈당 조절

체지방

골밀도

콜레스테롤 및 지질 수치

호르몬 수치

면역 기능

신진대사 활동

근육량

근력

피부 두께

온도 조절

시각적 측정치

노화 연구

하버드에서 의학을 연구하던 알렉산더 리프는 건강하게 오래 사는 비결을 찾기 위해 전 세계를 여행했습니다. 그는 러시아 남부, 파키스탄 북부, 안데스산맥을 찾아갔는데, 그곳에서 사는 많은 이들이 80대나 90대에 이르러서도 활기찬 삶을 누린다는 사실을 확인했습니다. 그는 이런 사람들의 일관된 특징 중 하나가 노화에 대한 태도라는 것을 발견했지요. 그들이 속한 사회에서는 나이 듦을 성장으로 받아들였고, 활기찬 100세 노인이 지식과 존재감의 상징으로 존경받았습니다. 젊음을 유지하는 오랜 지혜가 그들 안에 쌓여 있었지요.

하버드의 심리학자 엘렌 랭거도 흥미로운 연구를 수행했습니다. 70대와 80대 남성을 대상으로 20년 젊어진 것처럼 생각하고 행동하도록 유도한 것이지요. 이 실험을 통해 그녀는 놀라운 결과를 얻었습니다. 겨우 닷새가 지났을 뿐인데, 실험에 참여한 사람들의 신체에 극적인 변화가 일어난 것입니다. 수치 측정 결과 청력과 시력이 향상되고, 손의 움직임이 좋아졌으며, 관절의 움직임이 향상되었습니다.

이 두 연구는 우리에게 같은 것을 말해줍니다. 기대치가 결과를 결정한다는 것입니다. 나이가 들면서 정신적, 육체적 능력이 감소할 것이라고 예상한다면 실제로 그렇게 될 것입니다. 젊어지고 더 오래 살 수 있다는 기대가 있다면 역시 그렇게 될 것입니다. 점점 더 많은 이들이 기대치를 바꾸고 젊음을 되찾는 경험을 하게 되면, 이는 곧 모든 사람의 기대가 될 것입니다.

삶의 에너지 회복

특정한 생화학 물질의 상태를 확인하고 싶을 때, 의사는 환자의 혈액을 채취하여 분석합니다. 미세한 샘플을 자세히 조사해 얻은 결과는 몸 전체에 적용되는 것으로 받아들여집니다. 예를 들어 혈당 수치를 확인하려면 작은 바늘로 채취한 극소량의 피만 검사하면 됩니다. 우리는 피 한 방울이 보여준 사실을 몸의 모든 피에 적용되는 사실이라고 가정합니다.

이 원리를 노화의 반전에 적용하면, 삶의 한 구성 요소에 건강한 변화를 주면 전체 상태에 긍정적인 영향을 미친다고 생각할 수 있습니다. 삶을 해치는 선택을 삶을 긍정하는 선택으로 더 많이 대체할수록 당신은 신체적, 정서적, 영적으로 더 큰 혜택을 경험하게 될 것입니다. 노화의 생물학적 지표 중 하나를 바꾸면 다른 지표도 바뀝니다. 근력을 개선하면 골밀도가 증가합니다. 유산소 능력을 개선하면 면역 기능이 향상됩니다. 따라서 젊음을 되찾는 10단계는 삶의 질을 근본적으로 개선하기 위한 실용적이며 총체적 접근 방식입니다. 이 방식은 간단하지만, 매우 강력합니다. 우리는 이것을 당신과 공유하고자 합니다.

신체는 밀접하게 연결된 전체이다.

따라서 생체 지표 하나를 바꾸면

모든 생체 지표에 영향을 미칠 수 있다.

　우리가 속한 사회는 나이가 들면 육체적, 정신적으로 쇠퇴한다고 믿게 만듭니다. 이러한 생각에서 벗어날 때, 당신은 매일 신체적, 정신적 능력을 향상시킬 수 있다는 사실을 경험을 통해 배우게 될 것입니다. 이것이 이 책의 약속입니다. 10단계를 실천하면 생물학적 나이를 되돌릴 수 있습니다. 그리고 생물학적 나이는 정말 중요한 유일한 나이입니다.

실천 1

인식을 바꾸어
젊음을 되찾아라

나는 내 몸과 노화, 시간에 대한 인식을 바꿈으로써 생물학적
나이를 되돌리고 있다.

나는 다음과 같이 실천한다:

1. 생체 지표를 재설정하여 노화에 대한 인식을 바꾼다.
2. 자기 참조 기법을 실천하여 시간에 대한 인식을 바꾼다.
3. 생명력을 깨달으며 내 몸에 대한 인식을 바꾼다.

인식이 현실을 만든다.
인식을 바꾸면 현실이 바뀐다.
신체, 노화, 시간에 대한 인식을 바꾸면
생물학적 나이를 되돌릴 수 있다.

아유르베다의 기본 원리는 다음과 같습니다. "당신이 보는 것이 당신이 된다."

당신이 보는 것은 주의를 기울이고 해석하는 선택적 행위입니다. 매 순간 수십억 비트의 감각 자극이 넘쳐나지만, 대부분은 선택적으로 걸러내고 극히 일부만 인식합니다. 당신이 인식하는 것은 세상을 보고 해석하는 습관적인 패턴에 따라 결정됩니다.

이 점을 명확히 이해하기 위해 친구와 함께 공원 벤치에 앉아 있는 상황을 생각해 보세요. 길 건너편에서 한 여성이 애완견을 산책시키고 있습니다. 여성 의류 매장의 매니저인 친구는 그 여성이 입고 있는 옷에 집중하며 옷차림을 면밀히 살펴봅니다. 그 옷이 마음에 들지 않는다는 생각에 친구는 약간 짜증이 납니다. 동물 애호가인 당신은 그 여성은 거의 신경 쓰지 못하고 대신 그녀의 개에 초점을 맞춥니다. 그

개는 당신이 어렸을 때 키우던 강아지를 떠올리게 하며, 그 결과 당신은 약간의 그리움을 느낍니다. 현실은 무엇일까요? 선택적 주의와 해석의 결과로 두 사람이 느끼는 현실은 분명히 다릅니다.

현실은 유연하고 수정될 수 있다.
현실은 주의를 기울이고 해석하는
선택적 행위인 지각의 결과이다.

이 원리를 보여주는 시각적 예는 많습니다. 다음 네 개의 그림은 각각 주의와 해석이 현실을 어떻게 결정하는지를 보여줍니다. 한 해석에서 다른 해석으로 넘어갈 때 감각 데이터는 변하지 않습니다. 당신이 보는 것은 의식의 변화로 인해 달라집니다.

성배가 보이나요? 얼굴이 보이나요?

노파가 보이나요? 젊은 여인이 보이나요?

얼굴이 보이나요? 단어가 보이나요?

새가 보이나요? 토끼가 보이나요?

당신의 주의와 해석이 보이는 것을 만들어내고 궁극적으로 당신이 믿는 것을 결정합니다. 믿음이란 단순히 당신이 진실이라고 생각하는 해석입니다. 예를 들어 볼까요? 반세기 전 대부분의 사람은 태양이 지구 주위를 돈다고 믿었습니다. 코페르니쿠스가 지구가 우주의 중심이 아니라고 주장했을 때, 다들 화를 냈습니다. 일반적인 믿음에 도전하는 것은 필연적인 저항을 불러일으키기 때문이죠. 하지만 인식을 확장하고 삶을 향상시키며 진리에 더 가까이 다가갈 수 있는 새로운 아이디어는 전염성이 있습니다. 얼마 지나지 않아 많은 사람이 새로운 아이디어를 받아들이지요. 그리고 세상에 대한 믿음은 영원히 바뀌게 됩니다.

최근 들어 진보적인 과학자들의 통찰력이 우리의 집단적 관점에 영향을 미치기 시작했습니다. 인체, 노화, 심지어 시간 자체에 대한 우리의 생각이 극적인 변화를 겪고 있으며, 전례 없이 건강, 활력, 장수의 가능성을 열어주고 있습니다. 우리에게 힘을 실어주는 이러한 신념들을 어떻게 받아들일지 살펴보도록 하지요.

> 관심과 해석의 오랜 습관은
> 깊이 뿌리내린 신념을 만들어내며
> 당신이 진실이라 믿는 해석을 만들어낸다.

노화에 대한 인식을 바꿔라

노화를 측정하는 진정한 방법은 생체 지표를 이용하는 것입니다. 이제 당신은 노화의 생물학적 지표를 되돌릴 수 있다는 걸 알고 있습니다. 이제는 젊음을 되찾는 명확한 기대치를 설정하기 위해 의도가 얼마나 커다란 영향을 미치는지 알아봐야 합니다. 왜냐하면 당신의 의도는 기대치를 설정하고 그 기대치는 결과에 영향을 미치기 때문입니다.

우리가 뭔가를 기대하면 그 일이 실제로 일어납니다. 수많은 과학적 연구가 이를 뒷받침하지요. 의사들은 이것을 '플라세보 효과'라고 부릅니다. 플라세보 효과는 의도의 힘을 보여주는 증거입니다. 의사와 환자가 치료법을 믿을 때, 나중에 그 치료법이 약리학적 효과가 없는 것으로 밝혀지더라도 긍정적인 결과가 100%에 달할 수 있습니다. 천식 환자에게 소금물을 주면서 호흡에 도움이 될 거라고 말하면, 플라세보 효과로 인해 더 쉽게 숨을 쉽니다. 똑같은 소금물을 내밀며 호흡을 힘들어질 거라고 말하면, 그들은 자신의 예상대로 호흡이 가빠지는 것을 경험하게 됩니다. 고혈압, 암, 위궤양, 협심증에 이르기까지 당신의 기대는 건강과 질병, 삶과 죽음의 차이를 만들 수 있습니다. 이 원리를 한 줄로 요약하면 다음과 같습니다. "당신은 당신이 믿는 대로 된다."

이 원리를 활용하면 큰 효과를 볼 수 있습니다. 더 젊어지고 더 오래 살겠다는 의도를 가지세요. 당신의 의도는 생명력을 강력하게 활성화하는 요소입니다. 젊어지고 싶다는 기대가 노화를 물리칠 수 있습니다.

생체 지표 설정하기

눈을 감으세요. 호흡을 알아차리고 몸의 긴장을 풀어보세요.

이제 생물학적으로 지난 15년 이내에 자신이 되고 싶은 나이를 선택하세요. 이는 그 나이에 있는 건강한 사람의 신체적, 정신적 능력을 갖추고 싶고, 생체 지표에 그 나이를 반영하고 싶고, 그 나이의 느낌과 외모를 갖고 싶다는 뜻입니다. 예를 들어 당신이 60세라고 해보지요. 45세에서 60세 사이의 나이를 선택하세요. 당신이 49세를 선택했다고 가정해 봅시다. 이것이 당신의 생체 지표가 됩니다. 즉 의식의 설정값이 됩니다. 온도 조절기가 방의 온도를 특정 설정값에 맞춰 조정하는 것처럼, 생체 지표도 당신이 선택한 생물학적 나이에 맞춰 심리와 생리를 조율할 것입니다.

이는 다음과 같은 작동 원리를 통해 일어날 것입니다. (1) 특정 생체 지표를 유지하려는 당신의 의도는 신체의 에너지, 변형, 지성에 직접적인 영향을 미칩니다. 의도가 무한한 조직력을 통해 생화학에 영향을 미치기 때문입니다. 이것이 목적론의 원리이며, 의도한 결과가 생물학적 작동 원리를 조율하여 스스로를 충족시킨다는 것입니다. (2) 의식으로 생체 지표를 유지하면 생각, 기분, 행동에 영향을 미치고 생체리듬을 그 설정값으로 유지하려는 의지가 강화됩니다. 일단 설정값을 정했다면 하루에 다섯 번씩 확언하세요. 일어나자마자, 아침 식사 전, 점심 식사 전, 저녁 식사 전, 취침 전에 다음과 같은 의식을 수행하는 것이 좋습니다. 이때마다 눈을 감고 다음 문구를 세 번 이상 마음속으로 반복하세요:

나는 매일 모든 면에서 정신적, 육체적 능력을 향상시키고 있다.
나의 생체 지표는 건강한 _____ 세로 설정되어 있다.
나는 건강한 _____ 세로 보이며, 그렇게 느껴진다.

이 의식을 수행한 후 며칠 내에 당신은 실제로 생체 지표의 수준에서 생각하고 행동하기 시작할 것입니다. 이에 따라 모든 습관이 영향을 받게 될 것입니다. 더 중요한 것은 생물학적 나이에 대한 당신의 인식이 바뀌기 시작한다는 것입니다. 생체 지표와 그 조직력, 그리고 당신의 새로운 신념이 새로운 생리를 만드는 것이지요.

시간에 대한 인식을 바꿔라

노화 과정을 되돌리려면 시간에 대한 인식을 바꿔야 합니다. 시간을 어떻게 인식하느냐에 따라 생체 시계가 조절되기 때문입니다. 이를 위해서는 중요한 질문을 던져야 합니다. "시간이란 무엇인가?" 물리적 세계에서 우리는 삶에서 일어나는 사건의 흐름을 측정하기 위해 시간을 사용합니다. 하지만 우리는 시간에 대한 우리의 경험이 유동적이라는 것을 알고 있습니다. 예를 들어 꿈속에서의 시간은 깨어 있을 때의 시간과는 매우 다릅니다. 꿈을 꾸고 있을 때, 많은 일이 아주 짧은 시간 안에 일어날 수 있습니다. 그 상태에서는 시간에 대한 인식이 완전히 다르기 때문입니다. 양자 영역에서 시간은 일련의 다른 규칙을 따릅니다. 원인과 결과는 비선형적이며, 우리가 일반적으로 '미래'로 생각하는 사건이 '과거'의 사건에 영향을 미칠 수 있습니다. 명상이나 경외심을 불러일으키는 경험을 통해 영의 영역을 엿볼 때, 우리는 시간과 공간을 넘어선 영역에 들어갑니다. 이러한 경험을 초시간적인 마음이라고 합니다. 신체/정신 시스템은 분리될 수 없기에 초시간적인 마음은 또한 나이가 없는 몸이기도 합니다. 마음이 멈출 때 시간도 멈추고 우리의 생체 시계도 멈춥니다.

노화를 정의하는 방법의 하나는 노화를 시간의 신진대사로 보는 것입니다. 당신이 영원이나 무한을 신진대사로 변환시킬 수 있다고 잠시 상상해 보세요. 당신은 말 그대로 불멸의 몸을 갖게 될 것입니다. 베다 시대의 고대 선견자들은 의식의 초시간적이거나 영원한 영역으로 가끔 여행하는 것만으로도 생체 시계에 영향을 미쳐 수명을 여러 해 연장할 수 있다고 주장했습니다.

인간의 신체와 생물학적 기능은 시간의 경험에 반응합니다. 생체 시계는 당신의 개인적인 시간 경험에 따라 똑딱입니다. 아인슈타인의 말을 바꿔 설명하자면 이렇습니다. 그는 상대성 이론을 매일의 경험과 연관 지어 의미 있는 방식으로 설명해 달라는 요청에 대해 이렇게 대답했습니다. "뜨거운 난로에 데면 그 1초가 영원처럼 느껴집니다. 하지만 아름다운 여성과 함께 있으면 영원이 1초처럼 느껴집니다. 순식간에 지나가지요. 절대 충분하지 않답니다."

시간 경험은 주관적입니다. 당신이 항상 서두른다면 생체 시계가 빨라집니다. 시간이 항상 충분하다고 느낀다면, 생체 시계는 느려집니다. 명상 도중에 생각과 생각 사이의 틈새로 들어갈 때 시간이 멈춥니다. 좋아하는 게임을 할 때, 멋진 음악을 들을 때, 자연의 아름다움을 경험할 때, 사랑에 빠졌을 때도 그런 일이 일어납니다. 시간은 의식의 주관적인 경험이며, 주관적인 경험은 신체의 생물학적 반응으로 해석됩니다.

변하지 않는 요소에 접근하기

경험은 변하지만 경험을 하는 사람은 불변의 영역에 있습니다. 어떤 경험을 하는 중에도 주의를 조금만 돌리면 그 경험자에게 접근할 수 있습니다. 간단한 연습을 해보세요. 이 글을 읽으면서 "누가 읽고 있는가?"라고 자신에게 물어보세요. 이제 당신이 앉아 있는 방을 둘러보면서 "누가 관찰하고 있는가?"라고 조용히 자신에게 물어보세요. 라디오가 켜져 있거나 옆방에서 누군가가 대화를 하고 있다면, 주변의 소리를 들으면서 "누가 듣고 있는가?"라고 자신에게 물어보세요.

이런 식으로 의식적으로 자신의 의식에 미묘한 변화를 주면 이러한 각 질문에 대한 답이 다 똑같다는 것을 알게 됩니다. 읽고 있는 사람, 관찰하고 있는 사람, 듣고 있는 사람은 어떤 특정한 경험에 국한되지 않습니다. 시간이나 장소에 제한되지 않습니다. 당신 안에는 조용한 목격자가 있습니다. 그 목격자는 당신이 어렸을 때나, 십대 시절에나, 어른이 되었을 때나 지금이나 똑같은 당신입니다. 그것이 바로 당신의 본질입니다. 아유르베다에 따르면 이 조용한 목격자가 바로 당신의 영입니다. 내면의 기준점이 당신의 경험으로부터 경험하고 있는 사람으로 바뀔 때, 당신은 시간의 장벽을 깨뜨리게 됩니다.

변화 속에서도 변하지 않는 것에 주의를 옮기는 연습을 해보세요. "누가 경험을 하고 있는가?"라고 질문하고 목격하고 있는 자신으로 다시 주의를 돌리는 것입니다. 이 연습은 경험하는 '자아'에게 주의를 돌리는 것이므로 '자기 참조'라고 합니다. 주의를 경험의 대상, 즉 경험 자체에 집중할 때 이러한 인식을 '대상 참조'라고 합니다. 대상 참조에서 자기 참조로 주의를 전환하는 것은 시간에 얽매인 지각(시간적 마음)에서 시간에 얽매이지 않은 지각(초시간적 마음)으로 전환하는 것입니다. 그 자아는 시간적 경험의 한가운데에 있는 초시간적 요소이기 때문입니다.

초시간적 마음을 경험하는 방법에는 다른 것도 있습니다. 기본적으로 그 방법들 모두 같은 원리를 포함합니다. 내면의 대화를 넘어 고요한 마음을 경험하는 것입니다. 이는 초시간적 마음과 같은 것입니다.

다음에 당신이 감정적 혼란을 느낄 때는 즉시 몸의 감각에 주의를 기울이고 의식적으로 감정적 경험에 대한 해석을 중단하세요. 감정을 수반하는 신체 감각에 주의를 집중할 때, 당신은 모든 해석을 멈춘 것이고, 당신의 마음은 고요해집니다. 당신은 몸의 감각을 지켜보는 고요한 목격자가 됩니다. 그렇게 함으로써 당신은 내면의 대화를 멈출 뿐만 아니라 감정적 격동의 에너지를 흩어버리기 시작합니다.

초시간적 마음을 경험하는 또 다른 방법은 호흡과 호흡의 사이, 한 지각 대상과 다른 지각 대상의 사이, 몸의 한 움직임과 다른 움직임의 사이, 생각과 생각 사이의 공간을 알아차리는 것입니다. 만약 당신이 이러한 공간 중 하나에 주의를 기울이고 해석 모드에 있지 않다면, 당신은 내면의 대화를 넘어 초시간적 마음으로 들어가는 것입니다. 어떤 사람들은 그저 조용히 "멈춰!"라고 자신에게 말함으로써 내면의 대화를 즉시 멈출 수 있습니다. 어떤 것이든 자신에게 효과가 있는 방법을 사용하세요. 핵심은 활동하는 중에도 침묵하는 목격자가 되어 자아를 경험할 수 있는 능력을 갖추는 것입니다. 변화하는 것으로부터 변화하지 않는 것으로 인식을 전환할 수 있는 능력을 갖추는 것이 매우 중요합니다. 당신의 인식을 자아 또는 관찰자로 전환하고, 해석하지 않은 채로 몸을 느끼며, 대상과 대상 사이의 공간을 알아차리는 연습을 시작하세요.

외부 활동 중에도 이 내면의 침묵, 내면의 중심 잡기, 내면의 현존을 유지할 수 있을 때, 당신은 시간 및 당신이 경험하는 모든 것과 새로운 관계를 맺게 될 것입니다. 시간에 얽매인 인식 안에서 끊임없이 지켜보는 인식을 키우면 시간에 대한 당신의 인식이 영원히 바뀝니다.

몸에 대한 인식을 바꿔라

일반적인 세계관에서는 신체를 부품을 사용할 수 없게 될 때까지 필연적으로 고장이 나는 물질적인 차량으로 바라봅니다. 현대 과학과 지혜의 전통은 이것이 잘못된 해석이라고 말합니다. 몸은 단순히 생각과 감정을 생성하는 물리적 장치가 아니라 주변 세계와 역동적으로 교류하는 에너지, 변형, 지성의 네트워크입니다. 숨을 쉴 때마다, 음식을 한 입 먹거나 물을 한 모금 삼킬 때마다, 당신이 듣는 모든 소리, 모든 시각, 모든 감각, 모든 향기에 따라 몸은 변화합니다. 이 글을 읽기 시작한 바로 그 순간부터 당신은 주변 환경과 4천조 개의 원자를 주고받았습니다!

당신의 몸은 매우 정적으로 보입니다. 그 변화가 너무 미세한 수준에서 일어나기 때문이지요. 과학자들은 원자를 방사성 물질로 분류하고 신진대사를 추적함으로써 체내 물질이 얼마 만에 교체되는지를 계산했습니다. 이 과정을 통해 우리는 위벽이 약 5일에 한 번씩 교체된다는 사실을 알게 되었습니다. 피부가 재생되는 데는 약 한 달이 걸립니다. 간은 약 6주가 걸리고, 불과 몇 달 만에 골격을 구성하는 칼슘과

인 결정이 대부분 교체됩니다. 매년 인체에 있는 모든 원자의 98% 이상이 교체됩니다. 3년이 지나면 그때 우리 몸의 일부였던 원자를 찾기가 힘듭니다.

이 말을 쉽게 이해하기 위해 우리 몸을 공공 도서관의 지역 분점과 같다고 생각해 보겠습니다. 도서관은 매우 안정되어 보이지만, 다른 관점에서 보면 끊임없이 변화하고 있습니다. 매일 책이 들어오고 나갑니다. 완전히 새로운 책이 추가되고 오래된 책은 시내의 본점으로 반환됩니다. 특정 책이 도서관을 정의하는 것이 아닙니다. 도서관은 끊임없이 변화하는 정보 교환의 터전을 나타냅니다.

우리 몸은 새로운 물질을 끊임없이 대사하는 불꽃과 같습니다. 가연성 물질과 연소에 필요한 산소는 계속해서 재생되어야 합니다. 방출되는 연기와 가스는 매 순간 변화하고 있습니다. 하지만 불꽃은 시간이 지나도 거의 똑같아 보입니다. 이처럼 생성, 유지, 소멸의 과정이 불꽃과 우리 몸에서 동시에 일어나고 있습니다.

그리스 시인 헤라클레이토스는 같은 강을 두 번 가리킬 수 없다고 말했습니다. 항상 새로운 물이 흐르기 때문입니다. 강처럼, 도서관처럼, 불꽃처럼 우리 몸은 겉으로 보기에는 같은 것처럼 보일 수 있지만 실제로는 끊임없이 바뀌고 있습니다. 당신의 몸을 정적인 생물학적 기계로 보지 말고 끊임없이 스스로를 갱신하는 에너지와 지성의 장으로 생각하세요. 젊어지고 싶다면 몸에 대한 인식을 바꿔야 합니다. 몸이 살과 **뼈**로 이루어진 가방이라는 생각을 버려야 합니다. 몸을 생명 에너지, 변형, 지성의 흐름으로 경험하기 시작하세요. 그러면 노화의 반전을 경험하게 될 것입니다.

몸은 물질적인 것처럼 보이지만 그렇지 않다.
더 깊은 현실에서 당신의 몸은
에너지, 변형, 지성의 장이다.

에너지, 변형, 지성의 몸

지금까지 말한 모든 내용은 한 문장으로 요약할 수 있습니다. "몸을 에너지, 변형, 지성의 장으로 생각하는 습관을 기르면 당신은 몸을 고정되고 물질적인 것이 아니라 유연하고 역동적인 의식의 묶음으로 경험하기 시작할 것이다." 당신은 몸의 입자와 같은 본질이 아닌 파동과 같은 본질을 깨닫게 될 것입니다. 이렇게 하기 위한 한 가지 방법은 매일 의식을 하는 것처럼 이 새로운 해석을 강화하는 것입니다.

우리 몸은 에너지장입니다. 우주의 에너지와 하나이며, 무한하고 끊임없이 움직이고 있습니다. 이러한 삶의 활기찬 측면에 대해서 아유르베다에 '프라나'라는 용어가 있습니다. 그것은 생명의 숨결로 번역되기도 합니다. 마찬가지로 우리 몸은 항상 변화하고 있습니다. 우주의 원소 및 힘과 역동적인 관계 속에서 항상 그리고 영원히 변화하고 있습니다. 아유르베다에서는 이를 '테자스'라고 합니다. 변화의 내적인 불이라는 뜻입니다. 마지막으로, 몸은 지극히 신성하고 불멸하는 보편적 지성의 물리적 표현입니다. 이에 대한 아유르베다 용어는 '오자스'입니다. 이는 무한히 유연하고 유동적인 육체의 표현을 뜻합니다. 젊음을 되찾으려면 에너지, 변형, 지성이라는 단어를 있는 그대로의 몸, 무한한 에너지의 장, 끊임없는 변화, 순수한 지성의 신체적 표현으로 경험하는 보강제로 사용하세요. 당신의 새로운 해석을 정착시키기 위해 아유르베다 용어인 프라나, 테자스, 오자스를 만트라로 사용할 수도 있습니다. 당신의 몸을 진정한 형태로 경험하기 시작할 때, 신체에 대한 믿음 또한 바뀔 것이고, 당신의 새로운 믿음은 새로운 생리를 만들어낼 것입니다.

연습: 당신의 빛몸

다음 그림을 보세요.

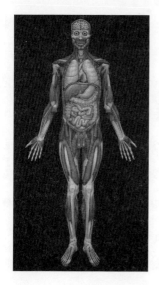

그림 A

그림 A는 의사들이 바라보는 인체의 모습입니다. 이 그림은 잠재 의식적인 수준에서 당신이 이 순간 자신의 몸을 어떻게 인식하고 있는지를 반영합니다. 이러한 인식은 두 눈으로 보는 수준에서는 정확하지만, 신체의 진정한 본질을 완전하게 나타내지는 못하고 있습니다. 자신의 몸을 이렇게 상상해서는 안 됩니다.

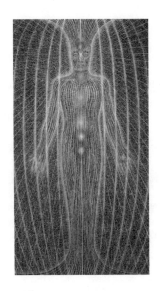

그림 B

이제 그림 B를 보세요. 이것은 양자 수준, 즉 에너지, 변형 및 지성의 영역에서 우리 몸이 실제로 어떻게 존재하는지를 보여주는 그림입니다. 이것이 고대 베다의 선견자들이 본 모습입니다. 그들은 이것을 '신비체'로 불렀습니다. 이 미묘한 양자 역학적 몸은 우주의 에너지 및 지성의 장과 불가분의 관계로 엮여있으며, 그것과 하나입니다.

그림 B를 다시 보세요. 이제 눈을 감고 그것을 명확하게 시각화할 수 있는지 보세요. 그럴 수 있나요? 눈을 뜨세요. 다시 한번 보세요. 눈을 떴을 때와 마찬가지로 눈을 감았을 때도 신비체를 선명하게 볼 수 있을 때까지 이 과정을 원하는 만큼 반복하세요. 이 작업을 할 수 있다고 절대적으로 확신하면 다시 눈을 감고 속으로 이렇게 반복하세요. "에너지(프라나), 변형(테자스), 지성(오자스)."

의식적으로 심호흡을 할 때마다(매일 여러 번 심호흡하도록 하세요) 눈을 감고 에너지라는 단어를 마음속으로 반복하면서 동시에 그림 B에 표시된 것처럼 에너지 또는 빛몸을 시각화하세요. 마찬가지로 음식을 먹을 때는 변형이라는 단어를 마음속으로 반복하면서 빛몸으로 변형되는 자신을 시각화하세요. 마지막으로 물을 마실 때마다 지성이라는 단어를 조용히 반복하고 다시 한번 유동적이고 유연한 빛몸을 상상하세요. 숨을 쉬고, 먹고, 마시면서 이 의식을 반복하면 지각이 재구성되고 당신의 몸이 물질에서 신비체가 되는 경험이 시작될 것입니다.

빛몸 인식하기

에너지(프라나)에 활기 불어넣기

생명 에너지는 신체/정신 시스템에 활기를 불어넣습니다. 하루 종일 에너지라는 단어를 사용해 몸의 모든 세포, 조직, 기관에 활력을 불어넣는 생명력을 경험하세요.

이럴 때마다 "에너지"를 떠올리세요.
- 정원을 걸을 때
- 실내에서 실외로 이동할 때
- 호흡 운동을 할 때

변형(테자스)에 활기 불어넣기

본질적인 변형의 힘은 생명의 원초적인 불입니다. 하루 종일 '변형'이라는 단어를 사용해 한 형태에서 다른 형태로 에너지를 지속적으로 전환하는 과정에 활기를 불어넣으세요.

이럴 때마다 "변형"을 떠올리세요.

- 음식을 먹을 때
- 몸에 닿는 햇빛을 느낄 때
- 밤하늘의 별을 바라볼 때

지성(오자스)에 활기 불어넣기

지성이 풍부하고 몸속을 자유롭게 순환할 때, 당신의 모든 심혈관, 소화기, 신경계, 호르몬, 면역계 등 생리 시스템이 최적의 수준으로 기능합니다. 하루 종일 '지성'이라는 단어를 사용해 몸의 모든 세포에 영양을 공급하세요.

이럴 때마다 "지성"을 떠올리세요.

- 물을 마실 때
- 물을 따라 걸을 때
- 신선한 과일 주스나 기타 건강 음료를 마실 때

숨을 쉬고, 먹고, 마시는 동안 에너지, 변형, 지성에 활기를 불어넣기 위해 이 단어를 조용히 반복하는 것 외에도 운동할 때도 이 단어를 사용하세요. 걷기, 조깅, 수영, 자전거 타기, 러닝머신 사용 등 리드미컬한 활동을 할 때마다 "에너지, 변형, 지성." 또는 "프라나, 테자스, 오자스."를 온전히 몸에 집중하면서 반복하세요. 얼마 후 몸을 경험하는 습관적인 방식이 바뀔 것입니다. 당신의 인식이 바뀔 것이기 때문입니다.

당신의 몸은 '재생의 강'입니다

우리의 몸은 시간과 공간에 고정되어 있는 기계적인 구조물이 아닙니다. 그것은 환경과 역동적으로 교류하는 에너지, 정보 및 지성의 장입니다. 그리고 끊임없는 치유, 재생 및 변형이 가능하지요.

편안하게 앉아서 눈을 감고 숨을 깊게 들이마셔 보세요. 이제 숨을 천천히 내쉬면서 호흡을 분자가 몸의 모든 세포에서 방출되는 흐름으로 시각화하세요. 숨을 내쉴 때마다 당신은 몸의 모든 기관에서 원자를 방출하고, 숨을 들이쉴 때마다 몸의 모든 세포와 기관으로 원자를 가져오고 있습니다. 당신은 숨을 쉴 때마다 몸을 재생하고 부품을 교체하고 있습니다.

계속 숨을 들이쉬고 내쉬면서 당신의 몸을 끊임없는 에너지와 변화의 흐름으로 상상하고, 끊임없이 자신을 재생하고 새롭게 하고 있다고 상상하세요.

위장에 주의를 기울이고 일주일 이내에 위벽 전체가 새로워짐을 기억하세요. 이제 피부에 주의를 기울이고 한 달 안에 세포가 완전히 교체되어 새로운 피부를 갖게 됨을 기억하세요.

마음의 눈으로 당신의 골격을 보세요. 현재 골격을 구성하는 원자들은 3개월 안에 새로운 원자로 대체될 것입니다. 이제 당신의 간에 주의를 기울이세요. 6주 후에 당신은 새로운 간을 갖게 될 것입니다.

이제 몸 전체를 느끼세요. 1년 후에는 거의 모든 것이 교체될 것입니다. 이제 자신에게 말하세요. "나는 숨을 쉴 때마다 내 몸을 새롭게 하고 있다."

당신의 몸을 정말로 있는 그대로, 무한히 유연하고 유동적이며 영원히 새로워지는 것으로 바라보세요.

나는 매일 모든 면에서 정신적, 육체적 능력을 향상시키고 있다.

나의 생체 지표는 건강한 ＿＿＿ 세로 설정되어 있다.

나는 건강한 ＿＿＿ 세로 보이며, 그렇게 느껴진다.

나는 생물학적 나이를 되돌리고 있다:

• 내 몸과 노화, 시간에 대한 인식을 바꿈으로써

실천 2

깊은 휴식으로
젊음을 되찾아라

나는 두 가지 깊은 휴식, 즉 편안한 자각과 편안한 수면을 통해
생물학적 나이를 되돌리고 있다.

나는 다음과 같이 실천한다:

1. 하루 두 번, 조용한 장소를 골라 명상을 한다.
2. 매일 밤 편안한 수면을 통해 활력을 되찾는다.
3. 내 몸의 생리적 리듬을 자연의 리듬과 조화시킨다.

신체/정신 시스템의 동요는
질병을 일으키고 노화를 가속화한다.
신체/정신 시스템의 깊은 휴식은
생물학적 나이를 되돌린다.

더 젊어지고 더 오래 살기 위한 다음 단계는 신체/정신 시스템의 깊은 휴식을 경험하는 것입니다. 동요된 신체/정신 시스템은 피로, 부패, 노화를 일으킵니다. 휴식을 취한 신체/정신 시스템은 창의력을 키우고, 재생을 촉진하며, 노화를 역전시킵니다. 신체/정신 시스템은 하나이기 때문에 마음이 깊이 쉴 때 몸 또한 깊이 쉬게 됩니다. 물론 우리는 일반적인 경험을 통해 우리의 마음이 이렇게 이완된 상태에 있는 경우가 드물다는 것을 알고 있습니다. 사실 대부분의 시간에 우리는 '투쟁 또는 도피' 모드에 있습니다. 투쟁-도피, 또는 스트레스 반응은 어떤 식으로든 위협을 느낄 때 일어납니다. 노화로 인한 위협을 느낄 때를 포함해서 말이죠. 스트레스 반응은 신체를 손상시키고 노화를 가속화하는 생리적 변화를 일으킵니다. 스트레스 모드가 어떤 느낌인지는 잘 알고 있지만, 몸에서 어떤 일이 일어나는지는 모를 수

도 있습니다. 투쟁-도피 반응에 수반되는 생리적 변화는 다음과 같습니다:

- 심장이 더 빨리 뛴다.
- 혈압이 상승한다.
- 더 많은 산소를 소비한다.
- 이산화탄소를 더 많이 배출한다.
- 호흡이 빨라진다.
- 호흡이 얕아진다.
- 심장이 더 많은 혈액을 펌프질한다.
- 땀을 흘린다.
- 부신의 한 부분이 혈관을 수축시키는 아드레날린과 노르아드레날린을 분비한다.
- 부신의 또 다른 부분이 코르티솔을 분비한다.
- 췌장이 글루카곤 호르몬을 더 많이 분비한다.
- 췌장이 인슐린을 덜 분비한다.
- 글루카곤이 증가하고 인슐린이 감소함에 따라 혈당 수치가 상승한다.
- 소화 기관으로의 혈액 공급이 줄어들고 근육으로의 혈액 공급은 늘어난다.
- 뇌하수체에서 성장 호르몬이 덜 분비된다.

- 성호르몬 수치가 낮아진다.
- 면역 체계가 무너진다.

투쟁-도피 반응은 20세기 초 미국의 과학자 월터 캐논이 처음으로 묘사한 것입니다. 그는 어떤 사람들은 왜 병에 걸리고 어떤 사람들은 스트레스를 받아 심지어 사망에 이르는지 알고 싶었습니다. 연구 결과 위협적인 상황에 직면하면 불수의적 신경계의 일부가 자동적으로 활성화된다는 사실을 발견했습니다. 이때 신경계는 혈압과 심박수를 상승시키고 부신을 자극하여 아드레날린을 방출합니다. 위협이 계속되면 신체에 손상을 입히는 신체 발생할 수 있습니다.

월터 캐논은 중요한 규칙을 어긴 사람을 공동체에서 추방하는 부족 사회를 연구했습니다. 부족의 주술사는 범죄자에게 **뼈**를 겨누어 '저주'를 내립니다. 그 시점부터 범죄자는 더 이상 공동체의 일원으로 간주되지 않습니다. 그는 자신의 가족을 포함한 모든 사회적 교류로부터 차단됩니다. 이 버림받은 사람들은 극심한 스트레스 반응에 **빠져** 순환계가 무너지게 됩니다. 이들은 말 그대로 공포에 질려 대부분 며칠 만에 사망합니다.

스트레스 반응을 더 자세히 연구한 또 다른 과학자 한스 셀리는 신경계에서 일어나는 변화 외에도 많은 중요한 호르몬이 이러한 변화에 뛰어든다는 것을 발견했습니다. 이러한 호르몬은 심장, 위장, 간, 성기관 및 면역 체계를 포함한 신체의 모든 측면에 영향을 미칩니다. 스트레스가 오래 지속되면 몸 전체가 지쳐서 신체가 균형을 유지할 수 없게 되고 결국 뭔가가 고장 나게 됩니다.

장기간의 스트레스는 질병을 유발하고 노화를 촉진합니다. 시간이 지남에 따라 스트레스 반응은 고혈압, 심장병, 위궤양, 자가면역질환, 암, 불안, 불면증, 우울증을 유발할 수 있습니다. 이제 당신은 의문을 가지게 될 것입니다. 투쟁-도피 반응이 그렇게 해롭다면 자연은 왜 이런 반응을 만들었을까? 투쟁-도피 반응의 원래 목적은 위협적인 상황에서 인류가 생존할 수 있도록 돕는 것이었습니다. 사나운 동물이 사람을 잡아먹으려 할 때 살아남을 수 있는 유일한 방법은 맞서 싸우거나 도망치는 것이었습니다. 인간은 두꺼운 가죽이나 날카로운 송곳니, 큰 어금니를 갖고 있지 않다는 점을 고려할 때, 위협에 빠르게 반응하는 능력은 위험한 환경에서 살아남는 데 도움이 되었습니다.

오늘날에도 이러한 대응은 소방관이 불타는 건물에 들어가 어린이를 구하거나 주택가에서 과속하는 난폭 운전자를 피할 때와 같은 경우에 유용합니다. 하지만 대부분의 경우 투쟁-도피 반응은 우리에게 큰 도움을 주지 못합니다. 혼잡 시간에 교통 체증에 갇히거나 중요한 업무 마감일에 직면했을 때는 스트레스 반응이 활성화될 수 있겠지만 싸우거나 도망치는 것은 실행 가능한 옵션이 아닙니다. 스트레스를 해소할 방법이 없는 상태에서 무언가를 반드시 해야 한다는 압박감은 우리 몸에 해를 끼칩니다. 활성화된 스트레스 반응이 장기적으로 이어진 결과는 노화 과정을 가속화하고 우리를 질병에 취약하게 만듭니다.

투쟁-도피 반응의 반대는 '편안한 반응'입니다. 편안한 반응에는 편안한 자각과 편안한 수면이라는 두 가지 종류가 있습니다. 편안한 자각은 신체/정신 시스템이 깊은 휴식을 취하고 있지만 정신은 깨어 있는 상태입니다. 편안한 수면은 신체/정신 시스템이 깊은 휴식을 취하고 정신도 수면을 취하는 상태입니다. 이 두 가지 상태 모두 신체를 재생시키지만, 일부 연구에 따르면 편안한 자각이 수면보다 더 깊은 휴식을 제공할 수 있다고 합니다. 나이를 되돌리려는 우리의 목적에는 두 경험이 똑같이 중요합니다. 편안한 자각은 명상 중에 일어납니다. 편안한 수면에는 꿈을 꾸는 얕은 수면과 꿈이 없는 깊은 수면이 모두 포함됩니다. 편안한 반응을 주관적으로 체험할 때 당신은 이완을 경험합니다. 이때 일어나는 생리적 변화는 다음과 같습니다:

- 심장 박동이 느려진다.
- 혈압이 정상화된다.
- 산소 소비량이 줄어든다.
- 산소를 더 효율적으로 사용한다.
- 이산화탄소 배출량이 줄어든다.
- 호흡이 느려진다.
- 심장이 혈액을 덜 펌프질한다.
- 땀을 덜 흘린다.
- 부신에서 아드레날린과 노르아드레날린이 덜 생성된다.

- 부신에서 코티솔이 덜 생성된다.
- 성호르몬, 특히 디하이드로에피안드로스테론(DHEA)이 더 많이 만들어진다.
- 뇌하수체에서 성장 호르몬(노화 방지 호르몬)이 더 많이 분비된다.
- 면역 기능이 향상된다.

편안한 자각 반응

편안한 자각은 스트레스 반응만큼이나 자연스러운 심신 반응입니다. 편안한 자각을 경험하는 가장 직접적인 방법은 명상입니다. 명상은 수천 년 동안 동양 문화의 일부였습니다. 많은 연구에 따르면 누구라도 쉽게 명상을 배울 수 있으며, 숙련된 명상가의 생리적 변화를 즐길 수 있습니다.

명상 중 편안한 자각의 신체적 변화는 투쟁—도피 반응과 거의 정반대입니다. 명상 중에는 호흡이 느려지고 혈압이 낮아지며 스트레스 호르몬 수치가 떨어집니다. 명상 중 산소 소비량은 수면 중보다 거의 두 배나 감소합니다. 이러한 생리적 변화에서 흥미로운 점은 명상 중에 몸이 깊은 휴식을 취하는 동안에도 마음은 조용하지만 깨어 있다는 것입니다. 뇌파 연구에 따르면 명상하는 동안 뇌의 여러 부분 간에 향상된 일관성이 드러납니다. 이러한 신체/정신 시스템의 변화는 깨어 있는 동안에나 수면 중에는 나타나지 않습니다. 신체적 이완과 깨어 있으면서도 고요한 마음의 독특한 조합이 곧 편안한 자각이며, 이는 편안한 수면과 구별되는 것입니다.

편안한 자각을 규칙적으로 경험하는 사람은 고혈압, 심장병, 불안 증세, 우울증에 덜 걸립니다. 담배, 과도한 음주, 마약과 같이 생명을 해치는 습관도 더 쉽게 끊을 수 있습니다. 또한, 면역 기능이 향상되고 감염에 대한 민감성이 감소하는 것으로 나타났습니다. 명상하는 사람들에 관한 연구에 따르면 광범위한 건강 개선과 노화의 여러 생체 지표가 반전된다고 합니다.

연구 결과 명상을 오래 할수록 생물학적 나이를 측정하는 테스트에서 더 젊은 점수를 받는 것으로 나타났습니다. 예를 들어, 장기간 명상을 하는 사람들의 생물학적 나이는 연대기적인 나이보다 거의 12년이나 젊었습니다. 다른 연구에 따르면 일반적으로 노화와 관련된 특정 호르몬 변화는 규칙적인 명상을 통해 늦추거나 되돌릴 수 있다고 합니다. 가장 흥미로운 연구 중 하나는 명상을 하는 사람이 그렇지 않은 사람보다 DHEA 호르몬이 더 높다는 것입니다. 우리는 나이가 들면서 DHEA 수치가 꾸준히 떨어진다는 것을 알고 있습니다. 이로 인해 일부 사람들은 이 호르몬을 식단에 보충하면 노화를 되돌릴 수 있다고 주장합니다. 저희는 보충제를 복용하는 것보다는 명상을 함으로써 DHEA 수치를 높이는 것이 더 좋다고 생각합니다. 마음을 고요히 하고 편안한 반응을 경험하는 시간을 가짐으로써 생물학적 나이를 되돌릴 수 있다는 증거는 많이 있습니다.

편안한 자각 반응(명상)이 노화 과정을 되돌릴 수 있는 매우 중요한 방법이라는 것은 분명합니다. 언제 명상할 시간을 낼 수 있을지 의문이 들 수도 있겠지만, 명상을 생활의 중요한 부분으로 삼으실 것을 강력히 권장합니다. 명상을 하게 되면 실제로 휴식 시간이 늘어납니다. 마음이 평온하고 중심이 잡히면 훨씬 효율적으로 일할 수 있기 때문입니다. 하루에 두 번 20분간 편안한 자각(눈을 감고 앉아서 명상하는 것)을 할 것을 권장합니다. 명상하기에 가장 좋은 때는 아침 시간 기상 직후와 늦은 오후, 또는 초저녁입니다. 아침 명상은 상쾌하고 차분한 정신 태도로 하루를 시작하는 데 도움이 됩니다. 늦은 오후나 저녁 명상은 하루의 활동을 마치고 마음을 신선하게 하는 데 도움이 됩니다.

편안한 자각을 경험하는 데 쓰이는 시간은 즉각적인 보상을 가져다줍니다. 명상하는 동안 긴장이 풀리고 낮 동안에 에너지와 창의력이 증가하는 것을 곧바로 알게 될 것입니다. 이전에 명상을 해본 적이 없다면 '소-훔 명상' 기법으로 시작해보세요. 소-훔 명상을 한동안 연습한 후에는 공인 강사가 진행하는 '원초적 소리 명상(PSM)'이라는 보다 구체적이고 개인화된 과정을 배우는 것도 좋습니다. PSM은 태어난 시간, 날짜, 장소에 따라 개별화된 만트라를 사용합니다. 현재 전 세계에 500명이 넘는 공인 원초적 소리 명상 교사가 있습니다.

소-훔 명상

1. 방해받지 않는 곳에 편안히 앉아 눈을 감습니다.
2. '소'라는 단어를 생각하면서 코로 천천히 심호흡을 합니다.
3. '훔'이라는 단어를 생각하면서 코로 천천히 숨을 내쉬세요.
4. 숨이 들어오고 나갈 때마다 "소… 훔…"을 조용히 반복합니다.
5. 마음속의 생각, 주변 환경의 소리, 몸의 감각에 주의가 표류할 때마다 부드럽게 호흡으로 돌아와 "소… 훔…"을 반복합니다.
6. 편안하고 단순하게 이 과정을 20분 동안 계속합니다.
7. 시간이 다 되면 일상 활동을 재개하기 전에 몇 분 더 눈을 감고 앉아 있습니다.

이 기법을 연습할 때 당신은 여러 가지 중 하나를 경험하게 될 것입니다. 어떤 경험을 하든 "저항하지 않는" 태도를 가지세요. 연습하는 동안 일어나는 일을 통제하거나 예측하려는 자세를 포기하세요. 다음 중 어느 하나라도 경험한다면, 그것은 당신이 명상을 올바르게 하고 있다는 신호입니다:

1. "소-훔"이라는 만트라를 조용히 반복하면서 호흡에 주의를 집중합니다.

2. 당신의 마음은 생각의 흐름 속으로 표류합니다. 때때로 이러한 생각은 거의 꿈과 같을 수도 있고, 또 다른 때에는 눈을 감은 채 그저 생각하고 있는 것처럼 느껴질 수도 있습니다. 어떤 경우든, 주의가 호흡과 만트라에서 멀어졌다는 것을 알아차리면 부드럽게 다시 호흡과 만트라로 돌아옵니다.

3. 초반에는 가끔, 어느 정도 지난 뒤에는 더 규칙적으로 무념무상의 상태를 경험하게 될 것입니다. 마음은 고요해지고 몸은 깊게 이완됩니다. 우리는 이것을 "틈새로 들어가기" 또는 초시간적인 마음의 경험이라고 부릅니다. 규칙적으로 수행하면 틈새에서 경험하는 내면의 침묵이 삶의 모든 측면에 스며들 것입니다.

4. 명상 중에 잠이 들 수도 있습니다. 명상은 부드럽고 자연스러운 과정이기 때문에 몸이 피곤하면 이 기회에 잠이 들 것입니다. 몸이 보내는 메시지에 귀를 기울이고 당신이 필요로 하는 깊은 휴식을 취하세요.

명상을 처음 시작하는 사람들이 가장 많이 하는 불평 중 하나는 "생각이 너무 많아요"라는 것입니다. 생각은 명상의 일부이며, 생각을 멈추라고 강요할 수는 없습니다. 그냥 생각이 왔다가 사라지도록 내버려 두세요. 그러면 어느새 마음이 고요해지는 것을 느낍니다. 처음 명상을 시작하면 눈을 감고 앉아 있는 동안 이완을 경험할 것입니다. 하지만 일상적인 활동을 재개할 때 일반적인 스트레스 반응으로 되돌아갈 수 있습니다. 명상을 통해 얻은 평온한 자각은 시간이 지남에 따라 일상생활로 이어질 것입니다. 인간으로서 매일 겪는 어려움에 직면할 때, 평온한 중심을 유지하는 것이 더 쉬워진다는 것을 발견하게 될 것입니다. 불필요하고 과민한 스트레스 반응을 피하는 방법을 배우면서 당신은 노화 과정을 늦추게 될 것입니다.

편안한 각성 반응은 노화 과정을 역전시킨다.

편안한 수면

편안한 자각과 더불어 당신에게는 매일 밤 최소 6~8시간의 편안한 수면이 필요합니다. 편안한 수면이란 불을 *끄*자마자 바로 졸음이 쏟아지고 밤새 숙면을 취하는 것을 의미합니다. 밤에 화장실에 가기 위해 일어나야 하는 경우에도 쉽게 다시 잠들 수 있습니다. 잠에서 깨어났을 때 활기차고 정신이 맑고 생기가 넘친다면 편안한 수면을 취한 것입니다. 아침에 일어났을 때 피곤하고 의욕이 없다면 밤에 충분한 수면을 취하지 못한 것입니다.

편안한 수면은 정신적, 육체적 안정의 기초를 제공합니다. 수백만 명의 사람들이 어떤 형태로든 불면증에 시달리며, 피로감과 정신적 각성 부족, 신체적 정신적 건강 약화로 고통받고 있습니다. 불면증은 크고 작은 부상과 사고의 원인이 되기도 합니다. 연구에 따르면 새벽 3시에 일어나서 다시 잠들지 못하면 다음 24시간 동안 면역 세포가 제대로 작동하지 않는다고 합니다. 당신이 밤새 숙면을 취하면 면역 세포는 질병과 싸우는 능력을 회복합니다. 다른 기관과 마찬가지로 당신의 면역 세포도 지치게 되고 휴식이 필요합니다.

매일 밤 건강하고 편안한 수면을 취하려면 당신의 주의와 행동에 약간의 변화가 필요합니다. 숙면을 취하지 못하는 것은 대개 잘못된 습관의 결과입니다. 습관을 바꾸면 피로로 인한 소모를 피하고 편안한 수면이 주는 창의력과 활력, 그리고 나이를 되돌리는 효과를 누릴 것입니다.

편안한 수면 준비하기

온종일 자극적인 활동을 하고 나면 몸은 깊은 수면을 취할 준비가 되어 있고 깊은 수면을 필요로 합니다. 약물의 도움 없이 매일 6~8시간 숙면을 취할 것을 목표로 하세요. 일반적으로 자정 이전의 수면 시간이 가장 활력을 되찾게 합니다. 따라서 오후 10시에서 오전 6시 사이에 8시간을 자면 자정에서 오전 8시 사이에 8시간을 자는 것보다 더 휴식을 취한 듯한 느낌을 받을 것입니다. 편안한 수면을 취하려면 다음 루틴을 시도해보세요:

저녁 루틴

- 비교적 가벼운 저녁 식사를 합니다. 저녁 식사는 늦어도 오후 7시 이전에 마쳐서 배가 부른 상태에서 잠자리에 들지 않도록 합니다.
- 저녁 식사 후에는 여유로운 산책을 합니다.
- 가능한 한 오후 8시 30분 이후에는 흥분되거나 스트레스를 유발하거나 정신적으로 집중력이 필요한 활동을 최소화합니다.

취침 시간

- 오후 9시 30분에서 10시 30분 사이에 불을 끄고 잠자리에 드는 것을 목표로 합니다. 이렇게 일찍 잠자리에 드는 것이 익숙하지 않다면 매주 취침 시간을 30분씩 앞당겨 10시 30분까지 잠자리에 드는 것을 목표로 합니다. 예를 들어, 평소 자정까지 TV를 시청했다면 일주일 동안은 11시 30분에 TV를 끄도록 합니다. 그런 다음 30분 더 일찍, 마지막으로 오후 10시 30분을 목표로 합니다.
- 잠자리에 들기 한 시간 전에 라벤더, 샌달우드, 바닐라와 같은 진정 효과가 있는 아로마테라피 에센셜 오일을 몇 방울 떨어뜨린 따뜻한 물에 목욕을 합니다. 침실에 이 향을 뿌려도 좋습니다.
- 목욕을 하는 동안 식물성 기름을 사용하여 천천히 셀프 오일 마사지를 합니다.
- 마사지가 끝나면 따뜻한 욕조에 10~15분간 몸을 담급니다.

- 몸을 담그는 동안 조명을 낮추거나 촛불을 켜고 편안한 음악을 들으세요.
- 목욕 후에는 따뜻한 음료를 마시세요. 육두구와 꿀을 넣은 따뜻한 우유 한 잔이나 카모마일 또는 발레리안 뿌리 차도 좋습니다.
- 정신이 매우 활동적이라면 잠자리에 들기 전 몇 분 동안 일기를 쓰면서 생각과 걱정거리를 '다운로드'하여 눈을 감았을 때 다시 떠올릴 필요가 없도록 하세요.
- 잠자리에 들기 전 몇 분 동안 영감을 주는 책이나 영적인 문학 작품을 읽습니다. 극적인 소설이나 머리를 복잡하게 만드는 읽을거리는 피하세요.
- 침대에서는 스마트폰을 보거나 다른 일을 하지 마세요.
- 일단 침대에 누우면 눈을 감고 단순히 "당신의 몸을 느끼세요." 이는 몸에 집중하고 긴장이 느껴지면 의식적으로 그 부위를 이완하는 것을 의미합니다.
- 그런 다음 잠이 들 때까지 천천히 편안한 호흡을 지켜보세요.

만일의 사태를 위한 계획

- 그래도 잠을 자는 데 어려움이 있다면, 태양신경총 부위에 따뜻한 것을 올려놓으세요. 따스한 물병이나 온열 패드를 사용하여 몸을 진정시키고 마음을 안정시키세요.
- 수면 만트라를 조용히 반복해 보세요. '옴 아가스티 샤히나(Om

Agasti Shahina)'

- 침대 가장자리에 발을 걸고 엎드려서 잠을 청해 보세요. 추운 밤에는 양말을 신어 발가락을 따뜻하게 유지하세요.
- 밤에 잠에서 깨어 다시 잠들기 어렵다면, 부드럽고 편안한 의자에 담요를 덮고 기대어 보세요. 약간 상체를 든 자세가 잠들기 더 쉬울 수 있습니다.
- 다른 모든 방법이 실패하고 계속해서 수면 장애가 지속된다면 밤새도록 깨어 있도록 하고 다음 날 낮잠을 자지 마세요. 다음 날 저녁 9시쯤이면 신체/정신 시스템이 잠들 준비가 될 것입니다. 이렇게 하면 종종 생체리듬이 재설정되기도 합니다.

침대에 가만히 누워 조용히 수면 만트라를 반복하면 신진대사 활동이 깊은 잠에 빠진 것과 거의 비슷해진다는 사실을 기억하는 것이 도움이 됩니다. 정신은 여전히 어느 정도 활동적이지만 신체는 필요한 깊은 휴식을 취하고 있습니다. 따라서 즉시 잠들지 않더라도 걱정하지 마세요. 걱정하지 않으면 금방 깊은 잠에 빠지게 될 것입니다.

편안한 수면이 부족하면 노화가 빨라진다.
편안한 수면은 치유를 촉진하고 재생을 활성화한다.

셀프 마사지

마사지는 내면에 있는 치유제를 끌어내는 길입니다. 피부에는 노화 방지 호르몬이 풍부하게 함유되어 있으며, 그 호르몬은 마사지를 통해 분비될 수 있습니다. 천천히 진정시키는 마사지는 천연의 이완 물질을 방출합니다. 활기차고 상쾌한 마사지는 천연의 활력 물질을 방출합니다. 우리는 일상에서 나이를 되돌릴 수 있는 중요한 요소로 셀프 마사지를 권장합니다. 밤에 숙면을 취하려면 부드럽고 진정시키는 손길로 마사지를 하세요. 아침에 활기차게 일어나려면 마사지를 더 강하게 하세요. 원치 않는 살을 빼고 싶을 때도 마사지가 도움이 됩니다.

전신 마사지

이 전신 마사지는 따뜻한 오일 몇 스푼만 있으면 됩니다. 머리를 감듯 작은 원을 그리며 두피를 마사지하면서 시작하세요. 이마, 뺨, 턱에 오일을 부드럽게 발라준 다음 귀로 이동합니다. 귀 뒤쪽과 관자놀이를 천천히 마사지하세요. 진정 효과가 있습니다.

소량의 오일로 목 앞뒤를 마사지한 뒤 어깨로 이동합니다. 팔을 마사지할 때는 어깨와 팔꿈치는 원을 그리듯이, 팔뚝과 팔뚝 위쪽은 앞뒤로 길게 움직이며 마사지하세요.

가슴, 배, 복부는 크고 부드럽게 원을 그리며 마사지합니다. 가슴뼈 위를 위아래로 움직이면서 마사지합니다. 양손에 약간의 오일을 바르고 등과 척추를 최대한 부드럽게 마사지합니다.

팔과 마찬가지로 다리도 발목과 무릎을 원을 그리듯 마사지하고, 긴 부분은 앞뒤로 똑바로 움직이면서 마사지합니다. 남은 오일로 발 마사지를 하되 발가락에 특히 신경을 써 주세요.

미니 마사지

머리와 발은 편안한 수면을 위해 가장 중요한 신체 부위입니다. 따뜻한 오일을 큰 스푼 만큼 덜어서 위에서 설명한 작은 원을 그리며 두피를 부드럽게 문질러 주세요. 손바닥으로 이마를 좌우로 부드럽게 마사지합니다. 관자놀이를 부드럽게 마사지한 다음 귀 바깥쪽을 마사지합니다. 목의 뒤쪽과 앞쪽을 마사지하는 데 시간을 약간 투자하세요.

티 스푼 만큼 오일을 덜어 발바닥을 천천히, 그러나 단단하게 마사지합니다. 손가락 끝으로 발가락 주위를 오일로 마사지합니다. 잠시 조용히 앉아서 오일이 흡수되게 한 다음 따뜻한 물로 목욕을 하세요.

생체리듬과 자연의 리듬을 조화시켜라

자연은 계절, 주기, 리듬에 따라 움직입니다. 우리 몸을 포함하여 이 세상의 모든 것은 활동과 휴식의 주기를 통해 움직입니다. 지구에는 낮과 밤의 주기와 계절의 주기가 있습니다. 생체리듬이 자연의 리듬과 일치할 때, 당신의 신체/정신 시스템은 활기차고 건강해집니다. 생체리듬이 자연의 주기와 일치하지 않을 때, 당신의 신체/정신 시스템에는 피로가 쌓여 노화가 가속화됩니다.

전기로 작동하는 기술은 불과 한 세기밖에 되지 않았지만, 많은 사람들의 일상은 스마트폰, 심야 텔레비전 프로그램, 야시장, 전자렌지, 알람 시계 등을 중심으로 돌아갑니다. 그들의 일상은 자연과 맞지 않습니다. 시차로 인해 기분이 변하고 집중력에 문제가 생기고 소화 장애가 발생하는 것처럼, 불규칙한 일상은 신체/정신 시스템에 영향을 미칩니다. 우울증, 불면증, 불안, 변비, 복부 팽만감, 면역력 약화 등이 그 결과입니다.

다음 몇 가지 기본 원칙에 주의를 기울이면 생체리듬을 자연의 리듬에 맞출 수 있습니다.

오전 루틴

- 알람 없이 일어나세요. 가장 좋은 방법은 침실의 블라인드나 커튼을 부분적으로 열어두어 아침 햇살이 몸을 깨우도록 하는 것입니다.
- 아침 일찍 방광과 장을 비우세요. 따뜻한 물 한 잔은 배설을 촉진하는 데 도움이 될 것입니다.
- 아침에 가볍게 운동하는 루틴을 수행합니다.
- 샤워 전 또는 후에 오일 마사지를 합니다.

- 20분 동안 명상합니다.
- 배가 고플 때 아침을 먹습니다.

낮 루틴

- 의식적으로 점심을 드세요.
- 점심에는 저녁 식사보다 더 많은 양의 식사를 합니다.
- 점심 식사 후 10분 정도 걷습니다.

이른 저녁 루틴

- 저녁 식사 전 20분 동안 명상을 한 다음 앞쪽에서 설명한 저녁 루틴을 따릅니다.

계절의 주기에 맞출 때 더 효과적입니다. 늦가을과 겨울에는 낮이 짧아지므로 환경 변화에 균형을 맞추기 위해 몇 가지 다른 선택을 해 보세요.

생체리듬을 자연의 리듬에 조화시키면
피로를 최소화하고 노화를 역전시킬 수 있습니다.

겨울철 루틴

- 일찍 잠자리에 드세요.

- 수프, 죽, 데운 우유 등 따뜻한 음식의 섭취를 늘려 겨울철의 추위에 균형을 맞춥니다.
- 생강차나 기타 허브차 등 따뜻한 음료를 충분히 마십니다.
- 매일 오일 마사지를 실시하여 피부에 얇은 유분막을 남겨 건조함을 방지합니다.
- 오한을 예방하기 위해 외출할 때는 머리를 가리고 다니세요.
- 겨울철에 감기에 자주 걸린다면 네티팟과 나스야 오일을 사용하여 비강을 세척하고 보호하세요.

네티팟과 나스야

네티팟과 나스야는 호흡기를 정화하고 활력을 불어넣는 전통적인 방법입니다. 마사지가 피부에 영양을 공급하고 활력을 되찾아주는 것과 마찬가지로 네티팟과 나스야는 호흡기에 영양을 공급하고 활력을 되찾아줍니다. 이 과정을 통해 알레르기를 줄이고 상부 호흡기 감염에 걸릴 확률을 줄일 수 있습니다. 이것은 비행기로 여행하기 전에 호흡기를 촉촉하게 유지하는 데에도 유용합니다.

네티팟은 주둥이가 있는 작은 용기로 따뜻한 소금물을 콧구멍에 부드럽게 넣을 수 있습니다. 대부분 세라믹 재질로 만들어지며, 일반적으로 2/3컵의 물에 1/8 티스푼의 소금을 네티팟에 넣습니다.

네티팟의 주둥이를 한쪽 콧구멍에 대고 따뜻한 소금물을 부드럽게 부어줍니다. 물이 다른 쪽 콧구멍으로 흘러나오도록 고개를 숙여야 합니다. 콧속에 남아 있는 소금물을 모두 배출하고 반대쪽에서도 똑같이 합니다.

나스야는 비강 점막에 오일 몇 방울을 바르는 것을 포함합니다. 오일은 식용 등급의 참깨, 아몬드 또는 올리브여야 합니다. 소량의 장뇌, 유칼립투스, 멘톨이 함유된 허브 아로마 오일도 사용할 수 있습니다. 새끼손가락에 오일을 한 방울 떨어뜨려 콧구멍 인쪽에 발라줍니다. 그런 다음 부드럽게 냄새를 맡고 반대쪽에도 똑같이 합니다. 이 방법은 하루에 4~6회 반복할 수 있습니다.

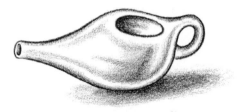

네티팟

더운 여름철에는 주변 환경의 변화하는 신호에 주의를 기울이면서 균형을 유지하는 다른 조치를 취할 수 있습니다.

여름철 루틴

- 하루 종일 신선한 물을 충분히 마십니다.

- 현지에서 재배한 신선한 과일과 주스를 충분히 섭취합니다.

- 일반적으로 더 가볍게 먹습니다.

- 너무 더워지기 전 이른 아침에 운동을 합니다.

- 특히 날이 선선한 저녁에 야외에서 더 많은 시간을 보내세요.

- 낮이 길어지는 것에 맞춰 잠자리에 드는 시간을 조금 늦춰도 좋습니다.

낮 동안의 역동적인 활동은 밤에 편안한 수면으로 이어집니다. 당신은 자연과 분리된 존재가 아니라 자연의 일부라는 사실을 기억하세요. 자연의 리듬에 맞추면 생물학적 나이를 되돌릴 수 있습니다.

나는 매일 모든 면에서 정신적, 육체적 능력을 향상시키고 있다.
내 생체 지표는 건강한 _____ 세로 설정되어 있다.
나는 건강한 _____ 세로 보이고 그렇게 느껴진다.

나는 생물학적 나이를 되돌리고 있다:

- 내 몸과 노화, 시간에 대한 인식을 바꿈으로써

- 그리고 두 종류의 깊은 휴식, 즉 편안한 자각과 편안한 수면을 통해

몸이 보내는 메시지에 귀를 기울이고
당신이 필요로 하는 깊은 휴식을 취하세요.

실천 3

건강한 음식으로
젊음을 되찾아라

나는 건강한 음식을 통해 내 몸에 사랑스럽게 영양분을 주면서
생물학적 나이를 되돌리고 있다.

나는 다음과 같이 실천한다:

1. 단맛, 신맛, 짠맛, 매운맛, 쓴맛, 떫은맛을 골고루 즐긴다.
2. 쉽게 요리할 수 있는 맛있고 영양가 높은 식단을 고른다.
3. 내 몸이 보내는 배고픔과 포만감의 신호를 존중한다.

음식은 우리를 치유와 재생으로 이끈다.
음식은 탁월한 노화 방지약이 될 수 있다.

노화를 되돌리는 세 번째 단계는 건강한 음식으로 몸에 영양분을 주는 것입니다. 숨 쉬는 것 다음으로 먹는 것은 세상에서 가장 자연스러운 일이지만, 많은 이들이 영양 섭취에 대해 혼란스러워합니다. 단백질을 더 많이 섭취해야 할까요, 아니면 복합 탄수화물을 더 많이 섭취해야 할까요? 유제품은 몸에 좋은가요, 나쁜가요? 채소를 날것으로 먹어야 할까요, 아니면 익혀서 먹는 게 더 좋을까요? 얼마나 많은 정보가 어긋나는지 살펴보세요. 최고의 식단이 무엇인지에 대해 당황하는 것은 놀라운 일이 아닙니다.

노화와 관련하여 자신들의 영양 프로그램이 다른 것들보다 훨씬 좋다고 홍보하는 경우가 꾸준히 등장하고 있습니다. 솔직히 어느 한 방법이 다른 방법보다 더 유익하다는 증거는 거의 없습니다. 신뢰할 만한 연구에 기초하여 우리는 신선한 채소와 과일, 통곡물을 풍부하게 섭취하고 동물성 지방 섭취를 줄이면 더 건강하고 오래 살 가능성이 높아진다는 사실을 알고 있습니다. 젊음을 되찾는 식단의 핵심은 매우 건강하고 맛있는 음식을 섭취하는 것입니다. 성공적인 프로그램은 또한 유연해야 합니다. 따라가기 어려운 식단은 실용적이지 않을뿐더러 오래가기도 힘듭니다. 여기서 소개하는 영양 프로그램은 이러한 필수 구성 요소를 갖추고 있습니다. 영양 균형이 잘 잡혀 있고, 풍성하며, 직접 요리하든 규칙적으로 식당에서 사 먹든 쉽게 따라 할 수 있지요.

몸은 우리가 먹는 음식으로 만들어지는 에너지, 변형, 지성의 장입니다. 어제 점심때 먹은 사과의 당 분자가 오늘 위벽의 일부가 될 수 있습니다. 어제 먹은 코티지 치즈의 아미노산이 오늘 이두근의 섬유질에 들어 있을 수 있습니다. 시금치 샐러드의 철분 분자는 이미 적혈구 헤모글로빈의 일부가 되어 있을 겁니다. 우리는 우리가 먹는 것이 됩니다.

우리가 섭취한 모든 분자에게는 다음 네 가지 중 하나가 일어납니다.

(1) 신체의 구조적 일부로 변형된다.
(2) 에너지로 사용된다.
(3) 나중에 사용할 수 있도록 저장된다.
(4) 제거된다.

만약 당신이 새집을 짓고 있다면, 당신은 가장 좋은 목재를 원할 것입니다. 새 몸을 만들고 있다면, 최고의 음식을 원할 것입니다. 노화를 되돌리기 위한 식습관은 어렵지 않습니다. 건강한 신체를 만들기 위해 최고 품질의 에너지와 지성을 공급받을 수 있도록 충분한 주의와 의지만 있으면 됩니다.

당신은 곧 당신이 먹는 것이 된다.

맛 이해하기

우리는 당신이 제한적이지 않고 폭넓은 영양 프로그램을 따를 것을 권장합니다. 우리는 특정 유형의 음식을 피하는 식이요법이 많다는 것을 잘 알고 있습니다. 그동안 가장 많이 들었던 제한 식단에는 유제품 섭취 금지, 밀가루 섭취 금지, 모든 당류 섭취 금지 등이 있습니다. 다른 프로그램에서는 가지류의 채소나 산성 식품을 제거할 것을 권장하기도 합니다.

어떤 음식을 먹을 때 문제가 생긴다는 것을 확실히 알고 있다면 당신의 몸에 귀를 기울이세요. 그런데 특정 식품이 해롭다는 말을 듣고 그것을 피했다면 균형 잡힌 식단의 일부로 부드럽게 다시 받아들여 몸에 좋은지 나쁜지 직접 확인하는 것이 좋습니다. 당신의 몸에 귀를 기울이는 것은 그 음식이 자신에게 적합한지 여부를 평가하는 가장 좋은 방법입니다.

아유르베다에 따르면 모든 음식은 여섯 가지 기본 맛 중 하나 이상으로 분류할 수 있습니다. 이 여섯 가지 맛은 다음과 같습니다:

단맛

신맛

짠맛

매운맛

쓴맛

떫은맛

젊음을 되찾는 식단의 첫 번째 기본 원칙은 매일 여섯 가지 맛 그룹의 음식을 모두 섭취하는 것입니다. 이러한 맛은 우리 몸에 영양을 공급하는 데 필요한 기본 구성 요소를 제공하기 위해 자연의 선물입니다. 자연계의 에너지와 지성은 이 여섯 가지 맛을 우리가 섭취할 수 있도록 포장되어 있습니다. 이제 각 맛 그룹에 대해 자세히 살펴보겠습니다.

단맛

단맛을 내는 식품에는 탄수화물, 단백질, 지방이 풍부합니다. 곡물, 시리얼, 빵, 파스타, 견과류, 우유, 유제품, 생선, 가금류, 붉은 육류, 오일은 모두 단맛 식품으로 분류됩니다. 단맛의 과일에는 바나나, 체리, 파파야, 망고, 복숭아, 배, 건포도 등이 있습니다. 복합 탄수화물이 주로 함유된 단맛이 나는 채소에는 아티초크, 아스파라거스, 당근, 콜리플라워, 오크라, 스쿼시, 고구마 등이 있습니다. 동물성 식품은 모두 단 음식으로 간주됩니다. 계산대에서 식료품 카트를 살펴보면 다른 어떤 식품보다 단맛 카테고리에 속하는 식품을 많이 섭취하고 있다는 것을 알게 될 것입니다.

단맛 카테고리에는 사탕부터 퀴노아까지 다양한 식용 가능 성분이 포함되므로 균형 잡힌 영양을 갖춘 단맛 식품을 섭취하는 것이 중요합니다. 일반적으로 이것은 다음을 의미합니다:

- 복합 탄수화물이 풍부한 식품, 특히 통곡물, 빵, 시리얼, 쌀, 파스타를 먹는 것이 좋습니다. 하루에 8회 분량을 목표로 합니다. 호밀 토스트 한 조각, 파스타 반 컵, 통밀 또띠야 하나, 베이글 반 개, 밥 반 컵, 작은 감자 한 개가 복합 탄수화물 1회 분량의 예입니다.
- 매일 최소 3~5회 분량의 신선한 과일을 섭취하세요. 복숭아 1개, 배 1개, 바나나 1개, 체리 반 컵, 멜론 반 개가 과일 1회 분량의 예입니다.
- 매일 5회 분량 이상의 채소를 섭취합니다. 대부분의 익힌 채소

반 컵과 대부분의 채소 한 컵이 채소 1회 분량에 해당합니다. 다양한 녹황색 채소를 선택합니다.

- 콩, 콩류, 씨앗류, 견과류 등 식물성 단백질 공급원을 더 많이 선택합니다. 견과류는 지방 함량이 높지만 대부분 고도 불포화 지방이나 단일 불포화 지방이므로 건강에 더 좋습니다. 견과류에는 유익한 식물성 성분이 많이 함유되어 있으며 콜레스테롤 수치를 낮추는 것으로 나타났습니다.
- 무지방 및 저지방 우유와 유제품을 먹는 것이 좋습니다.
- 육류를 섭취할 경우 붉은 고기 섭취를 최소화하고 찬 바다에서 나오는 생선이나 기름기 적은 가금류를 섭취하세요.

요즘 탄수화물, 단백질, 지방의 이상적인 균형에 대해 상반되는 주장이 상당히 많습니다. 초 저지방 식단을 지지하는 사람들은 포화 지방 섭취를 줄임으로써 관상동맥 심장질환을 되돌릴 수 있고 암을 예방할 수 있다는 연구 결과를 근거로 내세웁니다. 저탄수화물 식단을 지지하는 사람들은 현대 서구식 식단에 전례 없이 많은 당분이 함유되어 있어 인슐린 수치가 비정상적으로 높아져 비만과 당뇨병을 유발한다고 주장합니다. 두 식단의 기본 전제에는 타당성이 있지만, 우리는 균형 잡힌 식단이 가장 건강하고 이상적인 체중을 유지할 가능성이 크며, 평생 따를 수 있는 유일한 식단이라는 견해를 밝히고 있습니다. 이를 염두에 두고 탄수화물, 단백질, 지방을 적절히 섞어 섭취하는 것을 권장합니다. 노화 역전 프로그램은 칼로리 계산을 요구하거나 권장하지 않지만, 우리의 권장 사항은 탄수화물 60~68%, 단백질 15~20%, 지방 20~25% 정도입니다.

복합 탄수화물, 식물성 단백질 및 바다에서 나오는 단백질, 식물성 지방 및 생선 지방을 섭취하세요. 식용유는 올리브유와 같은 단일 불포화 지방이거나 캐놀라유, 해바라기유와 같은 다중 불포화 지방이어야 합니다. 소량의 정제 버터(하루 한 스푼 미만)는 허용 가능한 양의 콜레스테롤로 음식에 풍미를 더합니다. 이러한 식단은 포화 지방 섭취를 줄이는 것 외에도 섬유질이 풍부한 음식의 소비를 자연스럽게 증가시키는데, 이는 배설을 정상화하고 콜레스테롤 수치를 낮추며 소화관 암의 위험을 줄이는 데 도움이 됩니다.

노화와 피로를 촉진하는 음식이 있습니다.

신체를 재생하고 활력을 불어넣는 음식도 있습니다.

젊어지기 위한 식습관

계산기를 사용하여 목표 수치를 알아보세요.

체중에 35.3을 곱하여 일일 칼로리를 계산합니다.

체중×35.3 = 일일 칼로리 필요량

일일 칼로리 필요량에 0.16을 곱하여 탄수화물 섭취량을 계산합니다.

일일 칼로리 필요량×0.16 = 탄수화물 섭취량

일일 칼로리 필요량에 0.041을 곱하여 단백질 섭취량을 계산합니다.

일일 칼로리 필요량×0.041 = 단백질 섭취량

일일 칼로리 필요량에 0.023을 곱하여 지방 섭취량을 계산합니다.

일일 칼로리 필요량×0.023 = 지방 섭취량

예: 몸무게가 68킬로그램인 경우, 계산 결과는 다음과 같습니다:

기본적인 칼로리 필요량 : 68킬로그램×35.3 = 약 2,400칼로리

일일 탄수화물 섭취량 : 2,400×0.16 = 384그램

일일 단백질 섭취량 : 2,400×0.041 = 98그램

최대 지방 섭취량 : 2,400×0.023 = 55그램

이 계획에 따른 칼로리 분석 결과는 다음과 같습니다:

칼로리원	그램(g)	칼로리	일일 칼로리(%)
탄수화물	384	1,536	64
단백질	98	392	16
지방	55	495	20

신맛

신맛은 미뢰에서 유기산의 화학 작용으로 인해 느껴지는 맛입니다. 구연산, 아스코르브산(비타민 C), 아세트산(식초)을 포함한 모든 산은 신맛으로 인식됩니다. 신맛을 규칙적으로 섭취하면 식욕이 깨어나고 소화가 촉진됩니다. 또한 위가 비워지는 속도를 늦춰 탄수화물 섭취로 인한 인슐린 과다 분비를 줄여줍니다. 체다 치즈부터 식초까지 다양한 식품에서 신맛이 나지만 사과, 살구, 베리류, 체리, 자몽, 포도, 레몬, 오렌지, 파인애플, 토마토 등 신선한 과일이 가장 좋은 공급원입니다. 저지방 및 무지방 요구르트도 신맛의 좋은 공급원입니다. 신선한 요구르트는 소화기관 균형에 도움이 되는 유산균을 제공합니다.

신맛이 나는 음식은 일반적으로 심장병과 암을 예방하는 비타민 C와 플라보노이드의 훌륭한 공급원입니다. 또한 수용성 식이섬유를 제공하여 관상동맥 심장질환과 당뇨병의 발병 가능성을 낮출 수 있습니다. 피클, 그린 올리브, 처트니와 같은 많은 발효 조미료에도 신맛이 있습니다. 소화를 촉진하는 데 도움이 되지만 소량만 섭취하는 것이 가장 좋습니다. 샐러드 드레싱과 절임 및 발효 식품의 양은 줄이고 신맛이 나는 과일을 많이 섭취하여 신맛을 충분히 섭취하세요.

짠맛

미네랄 소금은 건강에 필수적인 요소이지만, 일반적인 식단에는 소금이 너무 많을 가능성이 훨씬 더 큽니다. 짠맛은 소화를 촉진하고 대변을 잘 나오게 하는 역할을 하며 가벼운 이완 효과가 있습니다. 소금을 너무 많이 섭취하면 고혈압 위험이 증가하고 골다공증 발병에 약간의 영향을 미칠 수 있습니다.

일반적인 식탁용 소금 외에도 생선, 간장, 해조류 제품 및 대부분의 소스에 짠맛이 들어 있습니다. 소금은 필수적인 맛이지만 적당히 섭취해야 한다는 점을 인식하고 소금 섭취량에 유의하세요.

매운맛

매운맛 또는 얼얼한 맛은 일반적으로 "뜨거운 맛"이라고 합니다. 매운맛을 두려워하는 경우도 있지만, 대부분의 문화권에서는 매운맛의 가치를 인정합니다. 사람들은 매운 향신료를 찾기 위해 애썼고 소중하게 여겼습니다. 크리스토퍼 콜럼버스가 항해를 시작한 주요 동기 중 하나는 서유럽 사람들이 소중히 여겼던 인도의 이국적인 향신료를 구하기 위한 지름길을 발견하기 위해서였습니다.

매운맛은 일반적으로 항산화 성분이 풍부한 에센셜 오일에서 비롯됩니다. 부패를 유발하는 활성 산소를 중화시키는 에센셜 오일의 능력 때문에 매운 향신료가 음식 보존에 일반적으로 사용되었습니다. 매운 향신료에 함유된 천연 화학 성분은 항균 작용도 합니다.

현대 과학 연구에 따르면 양파, 파, 부추, 마늘과 같은 매운 음식에 함유된 천연 화합물이 콜레스테롤 수치와 혈압을 낮추는 데 도움이 될 수 있다고 합니다. 다른 연구에서는 이러한 매운 음식이 암을 유발하는 물질로부터 몸을 보호할 수 있다는 사실이 밝혀졌지요. 고추, 생강, 고추냉이, 겨자, 후추, 무, 그리고 바질, 계피, 클로브, 커민, 오레가노, 페퍼민트, 로즈마리, 타임을 포함한 많은 향신료가 모두 매운맛을 가지고 있습니다. 매운 향신료의 풍미와 노화를 방지하는 효능을 모두 누리려면 식단에 충분히 활용하도록 하세요.

쓴맛

녹황색 채소는 쓴맛의 주요 공급원입니다. 피망, 브로콜리, 셀러리, 근대, 가지, 엔다이브, 시금치, 호박 등이 대표적인 예입니다. 대부분의 녹색 잎채소는 약간 쓴맛부터 매우 쓴맛까지 다양합니다. 쓴맛은 채소에 함유된 다양한 천연 화학 성분이 노화 방지와 건강 증진에 효과가 있다는 것을 보여줍니다. 이러한 식물성 화학 성분은 발암 물질을 해독하고 혈청 콜레스테롤 수치를 낮추며 면역력을 강화하는 데 도움이 됩니다.

모든 채소에는 필수 비타민과 미네랄이 함유되어 있습니다. 녹색 채소는 심장질환을 예방하는 데 중요한 역할을 하는 것으로 알려진 비타민 B군과 엽산의 좋은 공급원입니다. 채소는 수용성 및 불용성 식이 섬유질의 중요한 공급원입니다. 수용성 섬유질은 심장에 좋으며 불용성 섬유질은 소화관을 통해 음식물이 이동하기 쉽게 합니다. 고섬유질 식단은 유방암 및 소화관암의 위험을 낮추는 것과 관련이 있습니다.

미국 암 협회에서는 매일 최소 5회 분량의 과일과 채소를 섭취할 것을 권장합니다. 하지만 일부 연구에 따르면 미국인의 10퍼센트 정도만 이 조언을 정기적으로 따르고 있는 것으로 나타났습니다. 우리는 인류가 시작된 이래로 어머니들이 해오던 말을 되새깁니다. "채소를 먹어라."

쓴맛을 가진 허브 또한 건강하고 균형 잡힌 식단의 중요한 구성 요소입니다. 카모마일, 실란트로, 커민, 딜, 호로파, 감초, 대황, 로즈마리, 사프란, 세이지, 타라곤, 강황은 쓴맛을 함유한 요리용 허브와 향신료의 예입니다. 에키네시아, 알로에, 블랙 코호시, 용담, 금은화, 감초, 패션 플라워, 스컬캡, 세인트존스워트 등 대부분의 약초는 고농도의 식물성 화학 성분으로 인해 주로 쓴맛이 납니다. 대부분의 사람들이 쓴맛을 선천적으로 좋아하지 않지만, 소량을 섭취하면 음식의 맛을 향상시키고 심신안정에 도움이 됩니다.

다음은 과일과 채소가 제공하는 놀라운 건강 증진 및 노화 방지 성분 표입니다.

식물성 유용 성분	작용	공급원
플라보노이드	항산화, 항암, 심장질환 예방	양파, 브로콜리, 포도, 사과, 체리, 감귤류, 베리, 토마토
폴리페놀	항산화, 항암	견과류, 베리, 녹차
황화합물	항암, 혈액 응고 억제	마늘, 양파, 쪽파
리코펜	항암	토마토, 붉은 자몽

이소티오시아네이트	암 성장 억제	브로콜리, 양배추, 꽃양배추
이소플라본	호르몬 자극으로 인한 암 억제, 콜레스테롤 수치 낮춤	콩, 콩으로 만든 식품
안토시아닌	항산화, 콜레스테롤 수치 낮춤, 면역기능 강화	베리, 체리, 포도, 건포도
테르페노이드	항산화, 항균, 위궤양 예방	후추, 계피, 고추냉이, 로즈마리, 타임, 강황

떫은맛

떫은맛이 나는 음식은 점막의 주름을 펴는 효과를 줍니다. 현대 과학에서는 떫은맛을 실제 맛으로 분류하지 않지만, 떫은맛을 내는 천연 화학 성분에는 다양한 건강 증진 효과가 있습니다. 떫은맛을 내는 식품에는 사과, 아티초크, 아스파라거스, 콩, 피망, 유청, 셀러리, 체리, 크랜베리, 오이, 무화과, 레몬, 렌즈콩, 그린빈, 버섯, 석류, 감자, 대두, 시금치, 녹차 및 홍차, 두부, 통밀 및 호밀 곡물 제품 등이 있습니다. 떫은맛이 나는 음식은 소화 기능 조절과 상처 치유에 중요합니다.

최근 연구에 따르면 떫은맛의 좋은 공급원인 녹차와 홍차에 함유된 식물성 화학 성분이 암에서 심장병에 이르기까지 다양한 질병으로부터 몸을 보호하는 데 도움이 된다고 합니다. 콩은 복합 탄수화물의 훌륭한 공급원입니다. 이들은 수용성 및 불용성 섬유질과 함께 양질의 식물성 단백질을 제공합니다. 콩은 엽산, 칼슘, 마그네슘도 공급합니다.

현대 식단의 주요 변화 중 하나는 식물성 단백질 공급원이 줄어들고, 이것이 동물성 단백질로 대체되었다는 것입니다. 이러한 변화로 인해 심장질환과 암의 위험이 증가했습니다. 콩이나 두부를 매일 식단에 추가하면 젊음을 유지하며 더 오래 살게 될 것입니다.

여섯 가지 맛의 요약

맛	공급원
단맛	늘릴 식품 : 통곡물, 빵, 과일, 전분이 있는 채소, 저지방 유제품 줄일 식품 : 정제된 설탕, 동물성 지방
신맛	늘릴 식품 : 감귤류, 베리, 토마토 줄일 식품 : 절이거나 발효된 음식, 알코올
짠맛	줄일 식품 : 감자칩, 프레첼, 가공된 토마토 주스와 같은 소금 함유량이 높은 식품
매운맛	늘릴 식품 : 생강, 후추, 양파, 페퍼민트, 계피와 같은 소량의 매운 음식
쓴맛	늘릴 식품 : 녹황색 채소
떫은맛	늘릴 식품 : 콩, 두부, 사과, 베리, 무화과, 녹차 줄일 식품 : 과다한 양의 커피

우리 몸은 삶의 여섯 가지 맛에 접근할 수 있을 때 만족감을 느낀다.

여섯 가지 맛 프로그램에 부합하는 식단 계획을 따르는 것은 쉽습니다. 자주 먹는 음식의 종류와 관계없이 식단에 다양한 맛을 포함하면 먹는 즐거움을 더하고 건강 증진 효과를 높일 수 있습니다. 다음은 이 접근법의 실용성을 보여주는 다양한 식단의 예입니다.

세계 지역 요리를 대표하는 7가지 채식주의자 식단

이 책의 뒷부분에서 전체 레시피를 확인하세요.

태국 요리

코코넛, 두부, 채소를 넣은 맑은 국물 수프

당근과 채소를 곁들인 옐로우 타이 커리

바질과 민트를 곁들인 신선한 오이

망고를 곁들인 바스마티 라이스

바나나 코코넛 스튜

중국 요리

야채 탕수프

나한재(羅漢齋, 부처님 만찬)

양념 참깨 두부 스트립

간단한 찐 쌀밥

아몬드 쿠키

이탈리아 요리

흰콩과 야채 수프

페스토를 곁들인 시금치와 가지 레이어드 파스타

가르반조와 그린빈 스튜

신선한 로즈마리를 곁들인 구운 당근

라즈베리 두부 셔벗

멕시코 요리

아보카도와 실란트로를 곁들인 또띠야 수프

검은콩과 고구마 엔칠라다스

스페인 쌀밥

망고 토마토 살사

메이플 시럽을 곁들인 구운 바닐라 플랑

프랑스 요리

크리미 아스파라거스 수프

시금치, 부추, 감자 타르트

그린빈 아만딘 찜

근대와 루꼴라 레몬 타라곤 드레싱

블랙베리를 곁들인 데친 배

아메리칸 비스트로

당근 실란트로 수프

구운 야채 보리 리조또

크랜베리와 고구마 처트니

사과 비네그레트를 곁들인 유기농 밭채소 무침

아몬드 프랄린을 곁들인 코코아 두부 무스

중동 요리

시금치 렌틸콩 수프

후무스

퀴노아 타불리

크리미 두부 오이 민트 라이타

라따뚜이 스튜

메이플 호두 필로 트라이앵글

최적의 소화

우리 몸은 우리가 먹는 음식으로 유지되므로 최상의 건강을 유지하는 데 필요한 모든 영양소를 충분히 섭취하는 것이 중요합니다. 아유르베다에 따르면 우리가 섭취하는 음식을 최대한 활용하려면 이상적인 소화력을 갖추는 것도 매우 중요합니다. 소화력을 뜻하는 산스크리트어는 아그니입니다. 아그니는 신체의 변화 원리라고 생각할 수 있습니다. 최적의 소화를 위해서는 식사 방법에 적용되는 몇 가지 간단한 원칙에 주의를 기울이는 것이 좋습니다. 우리는 이를 식사 인식 기법이라고 부릅니다.

식사 인식 기법

식욕에 귀를 기울여라

우리 몸은 자신의 필요를 충족시키기 위해 정신에게 메시지를 보냅니다. 신체가 보내는 가장 중요한 신호 중 하나는 배고픔입니다. 과도한 체중 감량을 위해 고군분투해왔던 많은 사람이 식욕을 적으로 여기지만, 식욕의 메시지를 경청하고 존중하는 것은 건강한 영양 계획의 가장 중요한 측면 중 하나입니다. 규칙은 간단합니다: 배고플 때 먹고 포만감이 들면 멈추세요. 식욕을 비어 있는 상태(0)에서 가득 찬 상태(10)까지로 측정한다면, 우리가 권장하는 것은 정말 배가 고플 때 (2~3단계) 식사를 하고, 편안하게 배는 부르지만 포만감은 없는 상태

(6~7단계)가 되면 식사를 중단하는 것입니다. 위를 가득 채우지 않음으로써 소화력이 최적의 수준으로 작동할 수 있도록 합니다. 세탁기에 세탁물을 너무 많이 넣어 돌리면 옷이 완전히 깨끗해지지 않는 것처럼, 위를 너무 많이 채우면 음식이 완전히 소화되지 않습니다.

많은 이들이 몸이 음식을 요구해서가 아니라 먹을 때가 되었기 때문에 음식을 먹습니다. 우리는 휘발유 탱크가 반 정도 차 있을 때 굳이 주유를 하지 않습니다. 그런데 많은 사람이 앞서 먹은 식사로 배가 부른 상태에서도 음식을 먹습니다. 몸에 귀를 기울이세요. 몸의 지혜는 우주의 지혜를 반영합니다.

주의를 기울여라

식사하는 동안 주변 환경이 산만하면 과식하기 쉽습니다. 우리 중 많은 이들이 스마트폰이나 텔레비전을 보며 식사를 합니다. 각종 영상이나 흥미진진한 드라마가 눈앞에 있으면 자신의 몸에 대한 인식을 잃고 과식하기 쉽습니다. 마찬가지로, 격렬한 프로젝트나 비즈니스 거래를 하면서 식사를 하면 신체가 보내는 음식을 충분히 먹었다는 신호를 놓치는 경우가 많습니다. 편안한 환경에서 음식을 즐길 수 있도록 식사 시간을 보호하려는 의도를 가지세요. 속 쓰림이나 과민성 대장증후군과 같은 소화계 질환으로 고생한다면, 차분하고 편안한 식사 시간을 만들어야 합니다. 그러면 소화가 개선될 것입니다.

신선한 음식을 먹어라

음식에는 노화와 피로를 촉진하는 음식이 있고, 신체를 재생하고 활력을 불어넣는 음식이 있습니다. 일반적으로 '죽어있는' 음식은 퇴화와 부패에 기여하는 반면, 신선한 음식은 재생과 활력을 증진시킵니다. 대부분의 식품은 수확과 소비 사이의 시간이 짧을수록 더 많은 에너지와 지성을 제공합니다. 따라서 통조림, 냉동 및 포장 식품은 가능한 한 최소한으로 섭취하는 것이 좋습니다. 또한, 남은 음식이나 전자레인지에 데운 음식을 먹지 않는 것을 권장합니다.

감정이 아닌 몸에 양분을 주는 음식을 먹어라

우리는 태어나는 순간부터 음식을 안전 및 편안함과 연관시킵니다. 우리가 불편해할 때 모유나 우유는 신체적, 정서적 고통을 달래주었습니다. 성인이 되어 스트레스를 받거나 불안할 때 음식에 의지하는 것은 자연스러운 일입니다. 불행하게도 음식으로 사랑에 대한 욕구를 채우려고 한다면, 성공할 가능성이 낮으며 불필요한 칼로리가 지방으로 저장될 것입니다. 음식으로 신체의 에너지 욕구를 충족시키고 영양가 있는 관계를 발전시켜 감정적인 마음의 욕구를 충족시키세요. 그 둘은 모두 그 차이를 아는 것에 감사할 것입니다.

점심에는 많이 먹고 저녁에는 적게 먹어라

소화력은 대낮에 가장 강합니다. 위산, 담즙, 췌장 효소가 낮 동안 주기적으로 분비되어 섭취한 음식에서 필수 영양소의 흡수와 신진대사를 지원합니다. 산업혁명 이전까지 대부분의 사람들은 한낮에 주된 식사를 하고 저녁에 가벼운 식사를 했습니다. 이 오랜 전통을 존중하면 소화 기능이 개선되고 수면이 향상될 수 있습니다. 점심은 조금 더 많이, 저녁은 조금 더 적게 먹어보고 활력과 건강이 개선되는지 확인해 보세요.

소화의 불을 지피고 균형을 잡아라

아유르베다에서는 소화 과정을 벽난로의 불꽃에 비유합니다. 최상의 열과 빛을 내기 위해서는 불을 붙이고 지펴야 합니다. 소화도 마찬가지입니다. 식사 전에 허브를 넣은 간단한 음료로 소화에 불을 지피는 것이 좋습니다. 이 간단한 레시피는 소화의 첫 단계를 깨워 음식의 신진대사를 원활하게 시작할 수 있도록 도와줍니다. 매 식사 전에 한 잔씩 마셔보세요. 소화 기능이 건강하게 향상되는 것을 느낄 수 있습니다.

허브 식전 음료

레몬 주스, 생강 뿌리 주스, 물, 꿀을 같은 비율로 섞는다.
후추를 약간 넣는다.

식사 직전에 이 허브 음료를 작은 잔으로 한 잔 마신다.

매 식사 후에는 소화의 균형을 맞추기 위해 향신료 블렌드를 섭취할 것을 추천합니다. 볶은 회향 씨앗, 카다몬 씨앗, 커민 씨앗, 메이플 설탕을 같은 비율로 섞으면 쉽게 만들 수 있습니다. 소화력을 높이기 위해 매 식사 마지막에 이 향신료 혼합물 반 티스푼을 씹어 드세요.

식사 전 허브 음료와 식사 후 향신료 블렌드 외에도 수시로 생강차를 마셔보세요. 뜨거운 물 큰 컵에 신선한 생강 뿌리 반 티스푼을 갈아서 하루에 2~3컵을 섭취하세요. 생강은 소화관에 탄력을 주어 소화, 흡수 및 배설을 향상시킵니다. 생강은 아유르베다에서 만병통치약으로 알려져 있습니다. 속쓰림이나 소화불량 증상이 있는 경우, 처음에는 생강을 조심스럽게 사용하여 증상이 악화되지 않도록 주의하세요.

무엇을 먹는 것만큼이나 먹는 방법도 중요하다.
식사를 단순하게 하라.

영양 섭취를 복잡하게 만들지 마세요. 풍부하고 맛있게 먹는 것은 어렵지 않습니다. 지금껏 말했던 내용을 다섯 가지 간단한 원칙으로 줄일 수 있습니다:

1. 배고플 때 먹고, 포만감을 느끼면 멈춘다.

2. 음식이 액체 또는 반액체 상태가 될 때까지 씹은 후 삼킨다.

3. 이전 음식을 삼킬 때까지 다음 음식을 입에 넣지 않는다.

4. 이전 음식을 소화할 때까지(최소 3시간 이상) 다음 음식을 입에 넣지 않는다.

5. 하루에 여섯 가지 맛의 음식을 모두 섭취한다.

축하의 의미로 식사하기

건강하게 오래 사는 데 도움이 된다는 식단을 떠올리며 혼란을 느끼는 사람들이 많습니다. 전문가들도 다양한 접근법을 내놓으며 우리를 혼란스럽게 만들지요. 모든 식단은 몇 가지 유익한 지혜를 제공하지만, 그 접근법이 진정으로 성공하려면 지속 가능하고 맛있으며 균형 잡히고 실용적이어야 합니다. 한 달 동안 지금까지 살펴본 영양 권장 사항을 따르고 신체/정신 시스템에 활력이 불어오는 것을 관찰하세요. 더 젊어지고 더 오래 사는 데 도움이 될 것입니다.

나는 매일 모든 면에서 정신적, 육체적 능력을 향상시키고 있다.

내 생체 지표는 건강한 _____ 세로 설정되어 있다.

나는 건강한 _____ 세로 보이고 그렇게 느껴진다.

나는 생물학적 나이를 되돌리고 있다:

- 내 몸과 노화, 시간에 대한 인식을 바꿈으로써

- 두 종류의 깊은 휴식, 즉 편안한 자각과 편안한 수면을 통해

- 그리고 건강한 음식을 통해 내 몸을 키움으로써

편안한 환경에서 음식을 즐길 수 있도록
식사 시간을 보호하려는 의도를 가지세요.

실천 4

영양 보충제로
젊음을 되찾아라

나는 질병 예방에 직접적인 영향을 미치는 영양 보충제를 복용하여 생물학적 나이를 되돌리고 있다.

나는 다음과 같이 실천한다:

1. 필수 영양소의 생물학적 효과를 배운다.
2. 내 몸에 꼭 필요한 영양분을 매일 섭취한다.
3. 영양 보충제를 현명하게 선택한다.

영양 보충제를 지혜롭게 사용하면
노화와 관련된 질병을 예방하고
생물학적 나이를 극적으로 되돌릴 수 있다.

우리는 건강한 음식을 먹는 것만으로 건강하게 살 수 있다고 믿고 싶어 하지만, 영양 보충제를 적절히 사용하면 음식만으로 얻을 수 있는 것보다 더 높은 수준의 젊음을 누릴 수 있다는 증거가 점점 더 많아지고 있습니다. 농축된 영양소를 섭취하는 것보다 건강한 식습관이 여전히 더 중요합니다. 따라서 그것을 보충제라기보다는 영양 보조제라고 부르는 것이 좋습니다. 우리는 이러한 영양 보조제가 좋은 음식을 대체하는 것이 아니라 영양을 더 높은 수준으로 끌어올린다는 점을 상기시키기 위해 이 용어를 사용합니다. 특정 영양소를 많이 섭취하면 노화와 관련된 여러 가지 일반적인 건강 문제의 위험을 낮출 수 있다는 사실이 밝혀졌기 때문에 영양 보조제는 건강 증진에 중요한 역할을 합니다.

우리 몸은 에너지, 변형, 지성의 장입니다. 우리 몸은 에너지를 획득

하고, 변형하고, 저장하고, 방출하는 데 놀라울 정도로 능숙합니다. 이러한 에너지의 주요 공급원은 음식에 함유된 탄수화물, 단백질, 지방입니다. 또한 음식은 비타민, 미네랄, 미량 원소 등 음식에 함유된 에너지를 효율적으로 사용하는 데 필요한 천연 화학 성분을 제공합니다. 항산화 화학 성분과 같은 기타 영양 성분은 유해한 내부 또는 외부 환경의 독소로부터 세포와 조직을 보호하는 데 필수적입니다. 마지막으로, 많은 식물성 식품에는 다양한 질병으로부터 인체를 보호하는 데 도움이 되는 필수 식물성 성분인 파이토케미컬이 함유되어 있습니다.

음식을 통해 필수 영양소를 적절히 "섭취"하는 사람들은 일반적으로 영양이 부족한 식단을 섭취하는 사람들보다 더 건강하고 오래 살 수 있습니다. 그러나 일부 영양소는 일반적으로 식단을 통해 제공되는 양보다 더 많은 양을 섭취할 때 추가적인 이점이 있다는 사실이 점점 더 분명해지고 있습니다. 우리는 균형 잡힌 식단에 보조적인 영양소를 더하면 젊음의 활력을 유지하고 증진하는 데 가장 좋은 기회를 제공할 수 있다고 믿게 되었습니다. 영양 보충제의 기본 사항을 살펴보겠습니다.

비타민—필수 영양소

비타민은 건강을 유지하기 위해 소량으로 필요한 유기 물질입니다.

체내에서 생성되지 않기 때문에 반드시 외부로부터 섭취해야 합니다. 정부가 후원하는 영양 전문가들은 13가지 비타민과 15가지 미네랄에 대한 기준안을 마련했습니다. 일부 필수 영양소는 현재 권장량보다 훨씬 높은 수준에서 건강 증진 효과가 있지만, 대부분의 일일 권장량은 알려진 비타민 결핍 질환을 예방하는 수준을 기준으로 합니다. 영양 보충제의 적절한 역할에 대한 새로운 데이터가 꾸준히 나오고 있지만, 실용적이고 균형 잡힌 정보는 이미 충분하다고 생각됩니다.

수용성 비타민

수용성 비타민에는 비타민 B군과 비타민 C가 포함됩니다. 수용성 비타민은 신체 조직에 제한된 양만 저장되므로 매일 섭취해야 합니다. 비타민 B는 효소 시스템과 함께 작용하여 음식을 대사하고 필수 생화학 성분을 형성합니다. 수용성 비타민의 종류, 중요한 목적, 결핍 증상 및 징후, 식품 공급원 및 일일 권장량은 다음과 같습니다.

비타민	목적	결핍 증상과 징후	공급원	일일 권장량
B1 (티아민)	단백질, 지방, 탄수화물의 대사	피로, 체중감소, 체력 저하, 성장 이상, 혼동, 신경 이상	통밀, 견과류, 콩, 양배추, 고기	1.0~1.5mg
B2 (리보플라빈)	지방산과 아미노산의 대사	점막 염증, 눈병, 신경 이상	유제품, 계란, 녹색잎 채소, ㅈ아스파라거스, 생선, 간	1.2~1.8mg
나이신	탄수화물, 단백질, 지방의 대사	피부 변화, 설사, 신경계 이상	우유, 계란, 콩류, 통곡물, 기름류, 고기	15~20mg
B6 (피리독신)	아미노산과 신경전달물질의 대사	체력 저하, 신경계 질환, 백혈구 이상	콩, 견과류, 바나나, 아보카도, 계란, 고기	1.4~2.2mg
엽산	아미노산 대사, DNA 합성	빈혈, 체력 저하, 정신적 변화, 소화 장애	짙은 녹색 채소, 완두콩, 밀 맥아, 리마콩	400mcg
B12 (코발라민)	아미노산과 지방산의 대사	빈혈, 피로, 신경계 이상	우유, 해산물, 발효된 콩, 치즈, 고기	2.0mcg
비오틴	단백질, 지방, 탄수화물의 대사	피부 문제, 심장 이상, 피로, 빈혈	유제품, 달걀, 견과류	30~100mcg
판토텐산	지방산과 신경전달물질의 대사	피로, 소화 장애, 신경 이상	통곡물, 치즈, 콩, 견과류, 대추야자, 생선, 고기	4~7mg
C (아스코르브산)	항산화제, 콜라겐 생성, 신경전달물질의 대사	잘 낫지 않는 상처 치유, 출혈, 빈혈	감귤류, 토마토, 녹색잎 채소, 완두콩	60mg

지용성 비타민

지용성 비타민에는 비타민 A, D, E, K, 베타카로틴이 포함됩니다. 지용성 비타민은 간에 저장되며 체내에서 천천히 배설되므로 독성 수준까지 축적될 수 있습니다. 다양한 지용성 비타민은 적절한 양을 섭취하면 면역력, 뼈의 강도, 혈액 응고를 유지하는 데 필수적입니다. 기능, 결핍에 따른 결과, 일반적인 공급원 및 일일 권장량은 다음과 같습니다.

약이 되는 영양소

늘어서 죽는 사람은 아무도 없습니다. 우리는 노년기에 흔히 발생하는 질병으로 사망합니다. 현대 의학은 고통을 유발하고 수명을 단축시키는 질병을 치료하기 위한 새로운 접근법을 지속적으로 개발하고 있지만, 영양학적 접근법이 인류가 흔히 겪는 질병으로 인한 위험을 줄이고 장애를 완화하는 데 도움이 될 수 있다는 증거가 점점 더 많아지고 있습니다. 지금부터는 영양학적 접근이 도움이 될 수 있는 심장 질환, 암, 기억력 감퇴, 관절염, 면역력 약화 등 널리 퍼져 있는 다섯 가지 질환에 대해 알아보겠습니다.

비타민	목적	결핍 증상과 징후	공급원	일일 권장량
A	시력 유지, 피부와 점막의 통합, 면역력 증강	피부 문제, 야맹증, 뼈의 약화	유제품, 녹황색 채소(당근, 호박류, 후추), 오렌지계 과일(살구, 파파야), 계란 노른자	4,000~5,000IU
카로티노이드 (베타카로틴)	항산화, 면역력 증강	심장질환과 암에 걸릴 확률 증가	녹황색 채소(고구마, 호박), 오렌지계 과일(칸탈루프, 복숭아)	필요 시 비타민 A로 전환
D (콜레칼시페롤, 에르고칼시페롤)	칼슘과 인 조절	뼈의 약화	생선 기름, 기름진 생선, 영양이 보강된 유제품, 계란 노른자, 버터	200~400IU
E (알파 토코페롤, 베타 토코페롤, 감마 토코페롤)	항산화, 세포 점막 보호	신경계, 혈액 세포, 생식계 이상	채소와 씨 기름, 통곡물, 녹색잎 채소, 밀 맥아, 계란 노른자, 버터, 견과류	12~18IU
K (필로 퀴논, 메나퀴논)	혈액 응고 요소 합성에 도움	혈액 응고 시간 지연, 출혈	진한 녹색잎 채소, 브로콜리, 콩류	45~80mcg

심장질환은 우리 사회에서 사망과 심각한 질병의 가장 큰 원인입니다. 지금쯤이면 누구나 흡연, 고혈압, 혈청 콜레스테롤 수치 상승, 운동 부족이 모두 심혈관 질환의 위험에 기여한다는 사실을 알고 있을 것입니다. 적대감의 형태로 나타나는 정신적 태도 또한 심장병에 대한 취약성을 높이는 데 중요한 역할을 합니다. 이 책에서 다른 생활 습관 문제도 다루겠지만, 여기서는 영양 보충제의 역할에 초점을 맞추겠습니다.

항산화 비타민과 심장질환

연구에 따르면 산화된 형태의 콜레스테롤은 혈관에 침착되어 결국 혈관을 막을 가능성이 높다고 합니다. 항산화 비타민은 "나쁜" 콜레스테롤의 형성을 줄이고 심장 마비의 위험을 낮출 수 있습니다. 세 가지 주요 항산화 비타민의 역할에 대한 연구가 진행되었는데, 비타민 E가 가장 큰 효능을 보이고, 비타민 C는 거의 효능이 없으며, 카로티노이드는 그 중간 정도에 속하는 것으로 나타났습니다.

지난 30년 동안 이루어진 비타민 E에 대한 연구를 통해 일반적으로 일일 100~800IU의 복용량으로 심장 마비 위험을 낮추는 데 도움이 되는 것으로 확인되었습니다. 가장 큰 규모의 연구 중 하나에서 평균 1년 반 동안 400 또는 800 IU의 비타민 E를 복용한 남성은 두 복용 그룹 모두에서 심장 마비 확률이 47% 감소한 것으로 나타났습니다.

남성과 여성을 대상으로 한 대부분의 다른 연구에서도 심장질환을 줄이는 비타민 E의 효능이 입증되었습니다.

베타카로틴이 풍부한 식단이 심장질환을 어느 정도 예방할 수 있다는 연구 결과는 있지만, 카로티노이드 보충제가 확실한 이점을 제공한다는 사실을 입증한 연구는 아직까지 없습니다. 실제로 이루어진 대규모 임상시험에서 흡연자에게 베타카로틴과 비타민 A 보충제를 투여한 결과, 폐암 사망률이 증가하고 심장 마비로 인한 사망률이 약간 증가한 것으로 나타났습니다. 이 보고서의 의미에 대해 많은 논쟁이 계속되고 있지만, 카로티노이드와 심장질환에 관한 결론은 당근을 섭취하고 보충제를 과도하게 섭취하지 말라는 것입니다.

비타민 C는 건강한 혈관을 유지하는 데 분명히 중요하지만, 연구에 따르면 비타민 C 보충제가 심장질환의 위험을 줄이는 데 도움이 된다는 사실은 일관되게 밝혀지지 않았습니다. 카로티노이드와 마찬가지로, 천연 비타민 C가 풍부한 식단을 따르는 사람들은 신선한 과일과 채소를 적게 섭취하는 사람들보다 심장질환에 덜 걸립니다. 비타민 C가 풍부한 식단을 따르는 사람들은 일반적으로 건강한 생활 습관을 따르는 것으로 추측할 수 있으며, 이는 비타민 보충제만으로는 대체할 수 없습니다.

최근 주목받고 있는 자연 발생 항산화제는 코엔자임큐텐 또는 코큐텐입니다. 코큐텐은 유비퀴오네(ubiquione)라고도 하는데, 이는 생체 시스템 어디에나 존재한다는 의미에서 붙여진 이름입니다. 연구에 따르면 코큐텐은 심장 근육의 기능을 향상시키고 관상동맥 질환, 고혈압, 울혈성 심부전 환자에게 도움이 될 수 있다고 합니다. 우리가 비록 이 성분에 대해 아직 보편적인 사용을 권장할 만큼 충분히 알지 못하지만, 심장질환을 앓고 있는 경우 의료 전문가와 상의할 가치가 있는 성분이라고 생각합니다.

호모시스테인과 건강

최근 영양학에서 가장 중요한 발견 중 하나는 아미노산 호모시스테인의 혈중 농도 상승이 여러 가지 질병과 관련이 있다는 사실을 알게 된 것입니다. 호모시스테인은 단백질 대사 과정에서 생성되는 생화학 물질로, 특히 동물성 단백질에서 추출한 단백질의 대사 과정에서 생성됩니다. 높은 혈중 호모시스테인 농도(리터당 12 마이크로 몰 이상)는 심장질환의 독립적인 위험 요인으로 확인되었습니다. 연구에 따르면 이 아미노산의 농도가 높으면 혈관 내벽이 변형된다고 합니다. 이로 인해 콜레스테롤이 동맥에 침착되어 결국 혈관이 막히고 심장 근육이 손상됩니다. 흡연, 과도한 음주, 카페인 과다 섭취 등 여러 가지 건강에 해로운 생활 습관이 호모시스테인의 수치 상승과 연관이 있습니다. 최근 연구에 따르면 호모시스테인은 다른 많은 질병과 관련이 있어 혈중 독성 아미노산 수치가 높아지면 뇌졸중, 알츠하이머병 및 다양한 암이 발생할 위험이 높아질 수 있다는 사실이 밝혀졌습니다.

좋은 소식은 일반적으로 몇 가지 주요 비타민 B를 적절히 섭취하면 혈중 호모시스테인 수치를 쉽게 낮출 수 있다는 것입니다. 가장 중요한 비타민은 엽산으로 보이며, 엽산은 비타민 B6(피리독신) 및 B12와 함께 호모시스테인을 무독성 생화학 물질로 대사하는 역할을 합니다. 최근 연구에 따르면 막힌 심장 혈관을 열기 위해 혈관 성형술이 필요한 사람이 엽산, B6, B12를 복용하면 호모시스테인 수치가 현저히 감소하고 혈관이 빨리 막히지 않는 것으로 나타났습니다.

모든 사람이 매일 이러한 필수 영양소를 충분히 섭취해야 한다는 권장 사항을 뒷받침하는 충분한 증거가 있다고 생각합니다. 어느 정도면 충분할까요? 표준 권장량은 엽산 400마이크로그램, 비타민 B6 2밀리그램, 비타민 B12 2~6마이크로그램입니다. 이러한 수치는 건강하고 균형 잡힌 식단을 통해 얻을 수 있습니다. 엽산이 풍부한 식품으로는 시리얼, 과일, 녹색잎 채소, 콩, 통곡물 등이 있습니다. 비타민 B6는 강화 곡물, 밀기울, 견과류, 바나나 및 기타 비감귤류 과일과 아스파라거스, 양배추, 아티초크와 같은 특정 채소에도 함유되어 있습니다. 달걀, 유제품, 생선, 가금류, 붉은 육류에 함유되어 있는 비타민 B12의 순수한 채식 공급원은 없습니다.

이러한 비타민이 관상동맥 질환을 늦출 수 있다는 연구에서 사람들에게 엽산 1,000마이크로그램, 비타민 B6 10밀리그램, 비타민 B12 400마이크로그램을 투여했습니다. 이러한 복용량은 현재 미국 국립과학아카데미에서 정한 일일 권장 섭취량보다 훨씬 높은 수치입니다. 고함량 종합비타민은 일반적으로 각 영양소에 대해 일일 권장량의

100퍼센트에서 500퍼센트를 함유하고 있지만, 이 연구에서 테스트한 엽산과 B12의 고함량 섭취량에는 미치지 못합니다. 현재 이용 가능한 모든 증거를 고려할 때, 우리는 앞에서 설명한 균형 잡힌 6가지 맛의 식단을 따르고 최소 400마이크로그램의 엽산, 10밀리그램의 비타민 B6, 30마이크로그램의 비타민 B12가 함유된 고효능 종합비타민을 보충하는 것을 권장합니다. 비타민이 풍부한 건강한 식단과 영양 보충제를 함께 섭취하면 호모시스테인과 관련된 심각한 건강 손상 질환에 대한 추가적인 보호 수준을 높일 수 있습니다.

암 예방

암에 대한 이해, 진단, 치료법이 현대적으로 발전했음에도 불구하고 이 무서운 질병은 여전히 우리 사회에서 두 번째로 큰 사망 원인입니다. 삶에서 예방이 이처럼 큰 보상을 얻을 수 있는 치명적인 상황은 거의 없습니다. 암에 대해 우리가 모르는 것이 많지만, 항산화 영양소가 풍부한 식단이 악성 세포의 변형을 유발할 수 있는 내외부 독소를 막는 보호 효과가 있다는 좋은 정보가 있습니다. 영양 보충제가 추가적인 이점을 제공한다는 것은 명확하지 않습니다. 다음은 암에서 영양소의 역할에 대한 현재의 입장입니다.

비타민 A, 카로티노이드와 암

암에 걸릴 위험이 높은 사람이 베타카로틴을 섭취하면 더 나은 결과를 얻을 수 있을 것이라고 기대할 수 있지만, 지금까지 발표된 세 가지 연구 결과에 따르면 베타카로틴의 이점은 입증되지 않았습니다. 남녀 흡연자와 석면에 노출된 남성 모두에서 베타카로틴은 폐암을 예방하지 못했으며, 두 연구에서는 카로티노이드를 복용하는 사람들이 실제로 더 높은 위험에 노출된 것으로 나타났습니다.

실험실 연구에 따르면 비타민 A와 다양한 카로티노이드가 전립선암, 자궁경부암, 구강암, 피부암의 성장을 늦출 수 있는 것으로 밝혀졌지만, 보충제의 임상적 이점을 입증한 연구는 아직 확실하지 않습니다. 가장 흥미로운 카로티노이드 중 하나는 토마토에 가장 높은 농도로 함유된 리코펜입니다. 이 강력한 항산화제는 전립선암을 예방하는 것으로 보이며, 정기적으로 토마토를 섭취하는 데 좋은 동기를 부여하는 것으로 보입니다. 결론은 카로티노이드가 자연적으로 풍부한 식단을 섭취하되, 보충제를 신중하게 사용하여 건강한 기본 섭취량을 확보하는 것입니다.

비타민 E와 암

수년 동안 동물을 대상으로 한 실험실 연구에 따르면 비타민 E는 다양한 암 발병률을 낮출 수 있으며, 사람에게도 도움이 될 수 있다고 합니다. 중국의 대규모 연구에서는 베타카로틴, 비타민 E, 셀레늄을 매일 보충제로 복용하는 사람들은 다른 영양 요법을 복용하는 사람들에 비해 암 발생률이 현저히 낮은 것으로 나타났습니다. 다른 보고서에서도 비타민 E가 구강암, 인후암, 전립선암을 예방할 수 있다는 것을 뒷받침합니다. 이 강력한 항산화제를 매일 충분히 섭취하는 것은 젊고 건강한 삶을 유지하는 데 필수적입니다.

비타민 C와 암

다른 항산화 비타민과 마찬가지로 비타민 C의 암 예방 효과에 대한 증거는 임상 연구보다는 실험실 연구에서 더 많이 발견되었습니다. 비타민 C가 여성 생식 기관, 인후, 소화관 및 호흡기 계통의 암 위험을 낮출 수 있다는 제안이 있지만, 이러한 실험실 결과가 사람과 관련이 있는지 여부는 아직 입증되지 않았습니다. 일반적으로 내약성이 좋기 때문에 예외적으로 많은 양을 복용하더라도 많은 영양학자들은 현재 권장되는 일일 섭취량인 60밀리그램보다 더 높은 권장량을 권장하고 있습니다.

영양소와 기억력

우리 모두는 명확한 사고와 좋은 기억력이 건강과 안정된 삶에 필수적이라고 생각합니다. 좋은 영양 섭취는 맑은 정신의 중요한 측면이며 몇 가지 영양 보충제가 도움이 되는 것으로 나타났습니다. 동물과 사람을 대상으로 한 비타민 E에 대한 연구에 따르면 비타민 E의 항산화 특성이 기억력을 손상시키는 독성 물질로부터 뇌세포를 보호하는 것으로 나타났습니다. 노인을 대상으로 한 대규모 연구에 따르면 낮은 비타민 E 수치와 기억력 문제 사이에 상관관계가 있는 것으로 나타 났습니다. 알츠하이머병 환자에게 비타민 E를 투여한 경우 기억력 저 하가 덜한 것으로 나타났습니다. 비타민 E를 매일 섭취하면 맑은 정 신을 유지하는 데 도움이 될 수 있다고 확신합니다.

은행나무 허브는 기억력 강화제로서 점점 더 많은 관심을 받고 있습 니다. 지구상에서 가장 오래된 나무에서 파생된 은행나무는 기억력에 문제가 있는 사람과 그렇지 않은 사람 모두의 정신 능력을 향상시킬 수 있습니다. 표준화된 추출물은 현재 널리 판매되고 있으며 정신력 을 유지하는 데 도움이 될 수 있습니다. 은행 추출물의 일반적인 일일 복용량은 하루 120~240밀리그램입니다. 드물게 출혈 합병증이 보고 되었기 때문에 은행을 혈액 희석제와 함께 복용해서는 안 됩니다.

뇌 화학 물질인 아세틸콜린은 정보의 저장, 회상, 전달에 관여하 기 때문에 기억에 특히 중요한 역할을 하는 것으로 보입니다. 수년 동 안 과학자들은 합성 물질과 천연 물질을 사용하여 아세틸콜린의 기능 을 향상시키려고 시도해 왔지만 결과는 미미했습니다. 포스파티딜세 린(PS)이라는 콩 추출 화합물을 사용하면 아세틸콜린의 생성을 향상시 킬 수 있으며 가벼운 기억력 향상 효과가 있는 것으로 나타났습니다. 시중에 판매되는 모든 포스파티딜세린은 콩에서 추출한 것입니다. 포 스파티딜세린이 기억력 향상에 도움이 된다는 연구에서는 하루에 약 300밀리그램을 사용했습니다. 이 물질은 현재 여러 영양 보충제 회사 에서 구입할 수 있습니다.

아세틸콜린 수치를 높일 수 있는 또 다른 영양 보충제는 아세틸-L-카르니틴(ALC)입니다. 이 천연 물질은 근육 세포에서 에너지를 생성하는 데 중요하며 뇌세포에서 특별한 역할을 하는 것으로 보입니다. 알츠하이머병 환자를 대상으로 연구한 결과, 특히 젊은 환자의 경우 기억 상실 진행을 늦추는 것으로 밝혀졌습니다. 또한 명확한 치매가 없는 노인의 기억력 감퇴를 개선하는 것으로 나타났습니다. 주의력과 특정 학습 능력에 도움이 될 뿐만 아니라, ALC는 우울증 증상을 완화하는 데도 도움이 되는 것으로 보고되었습니다.

카르니틴이 정신과 감정에 미치는 영향 외에도 당뇨병 환자의 심장과 신경 기능을 향상시킬 수 있다는 연구 결과도 있습니다. L-카르니틴과 아세틸-L-카르니틴은 현재 여러 영양 보충제 회사에서 250밀리그램이 들어 있는 캡슐 형태로 판매되고 있습니다. 이러한 물질로 인해 일어나는 부작용은 소화 장애 이외에는 거의 보고되지 않았습니다. 알츠하이머병 환자의 ALC에 대한 연구에서는 하루에 1~3그램의 용량을 사용했으며, 효과가 인정되기까지 몇 달이 걸릴 수 있습니다. 본인이나 사랑하는 사람이 점진적인 기억력 감퇴를 경험하고 있다면 ALC를 시도해 볼 가치가 있지만, 그렇지 않다면 카르니틴을 일상적으로 식단에 추가로 보충할 필요는 없다고 생각합니다.

건강한 관절 영양

젊음의 활력은 불편함 없이 움직일 수 있는 능력을 의미합니다. 관절 통증과 관절염은 삶의 질을 떨어뜨리고 실제 나이보다 더 늙어 보이게 만들 수 있습니다. 영양학적 접근이 관절 건강을 증진하고 관절 염증과 퇴행으로 인한 불편함과 장애를 줄일 수 있다는 정보가 점점 더 많이 나오고 있습니다. 비타민 A, C, D, E는 모두 운동으로 인한 관절의 마모와 손상으로부터 관절을 보호하는 데 중요한 역할을 합니다. 보스턴 대학교 관절염 센터의 최근 연구에 따르면 비타민 C를 많이 섭취할수록, 그리고 비타민 E와 베타카로틴을 적게 섭취할수록 퇴행성 관절염과 통증이 덜한 것으로 나타났습니다. 다른 보고에 따르면 비타민 E의 항산화 특성이 류마티스 관절염의 염증을 진정시키는 데 도움이 될 수 있다고 합니다. 비타민 B군인 니아신아마이드도 관절 문제를 유발하는 것으로 알려진 염증성 화학 물질의 생성을 억제하는 데 도움이 될 수 있습니다.

지방산과 염증의 화학 작용

혈액은 당신이 섭취하는 영양소의 영향을 받는 생화학 물질이 풍부하게 함유된 액체입니다. 사이토카인으로 알려진 화학 물질은 염증 조절에 중요하며 당신이 섭취하는 지방과 오일의 종류에 따라 영향을 받을 수 있습니다. 이러한 과정은 복잡하지만, 오메가-3 지방산이 함유된 식품을 많이 섭취하면 관절염 증상 완화부터 심장질환 예방까지 다양한 건강상의 이점을 얻을 수 있다는 증거가 점점 더 많아지고 있습니다.

지방산은 염증과 조직 회복을 비롯한 여러 필수 생리적 기능에 중요한 분자입니다. 지방산에는 오메가-6와 오메가-3로 알려진 두 가지 주요 지방산 계열이 있습니다. 대부분의 식단에서 섭취하는 지방과 오일은 오메가-6 지방산이 풍부하고 오메가-3 지방산은 부족합니다. 해바라기유, 홍화씨유, 옥수수유와 같이 일반적으로 사용되는 식용유뿐만 아니라 대부분의 동물성 제품에는 오메가-6 지방산이 풍부하게 함유되어 있습니다. 특정 종류의 생선과 아마씨에는 오메가-3 지방산이 풍부합니다. 오메가-6 지방산과 오메가-3 지방산은 모두 건강에 필요하지만, 평균적인 식단에서는 불균형합니다.

생선이나 어유 보충제를 포함한 식단은 염증성 화학 물질 수치를 낮추고 관절염과 기타 자가면역 질환의 활동을 감소시키는 것으로 나타났습니다. 가장 중요하고 유익한 두 가지 오메가-3 지방산인 에이코사펜타엔산(EPA)과 도코사헥사엔산(DHA)이 모든 생선에 똑같이 함유되어 있는 것은 아닙니다. 연어, 참치, 송어, 멸치에는 EPA와 DHA가 풍부하고 넙치, 상어, 농어에는 중간 정도의 농도가 함유되어 있으며 메기, 대구, 가자미에는 상대적으로 부족합니다. 생선을 포함한 식단은 심장 마비와 뇌졸중 위험을 낮추는 것과도 관련이 있습니다. 이러한 이점의 일부는 콜레스테롤 수치 감소에 기인하며, 일부는 혈관 막힘을 유발하는 염증 반응이 감소한 결과입니다. 오메가-3가 풍부한 식단이 우울증 환자에게 도움이 될 수 있다는 최근의 보고도 흥미롭습니다.

아마씨는 쉽게 구할 수 있는 또 다른 오메가-3 지방산 공급원입니다. 아마는 생선에 함유된 두 가지 오메가-3 지방산으로 대사될 수 있는 알파 리놀렌산(ALA)의 가장 풍부한 공급원입니다. 아마씨를 함유한 식단은 혈류의 콜레스테롤 수치와 염증성 생화학 물질을 낮춰줍니다. 아마는 또한 혈압을 낮추는 데 도움이 될 수 있습니다. 아마에는 유익한 오메가-3 지방산 외에도 파이토에스트로겐이 고농도로 함유되어 있습니다. (파이토는 그리스어로 "식물"을 뜻함) 대두에도 풍부하게 들어있는 이 천연 호르몬 조절제는 갱년기 안면 홍조를 완화하고 골다공증 발병을 늦추며 유방암과 전립선암 위험을 줄이는 데 도움이 되는 것으로 알려져 있습니다. 아마는 또한 장 기능을 조절하는 데 도움이 되는 식이섬유의 좋은 공급원입니다.

아마씨는 식단에 쉽게 추가할 수 있습니다. 프라이팬에 아마씨 1/4컵을 볶기만 하면 됩니다. 볶는 동안 세심한 주의를 기울이고 첫 번째 씨앗이 터지기 시작하면 바로 불에서 내려주세요. 원두 그라인더로 씨앗을 갈아서 약간의 소금을 넣은 다음 샐러드, 수프, 소스에 넣어 사용하세요. 볶은 채소 위에 뿌려주면 팝콘과 같은 섬세한 풍미가 더해집니다. 매일 몇 티스푼씩 섭취하세요. 새 씨앗은 며칠마다 볶고 갈아서 산패되지 않도록 하세요.

가까운 건강식품 매장에서 어유 보충제와 아마씨 오일로 오메가-3 지방산을 섭취할 수도 있지만, 우리는 가장 천연의 것을 권장합니다. 매주 생선을 두어 번 섭취하거나 채식주의자인 경우 아마씨 가루를 매일 섭취하면 자연이 제공하는 건강 증진 효과를 얻을 것입니다.

관절 영양소

글루코사민 황산염은 연골의 천연 구성 성분입니다. 글루코사민 황산염을 식단에 보충하면 통증을 줄이고 관절 기능을 개선할 수 있다는 사실이 여러 연구를 통해 밝혀졌습니다. 글루코사민 황산염은 놀랍게도 소화관에서 잘 흡수되며 많은 연구에서는 부작용이 적으면서도 표준 항염증제만큼 효과적이라고 합니다. 글루코사민 황산염의 일반적인 복용량은 500밀리그램을 하루에 세 번 섭취하는 것입니다.

면역력을 위한 영양소

건강한 면역력은 우리의 건강과 활력을 위해 필요함은 물론 이를 가늠할 수 있는 척도입니다. 면역 체계가 최적의 수준으로 기능할 때, 면역 체계는 위협에 비례하여 도전에 과소하거나 과다하지 않게 적절히 대응합니다. 많은 보고서에 따르면 노화는 면역 기능의 변화와 관련이 있으며, 이로 인해 감염과 암에 걸리기 쉽다는 사실이 밝혀졌습니다. 잠재적으로 영양이 되는 영향과 독성이 있는 영향을 구별하는 능력은 여러 면에서 건강한 면역 체계와 건강한 삶의 핵심입니다. 젊어지고 오래 살기 위해서는 건강한 면역 체계를 유지하는 것이 필수적입니다.

면역력의 영양학적 측면은 수십 년 동안 연구되어 왔으며, 영양이 풍부한 사람은 영양이 부족한 사람보다 건강한 면역 반응을 일으킬 가능성이 훨씬 더 높다는 것이 분명합니다. 특히 항산화 시스템이 핵심 역할을 합니다. 셀레늄, 아연, 구리 등의 미네랄과 충분한 양의 비타민 E, C, A, 카로티노이드는 우리의 건강에 대한 내외부의 도전에 대응하는 데 필수적입니다. 예를 들어, 터프츠 대학의 최근 연구에 따르면 비타민 E를 보충제로 섭취하면 건강한 피험자의 면역력을 향상시킬 수 있으며, 최적의 일일 복용량은 200IU라고 합니다. 비타민 C와 베타카로틴에 대한 다른 연구에서도 이러한 항산화 물질을 충분히 섭취하는 것이 최적의 면역력을 유지하는 데 중요하다고 제안했습니다.

새롭게 등장하고 있는 영양소

건강에서 영양의 역할에 대한 관심이 확대됨에 따라 건강과 활력을 개선하는 동시에 노화를 역전시킬 수 있는 새로운 물질이 시장에 출시되고 있습니다. 이러한 주장의 대부분은 흥미롭기는 하지만 결정적이지 않은 제한된 연구에 근거하고 있습니다. 이러한 기능식품 중 일부는 실제 가치가 있는 것으로 밝혀질 수도 있지만, 우리는 일상적인 영양 프로그램에 포함시키는 것을 정당화하기에는 너무 이르다고 믿습니다. 지금부터 설명하는 다양한 물질을 살펴본 뒤 영양 프로그램에 추가하기 전에 직접 조사해 보실 것을 권장합니다.

S-아데노실-메티오닌(SAMe)

SAMe는 아미노산 메티오닌으로부터 체내에서 생성되는 천연 화합물입니다. 메티오닌은 주요 뇌 화학 물질 생성을 포함하여 많은 필수 대사 반응에 관여합니다. 우울증 환자를 대상으로 한 연구에 따르면 하루 1,600밀리그램의 보충제를 복용하면 60% 이상이 1~2주 이내에 기분이 개선되는 것으로 나타났습니다.

SAMe는 미국에서 판매된 지 몇 년밖에 되지 않았으며 값이 비싼 편입니다. 부작용은 경미한 편이지만 메스꺼움, 두통, 쇠약감, 드물게 두근거림 등이 나타날 수 있습니다. 일부 SAMe 옹호론자들은 조증 증상을 악화시킬 수 있다며 양극성 장애에 사용하지 말 것을 권장합니다. 섬유근육통 치료를 위해 하루 800밀리그램의 저용량으로 사용되기도 합니다. 종종 SAMe의 효능을 높이기 위해 비타민 B6, B12, 엽산과 함께 섭취하는 것이 권장되기도 합니다.

SAMe는 항우울제의 효과적인 대안이 될 수 있지만, 일상적으로 사용하기를 권장하기 위해서는 더 많은 과학적 연구가 필요하다고 생각합니다. 지속적으로 슬프고 기력이 고갈된 느낌이 든다면 의사와 상담하여 SAMe를 포함한 모든 잠재적으로 도움이 될 수 있는 치료 과정 선택에 관해 상의하시기 바랍니다.

성장 호르몬

다니엘 러드먼 박사와 그의 동료들이 노화에 관한 흥미로운 논문을 뉴잉글랜드 의학 저널에 발표했습니다. 60세에서 80세 사이의 남성에게 6개월 동안 일주일에 세 번씩 인간 성장 호르몬(hGH) 주사를 투여했습니다. 연구가 끝났을 때, hGH 주사를 맞은 남성은 무지방 신체 질량이 증가하고 지방 함량이 감소했으며 피부 두께가 증가했습니다. 처음에 이것이 hGH가 젊음의 샘이라는 증거라며 열광적으로 광고되었습니다. 안타깝게도 이후 보고에 따르면 성장호르몬을 지속적으로 사용하면서 몇 가지 바람직하지 않은 부작용이 발생했습니다. 손목 터널 증후군, 부종, 관절통 또는 가슴 부종으로 인해 많은 남성들이 성장 호르몬 주사를 중단해야 했습니다. 다른 보고에 따르면 성장호르몬을 투여한 사람의 근육량이 증가했지만 근력은 증가하지 않은 것으로 나타났습니다. 사실, 좋은 운동 프로그램에 성장 호르몬을 추가해도 추가적인 효과는 없었습니다.

hGH 주사가 비싸고 불편하다는 이유로 경구로 섭취하는 아미노산을 통해 성장 호르몬의 생산과 방출을 자극하려는 시도가 있었습니다. 아미노산 아르기닌을 정맥으로 투여하면 성장 호르몬 수치가 증가한다는 사실은 수년 동안 알려져 왔습니다. 경구용 아르기닌으로 성장 호르몬 수치를 높이려는 노력은 엇갈린 결과를 낳았습니다. 현재 이용 가능한 모든 정보를 고려할 때, 우리는 성장 호르몬 수치를 약리학적으로 조작하는 것의 장기적인 가치를 뒷받침할 만한 증거가 충분하지 않다고 생각합니다. 우리는 이 분야의 연구에 큰 관심을 가지고 계속 지켜볼 것입니다.

데히드로에피안드로스테론(DHEA)

부신에서 생성되는 이 천연 호르몬은 분명 목적이 있을 것입니다. 그런데 이미 50년 전에 발견되었음에도 불구하고 과학자들은 아직도 이 호르몬이 어떤 역할을 하는지 밝혀내지 못했습니다. DHEA는 생후 첫 10년 동안은 거의 생성되지 않고 20~40세 사이에 많이 생성되다가 점차적으로 생성이 중단되어 70세가 되면 10대 때보다 DHEA가 적게 생성되는 것으로 알려져 있습니다. 동물과 사람에게 DHEA를 보충제로 투여했을 때 나타나는 효과는 상반된 결과를 낳아 많은 논란을 불러일으켰습니다. 일부 열성적인 지지자들은 DHEA를 노화 방지의 비약으로 홍보하는 반면, 대부분의 의학 과학자들은 건강에 지속적으로 이익이 있는지 아니면 위험이 있는지를 결정하기 위해서는 추가 연구가 필요하다고 생각합니다. 이 흥미로운 화학 물질에 대한 수천 건의 연구 중에는 우울증을 완화하고, 기억력의 특정 측면을 개선하며, 체지방을 줄이고, 면역력을 강화할 수 있다는 보고가 있습니다. 프랑스에서 실시된 한 연구에서는 60세에서 80세 사이의 남성과 여성에게 매일 50밀리그램의 DHEA를 투여하고 위약을 복용한 다른 피험자와 비교했습니다. 1년간의 실험 결과, 젊은 남성의 경우 피부에 가벼운 개선 효과가 나타났으며, 70세 이상의 여성은 피부, 뼈, 성욕에 약간의 개선 효과가 있는 것으로 나타났습니다. 이러한 효과가 DHEA가 남성 및 여성의 성호르몬으로 전환되기 때문인지 아니면 DHEA 자체의 특정 작용 때문인지는 알려지지 않았습니다. 안타깝게도 효능을 보인다는 거의 모든 연구에는 이와 반대되는 다른 연구 결과가 존재합니다.

심각한 부작용은 흔하지 않지만 DHEA는 남성 호르몬과 여성 호르몬으로 전환되며 여드름부터 유방암과 전립선암의 활성화, 정신적 문제에 이르기까지 다양한 건강 문제를 일으킬 수 있습니다. DHEA와 관련하여 우려되는 또 다른 문제는 장기적으로 어떤 부작용을 일으킬 수 있는지 알 수 없다는 것입니다. 프랑스에서의 연구는 1년 동안 진행되었지만, 효과가 있거나 효과가 없는 것으로 나타난 대부분의 연구는 3개월 미만으로 진행되었습니다. 우리는 이 매력적인 호르몬의 일상적인 사용을 승인하기 위해서는 아직 해결해야 할 의문점이 많다고 생각합니다. 우리는 앞으로도 DHEA에 대해 큰 관심을 가지고 지켜보면서 새로운 정보가 나오면 업데이트를 제공할 것입니다. 한편, 우리는 명상을 규칙적으로 하는 사람이 그렇지 않은 사람보다 DHEA 수치가 높다는 연구 결과를 통해 어느 정도 확신을 가질 수 있습니다.

폴리페놀

영양학자들은 우리가 먹는 음식에서 건강을 증진하는 여러 물질을 발견했습니다. 그중 폴리페놀로 알려진 천연 식물 화학 물질은 강력한 항산화 특성으로 인해 크게 주목을 받고 있습니다. 바이오플라보노이드, 이소플라보노이드, 카테킨, 프로안토시아니딘 등이 대표적인 화학 물질입니다. 녹차, 베리류, 포도 껍질과 씨앗, 소나무 껍질에서 발견되는 이러한 천연 화학 물질 중 일부는 비타민 C와 E보다 50배나 강력한 활성 산소 제거제로 밝혀졌습니다. 포도에서 추출한 프로안토시아니딘의 항산화 특성은 와인이 심장에 미치는 유익한 효과를 설명할 수 있습니다. 프로안토시아니딘은 심장질환을 예방하는 역할 외에도 암, 퇴행성 뇌 질환, 눈의 황반변성을 예방하는 효과가 있는 것으로 나타났습니다.

이러한 연구 결과에 따라 많은 영양 보충제 회사에서 유용한 성분의 농축 캡슐을 제공하고 있습니다. 포도씨 추출물, 녹차 분말 추출물, 소나무 껍질 추출물(일반적으로 피크노제놀로 알려져 있음)은 건강식품 매장에서 쉽게 구할 수 있으며 노화 방지의 명약으로 홍보되고 있습니다. 이러한 물질이 식물의 천연 선물이라는 점에는 동의하지만, 우리는 자연이 제공하는 그대로 섭취하는 것이 가장 좋다고 생각합니다. 이러한 슈퍼 항산화제에 관한 결론은 블루베리, 딸기, 라즈베리, 블랙베리, 크랜베리를 충분히 섭취하는 것입니다. 포도를 많이 섭취하고 씨를 씹어 드세요. 녹차를 한두 잔 마시면 폴리페놀의 항산화 효과를 통해 활력을 되찾을 것입니다. 이처럼 나이를 되돌리는 비법과 관련해서 우리는 좋은 음식이 좋은 약보다 낫다고 믿습니다.

일일 비타민 권장량

생명체는 수십억 년 동안 영양 보충제를 섭취하지 않고 진화해 왔으며, 종합 비타민제에 함유된 대부분의 물질은 지난 세기에 들어서야 화학적으로 규명되었습니다. 하지만 결핍증을 예방하는 비타민의 수준이 최적의 건강을 제공하는 수준이 아닐 수 있다는 사실이 점점 더 분명해지고 있습니다. 우리는 영양 보충제를 보험으로 봅니다. 균형 잡힌 식단을 보완하기 위해서는 다음과 같은 일일 복용량을 권장합니다. 이러한 권장량은 안전한 한도 내에 있으며 동시에 더 많이 섭취할 경우, 활력을 고갈시키고 질병을 유발하는 일반적인 질환의 위험을 낮추는 데 어떤 역할을 할 수 있는지에 대한 정보를 반영한 것입니다. 일반적으로 고함량 종합비타민, 종합 미네랄 보충제를 섭취하면 이러한 요건을 충족할 수 있습니다.

심장질환의 위험이 있다면, 엽산, B6, B12를 포함한 비타민 B군을 추가로 복용하면 도움이 될 수 있습니다. 기억력이 예전만큼 좋지 않다고 느낀다면 은행잎 성분을 매일 섭취하는 것도 고려해보세요. 관절에 문제가 생겼다면 오메가-3 지방산 섭취량을 늘리고 글루코사민 황산염 보충제를 섭취해 보세요. 이러한 농축 영양소를 사용하여 건강한 생활 방식과 식단을 보완하면 더 젊게, 더 오래 살 수 있습니다. 하지만 잊지 마세요: 영양 보충제는 영양적으로 균형 잡힌 식단을 대체할 수 없습니다.

비타민	우리의 권장량	권장 허용량(%)
B1(티아민)	7.5mg	500
B2(리보플라빈)	8.5mg	500
니아신(니아시나마이드)	100mg	500
B6(피리독신)	10mg	500
엽산	400mcg	100
B12(코발라민)	30mcg	500
비오틴	300mcg	100
판토텐산	50mg	500
C(아스코르브산)	500mg	833
A(베타카로틴)	10,000IU (1/2은 비타민A에서, 1/2는 베타카로틴에서)	200
D(칼시페롤)	400IU	100
E(토코페롤)	400IU	1333

필수 미네랄	우리의 권장량	권장 허용량(%)
칼슘	1000-1500mg	100
마그네슘	400mg	100
요오드	150mcg	100
아연	15mg	100
셀렌	200mcg	285
구리	2mg	100
망간	2mcg	100
크롬	125mcg	100

몰리브덴	83mcg	100
붕소	1mg	아직 확정되지 않음

영양을 위한 예식

예식은 주의를 집중시키는 역할을 합니다. 당신은 아마도 지난 목요일에 무엇을 입고 저녁 식사를 하러 갔는지 기억이 나지 않을 수도 있습니다. 하지만 그날 밤 시상식이나 생일 축하 행사에 참석했다면 잊고 있었던 세부 사항이 떠오를 수 있습니다. 이렇게 예식은 텅 빈 기억을 채워줍니다. 예식은 현재 순간의 자각으로 당신을 데려옵니다. 예식은 당신의 의도를 집중시키고 나이를 되돌릴 수 있는 화합물을 생성하도록 당신 내면에 있는 천연 약국을 자극합니다.

의식적으로 보충제를 복용하면 그 효과를 강화하고 효능을 향상시킬 수 있습니다. 일부에서는 플라세보 효과를 깎아내리기도 하지만, 저희는 이를 자연에 내재된 건강 증진 약효를 가장 잘 나타내는 표시라고 생각합니다. 영양 보충제의 효능을 기대할 때, 당신은 몸의 활력을 되찾아주는 화학 물질을 활성화시켜 영양보충제와 협력하여 작용하게 합니다.

매일 아침 영양제를 섭취할 때 잠시 시간을 내어 영양제가 활력을 되찾아주고, 신체를 강화하며, 삶을 개선하는 데 미치는 영향을 생각해 보세요. 이 필수 영양소가 우리 몸의 모든 세포, 조직, 기관에 미묘하지만 강력한 영양을 공급하는 것을 상상해 보세요. 영양 보충제를 섭취하는 과정을 매일 건강 증진의 예식으로 삼으세요. 영양소를 섭취하는 동안 생체 지표를 강화하는 확언을 반복하세요. 나이를 되돌리는 힘을 강화하기 위해 주의와 의도를 사용하세요. 영양 보충제를 복용하면서 다음과 같이 반복합니다:

나는 매일 모든 면에서 정신적, 육체적 능력을 향상시키고 있다.

내 생체 지표는 건강한 _____ 세로 설정되어 있다.

나는 건강한 _____ 세로 보이고 그렇게 느껴진다.

나는 생물학적 나이를 되돌리고 있다:

- 내 몸과 노화, 시간에 대한 인식을 바꿈으로써
- 두 종류의 깊은 휴식, 즉 편안한 자각과 편안한 수면을 통해
- 건강한 음식을 통해 내 몸을 키움으로써
- 그리고 영양 보충제를 현명하게 사용함으로써

실천 5

몸과 마음의 통합으로
젊음을 되찾아라

나는 몸과 마음의 통합을 강화하여 생물학적 나이를 되돌리고
있다.

나는 다음과 같이 실천한다:

1. 매일 5분씩 마음의 안정을 찾는 호흡을 한다.
2. 매일 10분씩 몸과 마음에 활력을 주는 운동을 한다.
3. 내 몸의 상태를 주의 깊게 살피고 피로 회복에 힘쓴다.

몸과 마음은 하나다.
의식적인 호흡과 움직임을 통해
노화를 되돌리고 젊음을 되찾을 수 있다.

마음과 몸의 통합을 강화하면 생물학적 나이를 되돌릴 수 있습니다. 몸과 마음은 서로 밀접하게 연결되어 있습니다. 신체는 생리적 시스템, 기관, 조직으로 구성되어 있지만 그 기본은 분자의 집합체입니다. 마음은 생각과 신념, 기억과 욕망으로 구성되어 있지만 본질적으로 생각의 집합체입니다. 몸은 분자의 장이고 마음은 생각의 장입니다. 분자의 장과 생각의 장 모두를 발생시키는 것은 몸과 마음의 근원이 되는 근본적인 의식의 장입니다. 우리가 생각할 때마다 신경계에서 분자가 침전되어 몸 전체의 다른 분자에 영향을 미칩니다. 몸과 마음의 연결이 정체되면 노화와 질병이 발생합니다. 몸과 마음의 연결에 활기를 불어넣으면 치유와 젊음 되찾기로 이어집니다.

몸과 마음의 통합을 강화하려면 외부에서 들어오는 정보에 귀를 기울이는 것만큼이나 내부에서 보내는 신호에도 주의를 기울여야 합니다. 심신 통합은 생각과 분자 사이에 건강한 대화를 구축하는 것을 의미합니다. 이는 내 몸에 귀를 기울이고 사랑과 경외심으로 반응하는 것을 의미합니다. 몸은 에너지, 힘, 유연성, 즉 젊어지는 몸의 특성으로 응답합니다.

심신 통합을 향상시키는 데 전념하는 기존의 수련법이 많이 있습니다. 요가, 태극권, 기공, 합기도 및 기타 수련법은 의식적인 호흡과 신체 움직임을 통해 몸과 현재 순간에 주의를 집중하게 합니다. 이러한 접근 방식을 통해 신체가 보내는 신호에 귀를 기울이고 주의와 의도를 통해 신체의 에너지를 활성화할 수 있습니다.

고대 베다 서사시인 바가바드 기타에는 산스크리트어로 "요가스타 쿠루 카르마니"라는 표현이 있습니다. 이를 영어로 하면 "요가에 자리 잡고 행동을 수행하라"라고 번역할 수 있습니다. 여기서 요가는 결합을 의미합니다. 요가에 자리 잡는다는 것은 몸과 마음과 정신이 하나의 연속체로서 경험되는 통합 상태에 이르게 된다는 것을 의미합니다. 일단 의식이 이 수준에 도달하면 온전함과의 연결을 잃지 않고 일상적인 행동을 수행할 수 있습니다. 이것이 모든 심신 통합 기법의 목표입니다.

호흡 통합

의식적인 호흡 작업은 심신 통합의 중심에 있습니다. 호흡은 몸과 마음을 통합합니다. 생각은 호흡의 움직임입니다. 호흡은 생각의 움직임입니다. 마음이 동요할 때, 당신의 호흡은 방해를 받습니다. 마음이 평온하면 호흡도 평온해집니다. 호흡을 안정시키기 위해서는 명상에서처럼 정신적 기법을 사용할 수도 있습니다. 마찬가지로 마음을 안정시키는 데 호흡 기술을 사용할 수도 있습니다. 요가와 아유르베다에서는 이러한 호흡 기술을 프라나야마(Pranayama)라고 부릅니다. 이 단어는 "프라나 확장" 또는 "생명력 확장"을 의미합니다.

활력을 불어넣고, 몸을 진정시키며, 마음을 고요하게 하는 프라나야마 수행법이 있습니다. 기법과 의도에 따라 당신은 아침에 활력을 불어넣거나, 화가 났을 때 마음을 진정시키거나, 잠들려고 할 때 마음을 안정시키는 데 프라나야마를 사용할 수 있습니다. 이제 심신 통합을 강화하고 노화를 되돌릴 수 있는 세 가지 기본 의식적 호흡법을 살펴봅시다.

활력을 주는 호흡

바스트리카(bhastrika) 또는 "벨로우즈(bellows) 호흡"으로 알려진 호흡법으로 몸과 마음에 활력을 불어넣을 수 있습니다. 이 호흡법은 폐를 깨끗하게 하고, 세포와 조직으로 들어가는 산소의 흐름을 증가시킵니다.

척추를 똑바로 세우고 편안하게 앉아 눈을 감습니다. 폐의 공기를 모두 내쉬세요. 그런 다음 코로 숨을 들이마실 때는 조용히 "소", 내쉴 때는 "훔"이라는 만트라를 사용하여 깊이 숨을 들이쉬고 내쉽니다. 처음 20회 동안은 2초간 천천히 힘있게 숨을 들이마시고 2초간 천천히 힘있게 숨을 내쉽니다. 손가락으로 호흡수를 세면서 하는 것이 가장 쉽습니다.

다음 20번의 호흡은 약 1초간 들이마시고 1초간 내쉬면서 더 빠르게 합니다. 이 역시 코로 숨을 들이마실 때는 "소", 내쉴 때는 "훔"을 생각하면서 합니다.

마지막으로, 약 0.5초간 숨을 들이마시고 0.5초간 내쉬는 바스트리카 호흡을 빠르게 20회 합니다. 20회의 빠른 호흡이 끝나면 천천히 심호흡을 한 번 더 한 다음 몸의 감각을 느껴보세요. 몸은 활력이 넘치고 마음은 맑고 고요해지는 것을 느낄 것입니다.

어지럽거나 현기증을 느낄 정도로 과하게 하지 마세요. 호흡은 거의 전적으로 횡격막을 이용해 공기를 이동시키는 복식 호흡으로 합니다. 머리와 어깨는 긴장을 풀고 거의 움직이지 않아야 합니다. 약간 기운이 없고 에너지를 빠르게 보충해야 할 때 바스트리카를 이용하세요. 오후 명상을 시작하기 전에 졸음을 쫓아낼 때도 도움이 됩니다.

진정시키는 호흡

우자이(Ujayi)로 알려진 진정시키는 호흡법은 답답할 때나 짜증이 날 때 몸과 마음을 진정시키는 데 사용할 수 있습니다. 올바르게 수행하면 목 뒤쪽에 냉각 효과가 생기고 심폐 시스템에 안정 효과를 가져옵니다.

우자이 호흡을 하려면 평소보다 약간 더 깊게 숨을 들이마십니다. 날숨에는 목 근육을 약간 수축시켜 마치 코를 고는 것처럼 들리도록 합니다. 내쉴 때는 입을 다물고 코로 숨을 내쉽니다. 이 연습을 익히는 또 다른 방법은 먼저 입을 벌리고 "하아"라고 숨을 내쉬는 것입니다. 이제 입을 다문 채 비슷한 동작을 하세요. 이렇게 하면 의도한 대로 숨이 차고 코 고는 소리가 날 것입니다. 일단 숨을 내쉬는 동작을 익혔다면 숨을 들이쉴 때도 같은 절차를 수행합니다. 그 결과 당신의 목소리는 스타워즈의 다스 베이더처럼 들리게 됩니다.

짜증이 나거나 화가 날 때 우자이 호흡을 하면 즉각적인 진정 효과를 느낄 수 있습니다. 요가 자세를 취할 때나 적당한 수준의 운동을 할 때도 사용할 수 있습니다. 이 진정시키는 호흡법은 생리적 마모를 줄이고 노화를 늦출 것입니다.

이완 호흡

나디 쇼다나(Nadi Shodhana)로 알려진 이 호흡법으로 마음을 진정시킬 수 있습니다. 이는 "통로를 비운다"는 뜻입니다. 나디 쇼다나는 불안한 생각이 많을 때나 마음을 진정시키려고 할 때 매우 유용합니다. 오른손으로 오른쪽 콧구멍과 왼쪽 콧구멍을 번갈아 가며 막습니다. 엄지, 검지, 나머지 손가락이 모두 떨어지도록 합니다. 엄지손가락으로 오른쪽 콧구멍을, 세 번째와 네 번째 손가락으로 왼쪽 콧구멍을 막습니다.

천천히 적당히 심호흡을 한 다음 엄지손가락으로 오른쪽 콧구멍을 막습니다. 왼쪽 콧구멍으로 천천히 숨을 내쉬고, 왼쪽 콧구멍으로 천천히 숨을 들이마신 다음 세 번째와 네 번째 손가락으로 왼쪽 콧구멍을 막습니다. 오른쪽 콧구멍으로 숨을 내쉬고, 오른쪽 콧구멍으로 숨을 들이마신 다음 다시 오른쪽 콧구멍을 닫고 왼쪽 콧구멍으로 숨을 내쉽니다. 숨을 들이마실 때마다 콧구멍을 번갈아 가며 이 패턴을 5~10분간 계속합니다. 몇 번만 반복하면 마음이 차분해지고 몸이 이완되는 것을 경험하게 될 것입니다.

나디 쇼다나

하루 종일 이 수련법을 사용하여 몸과 마음의 균형을 맞춰보세요. 프라나야마는 카페인 없이도 활력을 주고, 진정제 없이도 긴장을 풀어주며, 술 없이도 마음을 가라앉힐 수 있습니다. 이러한 자연적인 기법은 흔히 몸과 마음으로 알려진 에너지, 변형 및 지성의 장의 균형을 맞추고 영양을 공급하는 데 도움이 됩니다.

몸과 마음의 움직임

요가, 태극권, 기공과 같은 기법은 몸을 움직이는 동안 몸과 마음, 정신이 하나가 되는 상태를 위한 연습 세션으로 생각할 수 있습니다. 이러한 고대 수련법은 몸과 마음의 통합에 활력을 불어넣어 줍니다.

노화를 되돌리는 요가

최근 들어 요가 클래스가 환영받고 있습니다. 수십 년 전만 해도 요가 수련자의 이미지는 허리를 감는 옷을 입고 바늘방석 위에 앉은 수척한 남성의 모습이었습니다. 오늘날 요가는 쇼핑몰, YMCA, 기업의 피트니스 클럽에서 수업을 들을 수 있을 정도로 주류가 되었습니다. 요가는 이완, 유연성, 근력 및 힘을 향상시켜 심신 건강의 여러 측면을 활성화하는 데 도움을 줄 수 있습니다.

요가의 뿌리는 최소 5천 년 전으로 거슬러 올라가는데, 이는 요가가 시대나 문화에 구애받지 않고 변함없는 가치를 지니고 있음을 보여주는 증거입니다. 현대 과학은 최근 관절염, 천식, 심장병, 당뇨병 등 다양한 건강 분야에서 요가의 이점에 주목하기 시작했습니다. 대부분의 사람들이 요가를 하는 이유는 몸의 편안함을 향상시키면서 중심을 잡고 긴장을 푸는 데 도움이 되기 때문입니다.

오늘날 전 세계에는 수백 가지의 다양한 요가 시스템이 있습니다. 어떤 요가는 힘을 키우기 위해 고안되었고, 어떤 요가는 유연성과 이완에 더 중점을 둡니다. 어떤 시스템에 매력을 느끼든, 몸에서 느껴지는 편안함과 불편함의 신호에 주의를 기울이면서 온전히 자각한 상태로 자세를 취해야 합니다. 자세를 규칙적으로 연습하면 유연성과 심신 통합이 꾸준히 향상되는 것을 보게 될 것입니다.

태양 경배

태양 경배로 알려진 12가지 요가 자세는 수행 방법에 따라 유연성과 힘, 그리고 심지어 유산소 능력까지 향상시킬 수 있는 일련의 균형 잡힌 동작입니다. 하루에 한 번 이상 해가 뜨는 이른 아침이나 해가 지는 늦은 오후에 태양 경배 자세를 몇 차례 반복할 것을 권장합니다. 이 동작은 신체의 모든 주요 부위를 충분히 이완시켜주며 내재된 활력을 일깨워 줍니다.

1. 인사 자세. 발을 바닥에 단단히 붙이고 시선은 정면을 향하고 양
   손바닥을 가슴 앞에 모은 채 서 있습니다. 온몸에 주의를 집중하
   며 천천히 고르게 호흡합니다.

2. 하늘을 향해 뻗은 자세. 엉덩이 근육을 조이고 양팔을 위로 뻗어
   하늘을 바라보면서 동시에 척추를 곧게 폅니다. 이 자세를 수행
   하면서 숨을 들이마십니다.

3. 손/발 자세. 엉덩이부터 천천히 몸을 앞으로 구부리면서 척추에
   힘을 빼고 양손을 발과 함께 아래로 내립니다. 목 근육을 이완하
   고 필요한 경우 무릎을 구부려 손을 바닥에 놓습니다. 이 자세를
   취하는 동안 숨을 내쉬세요.

4. 승마 자세. 왼쪽 다리를 뒤로 뻗고 왼쪽 무릎과 왼발 발가락으로
   균형을 잡을 수 있을 때까지 오른쪽 무릎을 구부립니다. 동시에
   정면을 바라보면서 가슴을 엽니다. 뒤로 젖히면서 숨을 들이마십
   니다.

5. 산 자세. 왼쪽 다리를 당겨 오른쪽 다리와 가지런히 모으고 다리와 팔을 곧게 펴면서 엉덩이를 들어 올립니다. 발뒤꿈치를 바닥쪽으로 쭉 뻗어 몸이 텐트 모양이 되도록 다리 뒤쪽을 길게 늘입니다. 이 자세를 취하는 동안 숨을 내쉬세요.

6. 팔다리 자세. 이마, 가슴, 무릎이 바닥에 닿도록 몸을 부드럽게 낮추면서 발가락과 손가락에 체중의 대부분을 유지합니다. 이 자세를 취하는 동안 숨을 편하게 들이쉬고 내쉬세요.

7. 코브라 자세. 가슴을 바닥에서 들어 올리면서 체중이 골반에 실

리게 하고 등을 부드럽게 아치형으로 구부립니다. 처음에는 등 근육으로만 들어 올리십시오. 편안해지면 손으로 부드럽게 밀어 올리되 과도하게 밀지 마십시오. 이 자세를 취하는 동안 숨을 들이쉽니다. 마지막 다섯 가지 자세는 1번부터 5번까지의 자세를 역순으로 반복합니다.

8. 산 자세. 숨을 내쉬면서 다시 엉덩이를 공중으로 들어 올려 이 자세로 돌아갑니다.

9. 승마 자세. 왼쪽 다리를 앞으로 가져와 왼쪽 무릎을 구부리고 오른쪽 다리는 뒤로 뻗은 채 가슴을 열면서 숨을 들이마십니다.

10. 손/발 자세. 엉덩이를 들어 올리면서 오른발을 왼발과 함께 앞
    으로 내밀고 양손은 발 옆 바닥에 댑니다. 숨을 내쉬면서 필요에
    따라 무릎을 구부립니다.

11. 하늘에 닿는 자세. 양손을 하늘을 향해 뻗을 때까지 천천히 몸
    을 들어 올리며 척추를 곧게 펴면서 숨을 들이마십니다.

12. 인사 자세. 다시 한번 손바닥을 가슴 앞에 모으고 편안하게 호흡하면서 이완 자세로 돌아갑니다.

이 열두 가지 자세가 한 주기입니다. 한 번에 4~12주기 정도 실시합니다. 격렬하게 수행하면 심박수를 높이고 심혈관 운동 효과를 얻을 수 있습니다. 느리고 편안한 방식으로 수행하면 몸과 마음을 진정시키는 효과가 있습니다. 자세를 취하는 동안 숨을 들이쉬고 내쉬면서 우자이 호흡을 사용해 보세요. 몸에서 느껴지는 긴장이나 저항을 풀고 몸에 주의를 집중하세요. 최적의 노화 방지 심신 통합 자세를 취하는 동안 몸의 신호에 귀를 기울이세요.

앉아서 하는 태양 경배

12가지 태양 경배를 앉아서 하여 바닥에서 하는 것과 거의 동일한 효과를 얻을 수 있습니다. 사무실 의자나 비행기 좌석에 앉아서도 할 수 있습니다. 이 동작은 혈액 순환을 촉진하면서 스트레칭과 탄력 강화에 도움이 됩니다.

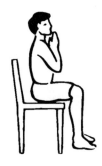

1. 단단한 의자에 편안하게 앉아 발을 바닥에 단단히 고정합니다. 손바닥을 가슴 앞에 모으고 호흡을 편안하게 하면서 몸의 중심에 의식을 집중합니다.

2. 숨을 들이마시면서 팔을 위로 뻗어 어깨와 등을 쭉 폅니다.

3. 손바닥이 발 옆 바닥에 닿을 때까지 척추를 이완하면서 앞으로 구부립니다. 목의 긴장을 풀고 숨을 내쉬면서 가슴을 허벅지에 얹습니다.

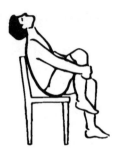

4. 몸을 일으켜 오른쪽 무릎을 깍지 낀 손가락으로 잡습니다. 숨을 들이마시면서 팔을 뻗으면서 등을 펴고 아치형으로 젖힙니다.

5. 허리를 구부려 무릎을 가슴까지 끌어올리면서 어깨, 등 위쪽, 목
   을 앞으로 떨굽니다. 숨을 조금만 내쉽니다.

6. 다리에 힘을 풀고 두 발을 바닥으로 되돌리고 다시 손바닥을 바
   닥에 대고 가슴을 무릎에 얹은 채 앞으로 구부립니다. 완전히 숨
   을 내쉽니다.

7. 손가락 끝을 바닥에 대거나 약간 띄운 상태로 고개를 들어 목과
   등 위쪽을 아치형으로 젖히면서 부분적으로 숨을 들이마십니다.

8. 다시 몸을 들어 올리면서 이번에는 양손을 깍지 끼고 왼쪽 무릎을 잡습니다. 무릎을 아래쪽으로 밀면서 등을 아치형으로 젖히고 팔을 쭉 뻗습니다. 숨을 들이마십니다.

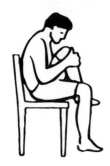

9. 다시 무릎을 가슴으로 가져오면서 허리를 구부리고 부분적으로 숨을 내쉽니다.

10. 세 번째로 완전히 앞으로 구부려 손바닥을 발 옆 바닥에 놓습니다. 숨을 완전히 내쉽니다.

11. 하늘을 향해 팔을 뻗고 가슴을 완전히 위로 들어 올립니다. 숨을 완전히 들이마십니다.

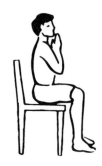

12. 손을 가슴에 대고 원래 자세로 돌아가서 호흡을 편안하게 하면서 온전히 집중하여 몸의 감각을 느낍니다.

노화를 되돌리는 태극권과 기공

태극권과 기공의 심신 수련법은 수 세기 전부터 전해져 내려왔습니다. 우아하고 느린 동작으로 균형감, 유연성, 힘을 향상시켜 정신적, 육체적 건강을 모두 증진합니다. 기(氣)는 생명력을 뜻하는 단어입니다. 태극권은 최고의 우주적 힘과 연결되는 과정입니다. 기공은 "에너지 수련"으로 번역됩니다. 두 가지 기법 모두 움직임과 밀접한 관련이 있는 명상으로서, 유동적이고 중심이 잡힌 동작으로 몸의 자각을 깨우기 위해 고안되었습니다. 중국에서는 수백만 명의 사람들이 태극권과 기공을 수련하고 있으며, 이는 행위 중에도 이완할 수 있는 최고의 심신 단련 프로그램으로 여겨지고 있습니다. 태극권과 기공은 의도, 호흡, 움직임을 통합하여 심신의 조화를 향상시킵니다.

태극권에 대한 과학적 연구에 따르면 태극권은 건강의 여러 측면에 많은 이점이 있는 것으로 밝혀졌습니다. 태극권을 수련하는 사람들은 균형과 조정 능력이 향상되고 심장과 폐의 건강이 개선되는 것으로 나타났습니다. 가까운 태극권이나 기공 클래스를 찾아 아름다운 동작을 통해 심신의 통합을 일깨워 보세요.

태극권이 주는 평온한 활력을 느껴보고 싶다면 이 간단한 기본 동작을 따라 해보세요.

에너지 움직이기

이 시작 동작을 온몸에 온전히 집중하여 수행하세요. 모든 동작은 연속적이고 유동적이며 느린 동작으로 진행합니다.

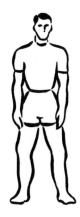

1. 두 발을 어깨너비보다 조금 더 벌리고 서로 평행하게 섭니다.

2. 팔을 천천히 앞으로 들어 올리면서 동시에 무릎을 약간 구부립니
다. 손이 어깨높이가 될 때까지 계속하여 들어 올려 손가락 끝이
서로를 향하도록 약 15센티미터 간격을 두고 손바닥이 자신을
향하도록 합니다.

3. 어깨를 안쪽으로 돌리면서 천천히 움직이면서 손을 내려 허리 높이에서 손바닥이 바닥을 향하도록 합니다. 동시에 무릎을 조금 더 구부립니다.

4. 다시 손가락 끝이 다시 서로 마주 볼 때까지 팔과 손을 서서히 들어 올리면서 동시에 무릎을 부분적으로 펴면서 약간 위로 올립니다.

5. 물속에서 움직이고 있다고 상상하면서 이 순서를 여러 번 반복합니다. 그런 뒤 천천히 손을 옆으로 내리고 정상적인 편안한 자세로 돌아옵니다.

동작 속의 의식

이러한 심신 수련은 몸을 움직임으로써 자연스러운 활력을 표현하도록 합니다. 몸의 에너지가 흐르도록 허용함에 따라 마음의 잡음이 가라앉고 순수하게 지켜보는 상태가 나타납니다. 몸에 온전히 현존하는 이러한 경험은 몸과 마음의 통합을 촉진하여 분자에 대한 당신의 생각을 민감하게 해줍니다.

우리의 생각과 감정이 우리 몸에 영향을 미칠 수 있다는 것을 알고 있듯이, 우리 몸도 심리와 감정에 영향을 미친다는 것을 우리는 알고 있습니다. 자세 또는 위치를 바꾸는 것은 느낌과 생각에 직접적이고 즉각적인 영향을 미칩니다. 기운이 없고 지친 기분이 든다면 앉거나 서 있는 자세를 보다 활기찬 자세로 바꾸어보고 당신의 정신 상태가 어떻게 변화하는지 살펴보세요. 요가, 태극권, 기공 등을 통해 심신 통합을 강화하면 불균형이 자리 잡기 전에 더 쉽게 식별하고 교정할 수 있습니다.

자신에게 맞는 의식적인 운동 프로그램을 찾아보세요. 주의를 온전히 기울여 이러한 절차를 수행하면 삶의 모든 단계에서 마음과 몸 사이의 명확하고 건강한 소통을 유지할 수 있습니다.

몸과 마음의 소통

몸의 건강한 신호에 귀를 기울이지 않는 것은 노화를 가속화하고 질병이 일어나는 근본 원인이 됩니다. 몸은 건강한 욕구를 표현하는데 마음이 이를 듣지 않으면 불균형이 시작되고 심신이 붕괴되는 씨앗이 뿌려집니다. 다음은 몸과 마음의 적절한 소통이 이루어지지 않을 경우를 보여주는 몇 가지 일반적인 예입니다:

- 몸은 피곤해서 잠을 자야 하는데, 마음은 이 욕구를 무시하고 심야 텔레비전 프로그램을 보려고 한다.
- 식사가 끝나고 배가 부른데 마음은 디저트를 더 먹기 위해 뷔페로 돌아가야 한다고 고집한다.
- 몸은 먹고 싶어 하지만 마음은 점심을 거르면서 일해야 한다고 주장한다.
- 몸은 방광을 비우라고 하는데 마음은 영화를 보는 도중에 자리를 뜨지 않으려 한다.
- 몸은 스트레칭을 하고 싶어 하는데 마음은 비행기 좌석의 다른 승객에게 방해가 될까 봐 거부한다.

몸에서 보내는 신호에 귀를 기울이고 건강을 증진하는 신호를 존중하기 시작하세요. 당신은 어떤 신호가 건강에 좋은 신호이고 어떤 신호가 건강에 좋지 않은 습관에서 오는 신호인지 알고 있습니다. 신체적 욕구와 정신적 또는 정서적 욕구 사이에 갈등이 있을 때마다 간단한 질문을 던져 보세요: 이 욕구를 충족하면 내가 더 젊어지고 더 오래 사는 데 도움이 될까? 대답이 '예'라면 그 욕구를 충족시키세요. 대답이 '아니오'라면, 그 행동이 잠재적으로 해롭다는 것을 알고 있으니 포기하세요. 습관이나 중독으로 인해 충동이 너무 강해서 더 나은 판단을 무시하려고 한다면, 몸을 온전히 자각하고 주의를 기울여 행동하세요. 가혹하게 판단하지 않는 상태로 의식적으로 자신의 선택을 지켜보세요. 만약 당신이 규칙적으로 명상하고 자신의 선택을 지켜보고 있다면, 당신은 곧 마음과 몸 사이에 갈등을 일으키는 충동이 줄어든다는 것을 발견할 것입니다.

나는 매일 모든 면에서 정신적, 육체적 능력을 향상시키고 있다.
내 생체 지표는 건강한 _____ 세로 설정되어 있다.
나는 건강한 _____ 세로 보이고 그렇게 느껴진다.

나는 생물학적 나이를 되돌리고 있다:
• 내 몸과 노화, 시간에 대한 인식을 바꿈으로써
• 두 종류의 깊은 휴식, 즉 편안한 자각과 편안한 수면을 통해
• 건강한 음식을 통해 내 몸을 키움으로써
• 영양 보충제를 현명하게 사용함으로써
• 그리고 몸과 마음의 통합을 강화함으로써

실천 6

규칙적인 운동으로
젊음을 되찾아라

나는 규칙적인 운동을 통해 생물학적 나이를 되돌리고 있다.

나는 다음과 같이 실천한다:

1. 일주일에 세 번 이상 유산소 운동을 한다.
2. 일주일에 세 번 이상 근력 운동을 한다.
3. 신체 활동을 꾸준히 해나갈 수 있는 습관을 기른다.

완전한 운동 프로그램에는

근력 운동 및 심혈관 상태 조절에 관한 관심이 포함된다.

운동은 노화의 모든 생체 지표를 되돌린다.

생물학적 나이를 되돌리기 위한 가장 중요한 단계 중 하나는 규칙적인 운동입니다. 버튼 하나로 모든 것을 해결할 수 있는 이 시대에 살다 보면 신체가 필요로 하는 것을 소홀히 할 위험이 있습니다. 우리 몸의 중요한 욕구 중 한 가지는 움직이는 것입니다. "사용하지 않으면 잃는다"라는 말은 몸에 직접적으로 적용됩니다. 비만이 크게 증가하고 있으며 이는 아이들에게도 영향을 미칩니다. 성인과 어린이를 막론하고 평균적인 사람들이 인류 역사상 그 어느 때보다 몸을 움직이는 시간이 적은 상황입니다. 규칙적으로 운동하지 않으면 심장병, 고혈압, 당뇨병, 관절염, 골다공증, 암에 걸릴 위험이 증가합니다.

움직이지 않는 것이 얼마나 해로운지 보여주는 연구 결과가 있습니다. 한 보고서에 따르면 젊고 건강한 남성을 3주 동안 계속 침대에 누워있게 하면 심혈관 건강 측정치가 거의 20년 동안의 노화에 해당하는 만큼 악화된다는 사실이 밝혀졌습니다. 뼈가 부러져 깁스를 해본 사람이라면 누구나 알겠지만, 근육은 사용하지 않으면 소모되고 약해집니다.

운동만으로도 노화의 중요한 생체 지표에 많은 변화를 가져올 수 있습니다. 터프츠 대학의 윌리엄 에반스 박사와 어윈 로젠버그 박사는 운동이 근육량, 근력, 유산소 능력, 골밀도 및 기타 노화의 주요 생물학적 지표를 개선하는 데 미치는 강력한 효과를 주장했습니다. "좋은" 콜레스테롤인 HDL 콜레스테롤 수치를 높이는 가장 효과적인 방법 중 하나는 운동입니다. 연구에 따르면 60~70세 남성은 단 12주만 운동을 해도 근력을 100%에서 200% 이상 향상시킬 수 있다고 합니다. 몸이 강해지는 동시에 몸도 날씬해집니다. 결과적으로 당을 처리하는 능력이 향상되고 당뇨병 위험이 줄어듭니다. 규칙적인 웨이트 트레이닝은 뼈를 강화하고 골다공증이 발병할 가능성을 줄여줍니다. 이는 가임기가 지나면 뼈가 손실될 위험이 있는 여성에게 특히 중요합니다.

젊어지기 위한 모든 접근법 중에서 운동은 가장 즉각적인 효과를 가져옵니다. 피트니스 프로그램을 시작한 지 일주일 이내에 당신은 몸 상태가 확실히 개선되는 것을 느낄 것입니다. 몇 주 후에는 운동 없이는 살 수 없을 것입니다. 규칙적인 운동은 젊음 되찾기 프로그램의 필수 요소입니다.

종합 피트니스

완전한 피트니스 프로그램은 유연성, 근력 및 지구력을 향상시키는 운동을 포함합니다. 신체의 유연성을 향상시키면 신체적, 정서적 편안함을 개선하고 부상 가능성을 줄일 수 있습니다. 앞쪽에서 설명한 것처럼 요가, 태극권, 기공은 모두 몸과 마음의 통합을 강화하면서 유연성을 향상시킵니다. 모든 준비 운동에는 최소 10분간의 부드럽고 의식적인 스트레칭이 포함되어야 합니다. 안타깝게도 운동을 시작하려는 좋은 의도를 갖고 있지만 준비운동을 제대로 하지 않는 사람들이 너무 많습니다. 그 결과 근육에 무리가 가거나 인대가 당겨져 그들이 필요로 하는 피트니스 프로그램을 계속할 수 없게 됩니다.

근력을 키우면 활력이 증진되고 근감소증으로 알려진 노화의 일반적인 특징을 되돌릴 수 있습니다. 터프츠 대학교의 연구자들이 만든 근감소증이라는 단어는 "근육이 부족하다"는 뜻입니다. 쇠약함, 근육량 감소, 체지방 증가는 비활동으로 인해 일어나는 잘 알려진 결과입니다. 하지만 이 모든 것은 근력 운동을 통해 되돌릴 수 있습니다. 체중을 견디는 운동을 통해 근력을 향상시킬 때, 자세가 개선되고 허리통증이 줄어들 수 있습니다. 만성적인 허리 문제로 운동을 할 수 없다고 생각한다면 천천히 시작하여 허리와 복부 근력을 키우세요. 그러면 통증이 줄어들 것입니다.

운동에는 정서적, 심리적 이점이 있습니다. 수백 건의 연구를 통해 규칙적인 운동이 기분과 정신 상태에 미치는 영향이 입증되었습니다. 다음은 운동을 통해 얻을 수 있는 심리적 이점 중 일부입니다:

- 우울증 감소
- 불안감 감소
- 분노 감소
- 냉소적 불신 감소
- 자존감 향상
- 스트레스에 대한 회복력 향상
- 수면 개선

운동은 더 큰 자신감과 힘을 줍니다. 운동은 몸에도 좋고 마음에도 좋습니다. 나이를 되돌리는 효과적인 피트니스 프로그램의 필수 요소를 더 자세히 살펴보겠습니다.

유연성

격렬한 근력 운동이나 심혈관 운동을 하기 전에 몇 분간 스트레칭을 하세요. 특히 한 번에 몇 시간씩 앉아서 일을 해야 하는 직업을 가졌다면, 몇 분간의 유연성 운동은 비활동으로 인한 근육의 단축과 뭉

침을 극복할 것입니다. 놀랍게도 운동 전 스트레칭이 근육 부상을 줄이는다는 과학적 증거는 제한되어 있습니다. 스트레칭이 효과가 있다는 보고에 따르면 15초 동안 자세를 유지하면서 적극적으로 스트레칭을 하면 가장 큰 효과를 볼 수 있다고 합니다. 요통이 있는 경우 척추 스트레칭 운동을 하면 운동 중과 운동 후에 불편함을 줄일 수 있습니다.

매일 운동을 시작할 때 5~10분간 요가나 다른 유연성 운동을 해보세요. '태양 경배'는 모든 근육군을 스트레칭하고, 척추 유연성을 개선하며, 혈액 순환을 촉진하고, 근육의 긴장을 개선합니다. 근력 운동과 유산소 활동을 준비할 때 태양 경배를 하여 몸에 주의를 집중하세요.

근력 강화

근육은 사용에 반응합니다. 이는 근력을 키우려면 정기적으로 근육 그룹을 활성화해야 한다는 뜻입니다. 인체에는 당신의 움직임을 통제하고 자세를 지지하는 100가지가 넘는 근육이 있습니다. 팔, 다리, 몸통의 주요 근육 그룹을 체계적으로 움직이면 큰 효과를 얻을 수 있습니다. 근력 강화의 핵심은 천천히 시작하여 점차적으로 활동의 수준을 높이는 것입니다. 피트니스 센터는 다양한 운동 옵션을 제공하고 필요한 동기를 부여할 수 있지만, 좋은 운동을 하기 위해 값비싼 장비가 필요한 것은 아닙니다.

7가지 기본 운동

아래의 7가지 기본 운동을 격일로 2주 동안 하면 근력이 눈에 띄게 향상되는 것을 보게 될 것입니다. 30분 근력 강화 운동을 위해 각 운동을 4~5분씩 하도록 계획하세요.

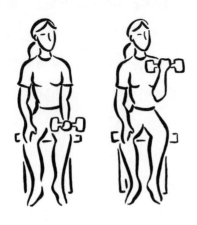

1. 컬. 이 운동은 팔꿈치를 구부리는 근육을 단련합니다. 먼저 2킬로그램 정도의 무게가 나가는 물체를 찾으세요. 작은 덤벨을 사거나 개봉하지 않은 생수, 우유 또는 과일 주스가 담긴 용기를 사용할 수도 있습니다. 의자에 앉아 등을 지지한 상태에서 10~15회 반복합니다: 팔뚝을 허벅지에 대고 손바닥이 위를 향하게 한 상태에서 시작합니다. 팔꿈치를 천천히 뻗었다가 완전히 구부립니다. 팔을 구부리면서 숨을 들이마시고 펴면서 숨을 내쉽니다. 한 라운드 반복을 완료한 후 약 30초간 휴식을 취한 후 반복합니다. 각

팔마다 이 동작을 3~5회 반복합니다. 몇 주 후에는 점차적으로 무게를 늘릴 수 있습니다. 이 운동은 주로 이두근을 강화합니다.

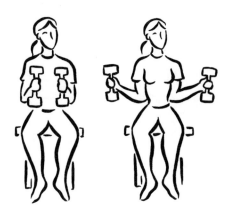

2. 어깨 회전근. 어깨 부상을 줄이는 데 도움이 되는 운동은 팔을 바깥쪽으로 회전하는 근육을 강화하는 운동입니다. 대부분의 운동 프로그램은 이러한 외회전근을 단련하지 않아 어깨 거들의 불균형을 초래합니다. 이러한 불균형은 회전근개 부상의 원인이 됩니다. 등을 지탱하고 앉아서 2킬로그램 정도의 무게로 운동합니다. 팔꿈치를 옆구리에 붙인 상태에서 팔을 앞으로 뻗어 바닥과 평행하게 만듭니다. 이제 손을 최대한 바깥쪽으로 천천히 돌립니다. 이 자세를 몇 초간 유지한 후 시작 지점으로 돌아갑니다. 바깥쪽 회전을 10회 반복합니다.

같은 근육을 강화하는 또 다른 방법은 양손으로 잡는 큰 탄성 고무 밴드를 사용하는 것입니다. 저항을 위해 고무 밴드를 사용하여 팔을 외부로 회전합니다.

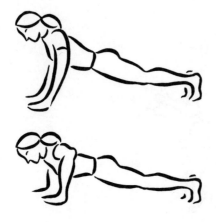

3. 팔 굽혀 펴기. 이 잘 알려진 운동은 어깨 거들 근육과 삼두근을 키우는 데 도움이 됩니다. 다리를 쭉 펴고 할 수 없다면 무릎에 체중을 지탱하는 변형된 팔굽혀펴기로 시작하세요. 바닥을 향해 몸을 낮추면서 숨을 들이마시고 일어나면서 숨을 내쉽니다. 8~10회 반복하고 세트 사이에 30초간 휴식을 취합니다. 첫 주에는 3세트를 목표로 하고 점차 5세트로 늘려갑니다.

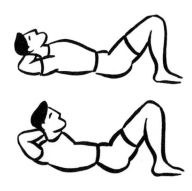

4. 복부 크런치. 복부 크런치를 할 때 최대한의 효과를 얻으려면 머리를 땅에서 25~30도만 들어야 한다는 것이 중요합니다. 윗몸 일으키기와 달리 복부 크런치는 척추에 불필요한 부담을 주지 않습니다. 무릎을 구부리고 손가락을 머리 뒤로 깍지를 낀 채 푹신한 바닥에 눕습니다. 턱을 가슴에서 주먹만큼 거리를 둔 상태에서 머리와 어깨를 바닥에서 들어 올립니다. 들어 올리면서 숨을 들이마시고 바닥으로 돌아오면서 숨을 내쉽니다. 크런치를 15회 반복한 후 30초간 휴식을 취합니다. 3세트부터 시작하여 점차 5세트로 늘립니다.

5. 등 강화 운동. 손바닥을 바닥에 대고 엎드립니다. 손으로 밀지 않고 등 근육에 힘을 주어 가슴을 바닥에서 천천히 들어 올립니다. 팔과 손은 단지 몸을 고정시키기 위해서만 사용합니다. 등 근육만 사용하여 가슴을 바닥으로 올렸다 내리는 동작을 반복합니다. 한 세트로 약 20~25회 정도 합니다.

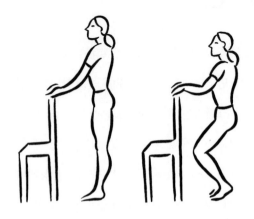

6. 허벅지 강화 운동. 허벅지 강화 운동은 테이블이나 의자를 손으로 잡고 몸을 지탱하면서 수행하는 것이 가장 좋습니다. 무릎을 보호하고 허벅지 근육을 충분히 단련하려면 무릎을 90도 이상 구부리지 마세요. 등을 바닥과 수직으로 유지합니다. 쪼그려 앉으면서 숨을 들이마시고 일어나면서 숨을 내쉽니다. 15회로 시작하여 30초 동안 휴식을 취한 다음 세트를 반복합니다.

계단 오르기로도 비슷한 효과를 얻을 수 있습니다. 계단의 높이가 30cm 정도 되는 계단을 찾아 먼저 한쪽 다리를 올리고 다른 쪽 다리는 따라오기만 합니다. 이렇게 25걸음 올라갑니다. 그런 다음 다리를 바꿔 다른 쪽 다리로 25걸음 올라갑니다. 허벅지 근육에 가벼운 화끈거림이 느껴질 때까지 계속합니다.

무게가 있는 물건을 사용하여 무릎을 펴는 근육을 강화할 수도 있습니다. 단단한 의자에 앉아 등을 지지하고 양쪽 발목에 1~2킬로그램 무게의 물건을 놓습니다. 무릎을 천천히 곧게 펴고 몇 초간 유지한 다음 발을 천천히 바닥으로 내립니다. 한쪽으로 10회 정도 반복한 다음 다른 쪽을 합니다.

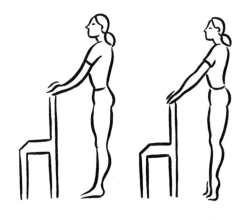

7. 발가락 들어 올리기. 이 운동은 종아리 근육을 단련하고 강화합니다. 맨발 또는 스타킹을 신은 채로 서서 테이블이나 의자를 양손으로 잡고 몸을 지탱합니다. 발가락으로 천천히 몸을 일으켰다가 천천히 몸을 내립니다. 올라갈 때는 숨을 들이마시고 내려갈 때는 숨을 내쉽니다. 20~25회 하고 30초간 휴식을 취한 후 다시

반복합니다. 처음에는 3세트를 하고 점차 5세트로 늘려갑니다.

생명력 순환

인간의 생리 기능은 창의성을 표현으로, 생각을 행동으로 바꾸도록
설계된 정교한 생물학적 도구입니다. 정기적으로 폐로 유입되는 산소
의 흐름을 늘리고 신체의 혈액 순환을 개선하지 않으면 당신은 생리
적으로 최고의 성과를 경험할 수 있는 기회를 놓치고 있는 것입니다.
심혈관계와 호흡기 운동을 제대로 하지 않으면 심장병, 고혈압, 각종
암에 걸릴 위험이 커집니다. 나이와 현재 체력 수준에 관계없이 유산
소 운동 프로그램을 시작할 때, 신체적, 정서적 상태를 개선하고 젊어
지는 데 도움이 될 것입니다.

근력 운동과 마찬가지로 심혈관 운동 프로그램도 복잡할 필요가 없
습니다. 그 대신 규칙적으로 해야 합니다. 마음은 항상 오늘 운동하는
것이 좋지 않다는 이유를 찾아낼 수 있기 때문입니다. 특히 운동 루틴
에서 벗어나 몇 번의 세션을 놓치면 더욱 그렇습니다. 날씨와 관계없
이 규칙적으로 할 수 있는 유산소 활동을 찾아 꾸준히 하세요. 보통
일주일에 3~4회, 20~30분 정도만 해도 상당한 효과를 얻을 수 있습
니다. 심혈관계 건강을 극대화하기 위해 운동량과 운동 빈도를 결정
할 때 따라야 할 몇 가지 간단한 원칙이 있습니다.

목표 운동 수준 계산하기

첫 번째 단계는 최대 심박수를 계산하는 것으로, 220에서 자신의 나이를 뺍니다.

$$최대 \ 심박수 = 220 - 현재 \ 당신의 \ 나이$$

예를 들어, 만일 당신이 50세라면 최대 심박수는 220-50=170, 즉 170입니다. 운동 프로그램을 막 시작하는 것이라면, 먼저 의사와 상의하여 심장질환, 고도 비만, 관절염 제한 등 지도자 없는 운동 프로그램을 시작하는 데 금기 사항이 없는지 확인하세요.

프로그램 초기에는 최대 심박수의 50~60%에 도달하는 것을 목표로 합니다. 몸 상태가 비교적 양호하다면 60%를, 그렇지 않거나 심혈관 활동을 한 지 오래되었다면 50%를 선택합니다.

$$목표 \ 심박수 = 최대 \ 심박수 \times 0.6$$

만약 당신이 50세라면, 당신의 목표 심박수는 분당 85~102회(170의 50% = 85, 170의 60% = 102)로 계산됩니다.

운동을 시작하기 전에 맥박을 측정하고 심박수가 목표 수치에 도달할 때까지 운동을 계속하세요. 시중에는 적절한 가격의 고품질 심박수 모니터가 많이 있습니다. 모니터링 장치가 없다면, 운동하는 동안

5~10분마다 맥박을 확인할 수 있습니다. 하지만 손목 모니터를 볼 수 있다면 운동 수준을 파악하기가 더 쉽습니다.

최적의 효과는 20~30분 정도 운동할 때 얻을 수 있지만, 컨디션이 좋지 않다면 10분에서 15분 정도부터 시작하세요. 조깅, 자전거 타기, 춤, 킥복싱, 스피닝, 러닝머신, 계단 오르기, 조정, 하이킹, 수영 등 다양한 활동이 효과적인 심혈관 운동이 될 수 있습니다. 쉽게 접근할 수 있는 좋아하는 운동을 찾아보세요. 크로스트레이닝(교차훈련, 동시에 여러 가지 훈련을 하는 것)의 이점도 입증되었습니다. 즉, 서로 다른 날에 근력 운동과 유산소 운동을 번갈아 가며 할 수 있도록 몇 가지 활동을 찾아보세요. 어느 날은 러닝머신을 20분간 사용하고, 다음 날은 자전거를 타고, 또 다른 날은 에어로빅 댄스 수업에 갈 수 있습니다. 각 활동은 심혈관 건강을 개선하면서 다양한 근육을 단련할 수 있습니다. 일관성을 유지하기 위해 매일 규칙적인 시간을 정해 운동하세요.

일단 현재의 활동 수준에 익숙해지면 목표 심박수를 최대 심박수의 65%에서 75%로 서서히 높여보세요. 50세의 경우 목표 심박수는 분당 110~128회입니다. (170의 65%=110, 170의 75%=128) 처음 몇 주 동안은 60%를 유지한 다음 최대 심박수의 70~75%에 도달할 때까지 몇 주마다 목표 심박수를 5%씩 점진적으로 높이세요.

현재 수준에 부담을 느끼고 있다면 목표 속도를 높이지 마세요. 운동하는 동안 말을 할 수 있어야 하는데, 대화를 쉽게 이어갈 수 있다면 운동 강도를 높일 준비가 된 것입니다. 대부분의 경우 코로 숨을 쉴 수 있어야 합니다. 운동하는 동안 숨을 들이쉴 때 '소', 내쉴 때 '훔'을 하면서 몸에 온전히 집중할 수 있도록 '소-훔' 만트라를 떠올려보세요.

땀을 조금 흘린다는 것은 신체가 칼로리를 소모하고 있다는 것을 의미합니다. 하지만 땀을 많이 흘리지는 않도록 하세요. 언제라도 급격히 숨이 가빠지거나 가슴이 불편해지면 활동을 중단하고 즉시 의료진에게 연락하세요. 운동을 열심히 하면 확실히 에너지를 소비했다고 느낄 수 있지만, 완전히 지치거나 고갈된 느낌은 들지 않아야 합니다. 처음에 또는 운동 강도를 높일 때 약간의 가벼운 통증이 있을 수 있지만 심한 불편함을 느끼지는 않아야 합니다. 상식을 바탕으로 규칙적인 운동 프로그램의 장기적으로 균형 잡힌 이점을 목표로 하세요.

꾸준한 피트니스 프로그램을 통해 근력과 심혈관 건강이 모두 개선되는 데는 그리 오랜 시간이 걸리지 않습니다. 전반적인 몸 상태가 좋아지는 것 외에도 체중이 감소하고, 숙면이 가능하며, 소화와 배설이 더 잘되는 것을 느낄 수 있습니다. 가장 중요한 것은 건강한 생체 지표를 느끼게 된다는 점입니다. 누구도 당신의 활동을 대신할 수 없습니다. 오늘부터 시작하세요. 금방 젊어지는 자신을 발견할 수 있을 것입니다.

이동 중에 하는 운동

만약 당신이 여행을 많이 하는 삶을 살고 있다면 운동 루틴을 유지하기 위해 조금 더 신경을 써야 할 것입니다. 대부분의 호텔에는 기본적인 기구가 구비된 운동 시설이 있습니다. 예약할 때 운동 시설이 있는지 문의하세요. 운동 기구가 없더라도 호텔 방에서 2리터 물병으로 7가지 기본 운동을 할 수 있습니다. 다른 근력 운동은 단순히 몸을 사용하는 운동입니다.

러닝머신이 없다면, 15분에서 20분 동안 빠르게 태양 경배로 심혈관계를 단련할 수 있습니다. 호텔에서 엘리베이터 대신 계단을 이용해 객실 층으로 이동하세요. 비즈니스 미팅 장소가 걸어서 갈 수 있는 거리에 있다면 택시를 타기보다는 빠르게 걸어서 갈 수 있도록 충분한 시간을 확보하세요. 1~2주 동안 운동을 중단했다가 다시 시작하는 것보다 규칙적으로 운동을 계속하는 것이 더 쉽습니다. 피트니스 프로그램을 최우선 순위로 삼으세요.

항상 움직이기

낮 동안 신체 활동을 할 수 있는 기회를 찾아보세요. 피트니스 클럽에서 1킬로미터 떨어진 곳에 산다면, 10분 동안 운전하고 주차할 곳을 찾느라 고생하는 대신 운동화를 신고 걷거나 가볍게 뛰어보세요. 오피스 빌딩의 20층에서 일한다면 엘리베이터를 타고 16층까지 올라간 후 나머지 계단을 걸어 올라가세요. 식료품점에서 몇 가지 물건을 사야 한다면 자동차 연료를 소비하는 대신 자전거를 타고 가세요. 회사에서 몇 블록 떨어진 곳에 차를 주차하고 나머지 거리는 걸어서 출퇴근하세요.

의식적으로 신체 활동을 유지하기 위한 선택을 하세요. 몸과 마음이 더 큰 에너지와 활력으로 반응할 것입니다. 활동적으로 움직이면 더 젊어지고 더 오래 사는 데 도움이 될 것입니다.

나는 매일 모든 면에서 정신적, 육체적 능력을 향상시키고 있다.
내 생체 지표는 건강한 _____ 세로 설정되어 있다.
나는 건강한 _____ 세로 보이고 그렇게 느껴진다.

나는 생물학적 나이를 되돌리고 있다:
- 내 몸과 노화, 시간에 대한 인식을 바꿈으로써
- 두 종류의 깊은 휴식, 즉 편안한 자각과 편안한 수면을 통해
- 건강한 음식을 통해 내 몸을 키움으로써
- 영양 보충제를 현명하게 사용함으로써
- 몸과 마음의 통합을 강화함으로써
- 그리고 운동을 통해

실천 7

독소를 제거해
젊음을 되찾아라

나는 신체와 정신에서 독소를 제거하여 생물학적 나이를 되돌리고 있다.

나는 다음과 같이 실천한다:

1. 식단에서 독소를 제거하고, 매일 충분한 양의 물을 마신다.
2. 감정을 효과적으로 다루는 법을 익힌다.
3. 갈등을 해소하고 내게 독이 되는 관계를 청산한다.

몸과 마음에 독소가 쌓이면 노화가 촉진된다.
독소를 제거해야 재생 능력이 깨어난다.
삶에 침투한 독소를 없애면 젊음을 되찾을 수 있다.

삶에서 독소를 제거하면 생물학적 나이를 되돌릴 수 있습니다. 삶의 모든 자극이 영양을 주는지 독성을 주는지 살펴봐야 합니다. 영양을 주는 경험은 행복을 가져다주고, 인식을 넓혀주며, 젊어지도록 도와줍니다. 독성이 있는 경험은 불행을 가져오고, 답답함을 느끼게 하며, 노화를 앞당깁니다. 이는 독성이 있는 물질, 독성 음식, 독성을 지닌 관계, 독성이 있는 감정, 모두 마찬가지입니다. 노화 과정을 되돌리는 필수적인 단계는 삶의 모든 단계에서 독소를 확인하고 배출하는 것입니다.

노화와 질병은 독성 반응의 축적으로 인해 발생합니다. 과학자들은 이제 세포와 조직의 손상이 산소가 대사될 때마다 생성되는 활성 산소의 결과라는 것을 이해하게 되었습니다. 활성 산소 분자는 전자가 빠진 산소 분자입니다. 활성 산소 종(ROS, Reactive Oxygen Species)이라고도

하며, 하이드록시 라디칼, 일중항 산소, 슈퍼옥사이드, 과산화수소 등의 이름으로도 불립니다. 이 굶주린 화학 물질은 단백질, 지방, DNA 분자를 포함한 주변 공급원으로부터 전자를 마구 빼앗아 갑니다. 통제된 상황에서는 음식물을 대사하고 박테리아에 대항하는 면역 반응을 강화하는 데 활성 산소가 유용합니다. 하지만 활성 산소로 인해 일어나는 부수적인 손상은 질병과 노화의 원인이 됩니다. 활성 산소 손상과 관련된 우리 사회의 가장 흔한 질병은 다음과 같습니다:

- 암
- 심장질환
- 뇌졸중
- 당뇨병
- 관절염
- 골다공증
- 염증성 장 질환
- 녹내장
- 망막 변성
- 알츠하이머병

피부 주름, 흰머리, 관절 경직 또한 활성 산소의 결과입니다. 활성 산소 생성을 증가시키는 것이 있고, 이를 제한할 수 있는 것이 있습니

다. 활성 산소 생성을 증가시키는 것들은 다음과 같습니다:

- 흡연
- 환경 오염
- 알코올
- 과도한 햇빛 노출을 포함한 방사선
- 바비큐 및 훈제 고기
- 숙성 및 발효 식품
- 화학 요법 약물
- 포화 지방 및 수소화 지방의 과다 섭취
- 스트레스 및 스트레스 호르몬

우리는 활성 산소가 신체에 미치는 해로운 영향을 중화하기 위해 정교한 시스템을 발전시켜 왔습니다. 이를 항산화 시스템이라고 하며 다양한 효소, 비타민, 미네랄이 포함됩니다. 항산화 시스템이 완전히 작동하면 활성 산소가 해를 끼치기 전에 비활성화시킬 수 있습니다.

항산화 시스템을 강화하기 위해 할 수 있는 일은 다음과 같습니다:

- 신선한 과일, 채소, 곡물, 견과류, 콩 등 항산화 성분이 풍부한 식품을 더 많이 섭취한다.
- 항산화 성분이 풍부한 허브와 향신료(딜, 실란트로, 로즈마리, 세이지, 타

임, 민트, 회향, 생강, 마늘)를 충분히 사용한다.

- 항산화 비타민 A, C, E를 섭취한다.
- 담배, 과도한 음주, 필수적이지 않은 약물을 끊는다.
- 스트레스를 줄이고 명상을 한다.

신체/정신 시스템에 독소가 축적되면

노화가 촉진된다.

독성 물질 끊기

인간은 자신에게 좋지 않은 것에 끌리게 되는 별난 성향을 가지고 있습니다. 이렇게 끌리는 성향의 일부는 화학적인데, 니코틴, 불법 약물, 알코올이 대표적입니다. 이 물질들은 천연 생화학 물질을 모방해 그것을 끊었을 때 갈망을 불러일으킵니다. 그래서 저항하기가 몹시 힘들지요. 그 이유가 무엇이든 일단 해로운 습관이 형성되면 그 예식 자체가 행동을 강화합니다. 예를 들어, 술을 따르거나 담배에 불을 붙이는 익숙한 행위만으로 불안이 진정될 수 있습니다. 문제는 이러한 행동이 제공하는 단기적인 안도감이 우리를 장기적인 고통에 빠뜨릴 수 있다는 것입니다.

초프라 센터에서의 경험을 통해 우리는 도움이 되지 않는 무언가를 해소하기 위해 몇 가지 요소를 갖추어야 한다는 것을 배웠습니다. 해로운 조건화 패턴을 풀고 영양을 공급하는 패턴으로 바꾸려면 자신의 생각과 선택으로 변화를 조금씩 강화해야 합니다. 삶에서 해로운 것을 버리는 데는 네 가지 중요한 단계가 있습니다.

해독하려는 의도

첫 번째 중요한 단계는 명확하고 강력한 의도를 형성하는 것입니다. 독성 물질을 제거하면 삶이 더 나아질 것이라는 확신이 없다면 변화하려는 동기나 의지가 생기지 않습니다. 부정적인 방식보다는 긍정적인 방식으로 의도하는 것이 가장 좋습니다. 담배를 끊고 싶다면, "내 인생에서 이 끔찍한 담배를 없애야 해."보다는 "담배를 피우고 싶다는 욕구 없이 더 쉽게 숨을 쉬고 내 몸이 편안해지기를 원해."라고 의도를 말하세요. 술을 끊고 싶다면 술 없이도 안전감을 느끼고 중심을 잡고 싶다고 생각하세요. 체중 감량을 원한다면 건강하고 날씬한 몸매를 원한다고 생각하세요. 당신의 삶이 독소를 버림으로써 어떻게 더 나아질지에 대해 명확한 비전을 세우세요. 만약 당신이 중독으로 어려움을 겪고 있고, 그것을 해소하려는 분명한 의도가 있다면, 다음 페이지의 "온전함 상상하기" 과정을 시도해보세요.

몸에 좋지 않다는 것을 알면서도 습관적으로 독성 물질을 섭취하고 있다면, 지금 당장 그것을 끊겠다는 약속을 하세요. 명확한 의도를 세우고 확언을 강화하세요:

나는 내 삶에서 _____ 를 영원히 없애기로 약속한다.

내 삶에서 _____ 가 없으면

나는 건강한 _____ 세로 보이고 그렇게 느껴진다.

신체/정신 시스템이 이 비전에 자연스럽게 공명할 때까지 해로운 습관에서 벗어난 당신의 삶을 매일 상상하세요. 새로운 현실을 머릿속에 떠올리며 매일 매일 그것을 창조하는 선택을 하세요.

온전함 상상하기

편안하게 앉아 눈을 감고 몇 분 동안 명상을 통해 내면의 대화를 가라앉힙니다. '태초의 소리 명상'을 해보지 않았다면 앞쪽에서 설명한 호흡 알아차리기 명상을 하세요. 이제 당신의 삶을 해치는 부정적인 습관으로부터 자유로워지는 것을 상상해 보세요. 중독에 방해받지 않는 가정과 직장 환경을 상상해 보세요. 의존이라는 해로운 영향으로부터 자유로운 몸의 모습과 냄새, 느낌을 상상해 보세요. 친구, 사랑하는 이들과의 윤택한 관계를 상상해 보세요. 삶에 영향을 미치는 부정적인 패턴에서 해방된 활력, 편안함, 능력을 의식의 화면에서 경험하세요. 온전함에 대한 이 비전이 당신 몸의 모든 세포에 스며들도록 하세요.

두 번째 단계는 해로운 행동을 마음챙김 명상으로 전환하는 것입니다. 이는 행동을 하는 동안 자신을 지켜보는 자각 모드로 전환하는 것을 의미합니다. 금연하고 싶다면 당신의 행동에 온전히 주의를 집중하세요. 조용히 앉아 담뱃갑에 손을 뻗어 담배를 천천히 꺼내고 불을 붙인 후 연기를 들이마시는 자신을 관찰하세요. 몸에서 느껴지는 감각을 느끼고 욕구가 충족되면 멈추세요.

실제로 첫 번째 담배 연기나 첫 번째 위스키 맛을 즐기는 사람은 거의 없는데, 이는 우리 몸이 지닌 고유의 지혜를 반영하는 것입니다. "담배를 피우면 멋있어 보인다", "술을 마시면 어른스러워진다", "마약은 최신 유행이다"와 같은 잘못된 정신적 메시지를 무시할 때 생리적 충동은 더 이상 전달되지 않습니다. 우리가 내면의 신호에 귀를 기울이지 않으면, 몸은 에너지를 절약하기 위해 신호를 보내는 것을 중단합니다. "초심자의 자각"을 갖고 습관적인 행동을 하면 정직한 효과를 경험하는 데 도움이 될 것입니다.

체계적으로 해독하라

세 번째 단계는 일반적인 해독 프로그램을 시작하는 것입니다. 날짜를 정하고 신체/정신 시스템을 깨끗이 할 수 있는 기회를 활용하세요. 정화에 초점을 맞추면 금단으로 오는 불편함의 기간을 줄이고 신체/정신 시스템이 더 건강한 기능 모드로 전환하는 데 도움이 됩니다. 이

기간 동안 신선한 과일 및 채소 주스를 많이 마셔주세요. 아침에는 과일 주스, 낮에는 과일과 야채를 섞은 주스, 저녁에는 야채 주스나 야채가 섞인 수프를 마셔보세요. 우리는 종종 뜨거운 물 500밀리리터에 갓 간 생강 1티스푼을 넣어 만든 생강차를 추천합니다. 통곡물, 찐 야채, 렌즈콩 수프 위주로 며칠 동안 식단을 단순화하세요. 더운물로 목욕하거나 사우나 또는 한증막에 가서 피부를 통해 독소를 제거하세요. 공원이나 시냇가, 호수, 바다를 따라 매일 일정 시간 이상 걷기 운동을 하세요. 신선한 공기를 들이마시고 얼굴에 닿는 햇볕을 느끼며 모래나 풀밭에서 발을 살며시 움직여 보세요. 자연의 정화 효과와 직접 연결되는 것을 느낄 수 있습니다.

건강한 일상을 시작하세요. 하루에 두 번 명상하고, 밤 11시가 되기 전에 잠자리에 들고, 해가 뜨면 일어나세요. 물을 충분히 마시고 규칙적인 운동 프로그램을 시작하세요. 몸의 독소를 배출하는 데 도움이 되는 전신 운동을 하세요. 건강한 식단을 시작하세요. 당신의 삶에 긍정적인 요소를 많이 도입할수록 독성 물질을 제거하는 것이 더 쉬워질 것입니다.

판차 카르마(Panchakarma)

아유르베다는 정화 작용을 의미하는 판차카르마로 알려진 종합 해독 프로그램을 권장합니다. 초프라 센터에서 제공하는 전체 프로그램은 체내에 저장된 독소를 식별하고 모아서 제거하는 체계적인 과정을 처방합니다. 고급스러운 오일 마사지에 이어 열 치료를 받은 후 소화관이나 비강을 통해 독소를 배출하는 일종의 독소 제거 절차가 이어집니다.

다음 단계에 따라 가정에서도 부드러운 해독 프로그램을 수행할 수 있습니다:

1. 5일 동안 찐 채소, 곡물, 렌틸콩 수프를 충분히 섭취하는 간소화된 식단을 따르세요. 이 기간 동안 튀긴 음식, 발효 식품, 유제품, 동물성 제품 및 정제 탄수화물은 피합니다.

2. 3일 동안 참깨와 황금 건포도를 먹어 소화관을 매끄럽게 합니다. 흰 참깨 1/8컵과 황금 건포도 1/8컵을 1대 1로 섞어 준비합니다. 매 식사 1시간 전 또는 2시간 후에 한 티스푼을 섭취합니다. 씨앗을 소화하는 데 어려움이 있다면 참기름 1/2티스푼을 건포도 3~4개와 함께 하루에 세 번 섭취하세요.

3. 뜨거운 물 500밀리리터에 갓 간 생강 1티스푼을 넣어 생강차를 만든 뒤 하루 종일 충분히 마십니다. 보온병에 차를 담아 다니면서 마시면 가장 편리합니다. 하루에 1리터 이상 마셔보세요.

4. 넷째 날 저녁에는 오일 마사지를 하고 따뜻한 물에 몸을 담급니다.

5. 오후 10시경, 첨가물이 없는 순수한 요구르트를 섭취합니다.

6. 다음 날은 가볍게 식사하고 서서히 식단에 여러 가지 음식을 다시 도입합니다.

마지막 단계는 이전에 유해 물질이 차지했던 공간을 영양이 풍부한 음식으로 채우는 것입니다. 공허함을 채우는 가장 중요한 '무언가'는 명상을 통해 얻을 수 있는 평화, 편안함, 자각입니다. 생명을 해치는 습관에 빠져 있던 사람이 명상을 시작하면 유해한 경험에 대한 욕구를 자연스럽게 잃게 됩니다. 해로운 습관에서 벗어났던 사람이 다시 그 습관을 시작했다고 불평할 때, 우리는 가장 먼저 묻습니다. "지금도 명상을 하고 있습니까?" 대답은 언제나 '아니오'지요. 삶이 너무 바빠져 명상의 우선순위가 낮아졌기 때문입니다. 명상을 통해 조용하고 확장된 의식 상태에 정기적으로 접근하는 것은 해로운 습관을 없애는 데 필수적인 요소입니다.

습관적인 행동이 남긴 공간을 채우는 유용한 다른 접근법으로는 운동 프로그램을 시작하거나, 흥미 있는 주제의 수업을 듣거나, 관계 치유에 전념하는 것 등이 있습니다. 결핍된 사랑을 보상받기 위해 하는 해로운 행동이 실제로 진정한 사랑을 찾을 가능성을 얼마나 자주 감소시키는지 사람들은 제대로 알지 못합니다. 원하는 변화를 이미 겪었거나 겪고 있는 사람들의 지원 그룹에 가입하는 것은 매우 도움이 됩니다. 건강한 선택을 지지하는 사람들과 어울리고, 삶을 변화시키려는 노력을 깎아내려 독성 습관을 강화하려는 사람들과 어울리는 일을 최소화하세요.

독소를 제거하면 재생 능력이 깨어난다.

물: 자연 정화기

매우 간단하지만 강력한 정화 기법은 물 섭취량을 늘리는 것입니다. 인체는 약 4분의 3이 물로 이루어져 있으며 대부분의 생화학 반응은 좁은 농도 범위 내에서 가장 잘 작동합니다. 여러 과학 연구에 따르면 나이가 들수록 갈증에 대한 민감도가 떨어지기 때문에 의식적으로 인지하지 못하는 미묘한 수준의 탈수증에 걸릴 위험이 있다고 합니다. 대부분의 사람들이 물을 충분히 마시지 않아 다양한 증상을 겪습니다. 두통, 변비, 피부 건조, 피로, 소화불량 등이 미묘한 탈수 증상으로 인해 일어나곤 합니다. 일부 의사들은 고혈압, 천식, 만성 통증을 포함한 많은 일반적인 건강 문제가 탈수에서 비롯된다고 말합니다.

신장이나 간 질환이 없다고 가정할 때, 하루 종일 물을 마시는 습관을 들이는 것이 좋습니다. 몸무게를 30으로 나누면 하루 권장 수분 섭취량을 계산할 수 있습니다.

$$체중(킬로그램) \div 30 = 일일\ 물\ 섭취량(리터)$$

예를 들어, 몸무게가 60킬로그램이라면 하루 물 섭취량은 2리터가 되어야 합니다. 대부분의 생수는 2컵이 조금 넘는 0.5리터 용기로 제공되므로 하루에 4병을 마셔야 합니다. 탄산음료, 차, 커피는 카페인 성분이 이뇨 작용을 하므로 여기에 포함시키지 않습니다. 마찬가지로 알코올도 수분 손실을 유발하여 물 보충에 도움이 되지 않습니다. 만약 당신이 운동을 활발히 하거나 이뇨제를 복용하고 있거나 덥고 건조한 기후에 거주하고 있다면, 일일 수분 섭취량을 10~15% 더 늘리세요. 멜론, 자몽, 복숭아, 수박, 아스파라거스, 고추, 당근, 버섯 등 수분이 풍부한 과일과 채소를 주로 섭취하세요. 인공적으로 단맛이 첨가된 음료 섭취를 최소화합니다. 물을 충분히 마시면 약 2시간마다 방광을 비워야 할 필요성을 느낄 것입니다.

이 루틴을 따르는 많은 사람들이 체중을 더 쉽게 감량했고, 에너지가 더 많아졌으며, 만성 통증이 줄어들었다고 보고합니다. 신선하고 순수한 물을 충분히 마시는 것은 젊음을 되찾는 가장 간단하고 비용이 적게 드는 방법의 하나입니다.

해로운 식품을 제거하라

정성스럽게 재배하고 방금 조리한 음식에는 프라나, 즉 생명 에너지가 가장 풍부합니다. 깡통에 담겨 선반 위에 몇 달 동안 방치된 음식은 신체/정신 시스템, 영혼에 영양을 공급할 가능성이 적습니다. 뒷마당에 텃밭을 가꾸고 신선한 허브와 향신료를 재배하여 식단을 더욱 풍성하게 만들어 보세요. 지역 농산물 직판장에서 장을 보고 시간을 내어 앞쪽에서 살펴본 원칙을 적용하여 맛있는 식사를 준비하세요. 냉동식품, 통조림, 전자렌지로 가열한 음식, 고도로 가공된 식품을 자주 먹는다면 순서를 바꿔서 신선한 영양분을 섭취하는 것을 목록의 우선순위에 올려놓으세요. 식사 준비를 가족이나 이웃과 함께하여 음식뿐만 아니라 그 과정도 즐기도록 하세요.

현대 농업에 사용되는 살충제와 인공 비료가 우리 건강에 악영향을 끼친다는 증거가 점점 더 많아지고 있습니다. 이러한 합성 화학 물질은 우리가 호흡하는 공기와 마시는 물에도 유입되고 있습니다. 이러한 합성 화학 물질은 다양한 암, 특히 생식 기관의 암을 유발할 가능성이 있는 것으로 알려져 있습니다.

연구에 따르면 과일과 채소에 남아 있는 살충제 잔류물을 제거하려면 꼼꼼하게 씻어야 한다고 합니다. 따라서 우리는 유기농으로 재배된 식품을 선호하는 것을 권장합니다. 가격은 더 비싸지만, 당신과 가족이 식사를 통해 불필요한 독소를 섭취하지 않는다는 확신을 가질 수 있습니다. 또한, 환경에 독소가 축적되는 것을 줄이기 위해 당신이 자신의 몫을 다하고 있다는 것을 알게 될 것입니다.

해로운 감정을 배출하라

우리 모두는 해로운 독성 물질과 해로운 독성 식품이 건강을 해친다는 사실을 알고 있습니다. 이와 더불어 독성 감정은 종종 노화 과정을 가장 해롭게 하는 요인입니다. 마음속에 원망, 적대감, 후회, 불만을 품고 있을 때마다 당신의 활력은 약해집니다. 다음 간단한 연습을 시도해보세요:

- 조용한 장소를 찾은 뒤 편안하게 앉아서 눈을 감으세요.
- 이제 몇 분간 소-홈 명상으로 마음을 안정시키는 시간을 가져보세요.
- 잠시 후 자신의 몸에 주의를 집중하고 긴장이나 저항이 느껴지는 부분이 있는지 살펴보세요. 뭉친 곳을 발견하면 그곳을 놓아버리겠다고 생각하세요.
- 주의를 마음에 집중하고 고마움이 느껴지는 모든 것에 감사하세요.
- 이제 자신의 가슴에 귀를 기울이며 스스로에게 질문을 던져 보세요. "과거의 나는 현재에 더 이상 도움이 되지 않는 무언가를 가지고 다니는가?"
- 가슴 속의 짐을 발견했다면 지금 당장 내려놓겠다는 의도를 가지세요. 원망, 불만, 후회를 발견했다면 모두 내려놓으세요.
- 이러한 독성 감정을 풀어내면서 그 독성 감정이 숨기고 있던 선물을 찾을 수 있는지 살펴보세요. 예를 들어, 만약 당신이 누군가의 행동으로 인해 고통을 느꼈다면 선물은 당신이 자립심을 더 많이 배웠다는 것일 수 있습니다.
- 정기적으로 감사하고 마음속의 모든 불만을 내려놓겠다고 약속하세요.

해로운 감정으로 마음을 괴롭힐 때, 지금 당장 누릴 수 있는 마법과 신비, 기쁨을 온전히 경험하지 못하게 됩니다. 다른 누구보다 자신에게 더 많은 해를 끼치는 원망, 후회, 불만을 풀어버리기로 결심하세요.

감정적 독소를 배출하는 과정은 신체적 독소를 배출하는 과정과 유사합니다. 먼저 삶을 고갈시키는 감정을 삶을 향상시키는 감정으로 바꾸고 싶다는 분명한 의도가 있어야 합니다. 후회와 분노를 연민과 용서로 바꾸면 신체/정신 시스템, 영혼이 원초적인 생명 에너지로 극적으로 깨어날 수 있습니다.

해로운 감정을 만들어낸 사건에 대해 어떤 일이 일어났는지, 그리고 그 결과 때문에 어떤 기분이 드는지 글을 써보세요. 연구에 따르면 화가 나는 감정적 경험에 대해서 일기를 쓰면 면역 기능이 향상되고 명확성과 통찰력을 얻는 데 도움이 된다고 합니다. 심리학자 마샬 로젠버그는 저서 『비폭력 대화』에서 피해의식을 피하는 감정적 어휘를 가르칩니다. '버려진', '학대받은', '무시당한' 등의 단어는 피하고, 대신 그 상황이 불러일으킨 분노, 슬픔, 외로움, 두려움 등의 실제 감정을 묘사하세요.

일단 해로운 감정을 불러일으킨 상황에 대해 글을 쓴 후에는 이러한 감정이 당신의 영혼을 사로잡고 있는 것을 풀어주려는 의도로 몇 가지 신체적 예식을 수행합니다. 심호흡을 하거나, 마사지를 받거나, 베개를 두드리거나, 신나게 춤을 추거나, 감정에 저장된 긴장이 풀릴 때까지 장거리 달리기를 할 수도 있습니다. 그런 다음 고뇌, 분노, 후회,

절망과 같은 피로를 불러일으키는 감정보다는 용서, 화합, 웃음, 사랑이라는 젊음을 되찾을 수 있는 감정에 마음을 열어보세요.

해로운 감정은 종종 노화를 가속하는 가장 해로운 촉진제다.
마음과 정신에서 독성 감정을 없애기 위해 노력하라.

해로운 관계를 해소하라

때때로 당신은 갈등으로 점철된 관계에 놓여 있는 자신을 발견할 수 있습니다. 이러한 관계가 만들어내는 열정과 드라마를 즐길 수도 있지만, 시간이 지나면 필연적으로 나이가 들고 고갈된 느낌을 받게 될 것입니다. 독이 되는 관계를 도움이 되는 관계로 바꾸는 것이 중요합니다. 현실이 지각과 해석의 선택적 행위라는 사실을 받아들인다면, 관계를 변화시키는 가장 강력한 방법은 상대방을 바라보는 방식을 바꾸는 것입니다.

모든 관계는 당신 자신을 보여주는 거울과도 같습니다. 갈등이 있을 때는 "이 상황이 내 본성에 대해 무엇을 말해주고 있는가?"라고 자신에게 물어보세요. 어려운 관계에서 숨겨진 의미를 발견하는 데 도움이 될 간단한 연습을 해보세요.

당신과 문제가 있는 사람을 설명할 수 있는 특성을 최대한 많이 적어보세요.

_____   _____

_____   _____

_____   _____

이제 각 단어를 다시 한번 살펴보고 어떤 단어가 당신에게 감정을 불러일으키는지 살펴보세요. 예를 들어, 당신은 당신의 상사를 다음과 같이 묘사했을 수 있습니다:

통제적인	논쟁적인
궁핍한	타협하지 않는
평가할 줄 모르는	고집이 센

목록을 검토하다 보면 통제적이고, 궁핍하고, 평가할 줄 모르고, 고집이 세다는 등 자신을 정말 짜증 나게 하는 특성을 발견할 수 있습니다. 이제 자신을 살펴보세요. 다른 사람들이 당신을 묘사할 때 이런 단어들을 사용하진 않나요? 당신에게 이러한 특성을 반영하는 경향이 있나요? 당신에 대해 누군가가 과거에 이러한 특성을 표현한 적이 있나요? 다른 사람에게서 가장 신경 쓰이는 특성은 종종 자신 안에서 가장 부정하려고 애쓰는 특성일 때가 많습니다. 이러한 어두운 특성을

마음속으로 받아들일 때, 당신은 다른 사람을 표현하면서 그들을 덜 판단하는 자신을 발견할 수 있습니다. 판단과 해석을 내려놓을 때, 그 사람에게도 매력적일 수 있는 다른 특성이 있다는 가능성을 열 수 있습니다.

당신의 욕구를 충족시켜라

양쪽 모두 자신의 욕구가 충족되고 있다고 느낄 때 관계는 번창하고 그렇지 않을 때는 어려움을 겪습니다. 아주 간단하게 말하자면, 욕구가 충족되면 기분이 좋아지고 충족되지 않으면 기분이 나빠집니다. 욕구가 충족되지 않으면 스트레스, 해로운 감정, 해로운 관계로 이어집니다. 자신의 욕구와 감정을 건강한 방식으로 표현하는 법을 배울 때, 당신은 건강한 관계를 형성하고 노화를 방지할 수 있습니다.

유아기일 때 우리는 욕구가 무엇인지 모르더라도 보호자가 자신의 욕구를 충족시켜 주기를 기대합니다. 만약 우리가 배고프거나, 춥거나, 피곤하거나, 지루하거나, 안아주기를 바랄 때, 엄마가 그것을 알아차리기를 기대하며 몇 번 칭얼거립니다. 우리는 이와 똑같은 욕망을 성인이 되어서도 계속 끌고 가 연인, 친구 또는 동료가 우리에게 필요한 것을 즉시 알아차리지 못할 때 상처받고 좌절하고 화를 내거나 우울해집니다. 이것은 성공 가능성이 매우 낮은 접근 방식입니다. 당신의 욕구와 감정을 표현하는 더 효과적인 방법을 알아보도록 하겠습니다.

욕구의 대화

인본주의 심리학자 에이브러햄 매슬로우는 우리 모두를 움직이는 다섯 가지 기본 욕구를 설명했습니다. 첫째, 음식, 물, 극심한 더위나 추위로부터의 보호와 같은 기본적인 생리적 욕구입니다. 일단 이러한 욕구가 충족되면 안전과 보안에 대한 욕구가 이어집니다. 우리는 모두 신체적, 정서적 위험으로부터 보호받기를 원하지요. 세 번째는 사회적 욕구, 즉 공동체, 우정, 사랑, 소속감에 대한 욕구입니다. 이러한 욕구가 충족되면 자존감에 대한 욕구가 생깁니다. 이 수준에서는 성취, 존중, 인정, 지위를 추구합니다. 마지막 욕구는 삶에서 의미와 아름다움과 지혜를 찾는 것입니다. 매슬로우는 이 마지막 단계를 자아실현이라고 불렀습니다. 동양의 전통에서는 이것이 깨달음의 상태입니다.

자아실현을 이룬 사람은 수용적이고, 자발적이며, 자연스럽고, 단순합니다. 이들은 의미 있고 창의적인 삶을 위해 헌신합니다. 친밀한 인간관계에서만큼이나 혼자 있을 때도 편안합니다. 쾌활하고 쉽게 웃습니다. 그들은 자신의 필요를 충족하는 방법을 알고 있습니다.

마샬 로젠버그는 그의 저서 『비폭력 대화』에서 자신의 욕구가 충족될 가능성을 높이는 간단한 절차를 설명합니다. 욕구가 충족되지 않아 화가 날 때마다 먼저 자신에게 물어보세요. "내가 무엇을 관찰하고 있는가?"

상대방에게 "당신은 매번 데이트에 늦네요."라고 말하는 대신, "정오에 만나기로 약속했는데, 당신은 12시 30분이 되어도 도착하지 않았어요."라고 말하세요. 판단과 평가를 관찰에서 분리하세요. 그러면 방어적인 태도를 유발할 가능성이 줄어들 것입니다.

두 번째 단계는 자신이 느끼는 감정이 무엇인지 식별하는 것입니다. 자신을 피해자로 만들지 않는 풍부한 감정 어휘를 개발하세요. '무시당한', '거부당한', '방치된', '버려진', '학대당한' 등 자신의 감정을 경험하기 위해 다른 사람이 옆에 있어야 하는 단어는 피하세요. '놀란', '짜증난', '지친', '무서운', '외로운', '분노한', '슬픈' 느낌이 든다고 말할 때 당신은 힘을 얻지만 피해자의 어휘를 사용하면 당신은 힘을 포기하는 것입니다.

세 번째 단계는 그 상황에서 당신이 실제로 무엇을 필요로 하는지 파악하는 것입니다. 자신의 욕구가 무엇인지 명확하게 파악하지 못한다면, 상대방이 이 일을 대신해줄 가능성도 매우 낮습니다.

네 번째 단계는 구체적으로 요청하는 것입니다. 필요한 것을 가능한 한 구체적으로 요청하세요. "나와 더 많은 시간을 보내야 해!"라고 요구하기보다는, "수요일 오후에 한 시간 일찍 퇴근해서 같이 산책할까요?"라고 요청의 형태로 바꾸어 말하세요. 사람들은 요구보다 요청에 더 잘 응답합니다.

우리는 이 네 단계에 한 가지를 더 추가합니다. 요청이 받아들여지든 받아들여지지 않든, 이 상황에서 선물이 무엇인지 자신에게 물어보세요. 당신은 이 상황에서 자신과 인생에 대해 무엇을 배울 수 있나요? 당신을 더 높은 수준의 인식으로 끌어올릴 수 있는 교훈이 무엇인 가요? 그 선물을 찾으세요. 비록 그것이 당신이 원래 기대했던 선물이 아니더라도 말입니다.

당신의 욕구를 의식적으로 전달하려고 해보세요. 그러면 갈등으로 인한 에너지 낭비를 훨씬 줄일 수 있습니다. 상대방이 틀렸다고 생각하기보다는 서로의 차이를 축하의 원인으로 받아들이세요. 사랑의 관계를 키우는 것은 젊음을 되찾는 매우 중요한 요소입니다. 이에 관해서는 뒤쪽에서 자세히 다룰 것입니다.

서로의 차이를 축하의 원인으로 받아들여라

해로운 일에서 벗어나라

대부분 인생의 많은 부분을 직장에서 보냅니다. 이상적인 직장은 창의력을 발휘하고 동료들과 의미 있는 상호작용을 하며 물질적 안정을 누릴 기회를 제공해야 합니다. 안타깝게도 많은 이들에게 직장은 성취보다는 스트레스의 원천입니다. 그 결과 젊음을 찾기는커녕 노화가 촉진되지요.

행복하게 일하면서 타인과 자신을 위해 고유한 재능을 발휘할 수 있다면 세상은 더 나은 곳이 될 것입니다. 아유르베다에 따르면 이것이 다르마(darma) 안에 있는 것이며, 삶의 목적을 달성하는 것입니다. 가장 좋아하는 일을 하며 생계를 유지할 수는 없더라도 직장에 약간의 활기를 불어넣을 방법을 찾아보세요.

- 동료들과 더 열린 마음으로 소통하여 업무 환경이 정서적으로 더욱 건강해지도록 노력하세요.
- 주변 환경을 관찰하고 주변의 소리, 시각, 냄새를 개선할 수 있는지 살펴보세요.
- 업무와 자신의 가치, 필요, 신념을 일치시킬 기회를 찾아보세요.

삶은 소중하며 당신은 의미 있는 일을 수행할 권리가 있습니다. 자신이 다르마 안에 있는지 살펴보는 좋은 방법은 당신이 시계를 얼마나 자주 보는지 알아보는 것입니다. 시간이 느리게 흐르고 퇴근 시간이 좀처럼 다가오지 않는다면, 당신은 아마도 삶의 목적을 온전하게 표현하지 못하는 상태일 것입니다. 일에 몰두하는 동안 시간이 금방 지나간다면, 그것은 이 일이 젊어지는 데 도움이 된다는 뜻입니다. 신체/정신 시스템이 보내는 신호에 귀를 기울이고 자신과 주변 사람들에게 더 큰 성취감을 주는 하루를 보내기 위해 노력하세요.

노화 현상 되돌리기

일반적으로 피부라고 알려진 에너지, 정보, 지성의 영역은 우리 몸에서 가장 크고 적응력이 뛰어난 기관입니다. 피부는 내면과 외부 세계의 경계 구역으로 미생물, 극심한 온도, 자외선 및 적외선, 환경에 존재하는 화학 오염 물질의 공격으로부터 조직과 세포 및 분자를 보호합니다. 피부는 수많은 촉각, 온도 및 통증 수용체를 통해 주변 환경의 자극을 지속적으로 모니터링하고 이 정보를 순간순간 뇌로 보냅니다. 부드럽고 유연한 피부는 콜라겐 분자를 재배열하여 머리카락의 긴 가닥이나 납작하고 딱딱한 손톱을 차별화하는 놀라운 능력을 가지고 있습니다. 피부는 뼈를 튼튼하게 유지하는 데 중요한 비타민 D가 활성화되는 부위입니다. 피부에는 땀샘, 기름샘, 지방 세포, 신경 섬유, 면역 세포 및 수많은 혈관이 있으며 체온과 수분을 조절하는 데 필수적인 역할을 합니다. 피부는 말 그대로 세상을 향한 얼굴입니다.

몇 가지 기본적인 피부 관리 원칙을 따르면 노화 현상을 되돌릴 수 있습니다. 나이를 되돌릴 수 있는 피부 관리 프로그램에는 (1) 정화, (2) 활력, (3) 보충이라는 세 가지 중요한 단계가 있습니다.

정화

피부는 몸 전체의 순도를 반영합니다. 건강한 식단, 영양 보충 및 해독의 원칙은 종종 피부의 질로 나타납니다. 건강한 생활 습관을 선택하는 것 외에도 모공을 막고 감염을 유발하는 국소 독소를 제거하기 위해 매일 한두 번 피부를 세심하게 닦아야 합니다.

일반적으로 강한 세제가 함유된 비누는 피하고 천연 클렌저를 사용하는 것이 가장 좋습니다. 아유르베다에서는 산-염기 균형을 회복하면서 독소와 과도한 유분을 제거하는 허브 클렌징 파우더를 사용할 것을 권장합니다. 집에서 쉽게 만들 수 있는 혼합 방식에는 말린 병아리콩 가루, 분유, 육두구, 레몬 껍질, 고수잎 가루를 같은 비율로 섞는 것이 포함됩니다. 반 티스푼 정도의 물과 함께 반죽을 만들어 물기가 있는 얼굴에 부드럽게 발라줍니다. 마르기 시작하면 가루를 헹궈냅니다.

전통적인 아유르베다 클렌징 허브를 사용해 보고 싶다면 님, 만지스타 또는 샌달우드 파우더를 추가해 보세요. 클렌징 제품의 기본 원칙은 먹을 때 불편한 성분은 피부에 사용하지 않는 것입니다.

촉촉한 허브 스팀 찜질도 막힌 모공을 열고 독소를 배출하는 데 도움이 됩니다. 일주일에 한 번 뜨거운 물에 에센셜 오일을 몇 방울 떨어뜨려 수증기를 얼굴에 쐬어보세요. 라벤더, 주니퍼, 로즈마리, 베르가못, 세이지 등은 모두 몸을 정화하는 효과가 있습니다.

활력 불어넣기

노화를 되돌리기 위한 두 번째 단계는 피부의 활력을 되찾는 것입니다. 피부를 지탱하는 콜라겐 섬유를 자극하면 피부색과 외모를 개선할 수 있습니다. 현대의 많은 피부관리 제품에는 글리콜산, 아젤라산, 젖산과 같이 콜라겐을 생성하는 세포를 자극하는 천연 산이 함유되어 있습니다. 이러한 산이 고농도로 함유된 피부관리 제품은 약간의 벗겨짐을 유발할 수 있으므로 숙련된 피부관리 전문가의 감독하에 사용해야 합니다. 집에서 쉽게 구할 수 있는 천연 제품을 사용하여 더 순한 관리를 할 수 있습니다.

요구르트, 레몬 주스, 자몽 주스는 가벼운 자극 효과를 줍니다. 신선한 요구르트를 피부에 직접 바르고 5분간 그대로 두었다가 헹궈내세요. 레몬 주스나 자몽 주스를 알로에 베라 주스와 같은 비율로 희석하여 피부에 바릅니다. 2분간 그대로 두었다가 헹굽니다. 지성 피부라면 매일 해도 좋습니다. 피부가 건조하거나 민감하게 반응하는 경향이 있다면 용액을 더 희석하여 이틀 또는 사흘에 한 번씩 사용하세요.

보충

클렌징을 하고 활력을 되찾은 후에는 피부에 수분을 보충해야 합니다. 순수한 식물성 또는 견과류 오일에 에센셜 오일 몇 방울을 떨구어 사용하십시오. 아몬드, 호호바, 아보카도, 해바라기 오일에 장미, 라벤더, 샌달우드, 자스민, 제라늄, 레몬 에센셜 오일을 섞어 사용해 보세요. 소량을 바르고 자연스럽게 흡수되도록 기다리세요. 피부가 건조한 편이라면 더 많이 사용하세요.

야외에 있을 때는 항상 자외선 차단제를 사용하세요. 자외선은 콜라겐 손상, 주름, 피부암을 유발합니다. 예방이 치료보다 훨씬 낫습니다. 그러니 햇볕이 피부에 미칠 수 있는 잠재적 손상에 대해 알아두세요. 더운 기후나 높은 고도에 거주한다면 특히 중요합니다. 자녀에게 자외선 차단제를 사용하도록 교육하여 불필요한 피부 문제를 예방하세요.

나는 매일 모든 면에서 정신적, 육체적 능력을 향상시키고 있다.
내 생체 지표는 건강한 _____ 세로 설정되어 있다.
나는 건강한 _____ 세로 보이고 그렇게 느껴진다.

나는 생물학적 나이를 되돌리고 있다:
- 내 몸과 노화, 시간에 대한 인식을 바꿈으로써
- 두 종류의 깊은 휴식, 즉 편안한 자각과 편안한 수면을 통해
- 건강한 음식을 통해 내 몸을 키움으로써
- 영양 보충제를 현명하게 사용함으로써
- 심신 통합을 강화함으로써
- 운동을 통해
- 그리고 내 삶에서 독소를 제거함으로써

감정적 독소를 배출하는 과정은
신체적 독소를 배출하는 과정과 유사합니다.

실천 8

유연함을 키워
젊음을 되찾아라

나는 의식의 유연성과 창의성을 키움으로써 생물학적 나이를
되돌리고 있다.

나는 다음과 같이 실천한다:

1. 일이 내 뜻대로 되지 않을 때 놓아주는 법을 배운다.
2. 결과에 집착하지 않고 불확실성의 지혜를 연습한다.
3. 내 인생의 모든 도전에 창의적으로 대응한다.

고대 베다 격언에 이런 말이 있다.

"유연성과 창의성은 불멸의 비결이다."

유연함을 지니고 매 순간 자신을 새롭게 하라.

몰라보게 젊어진 자신을 발견하게 될 것이다.

의식의 유연성과 창의성을 키우면 생물학적 나이를 되돌릴 수 있습니다. 나이가 든다고 하면 보통 유연성과 창의성이 떨어지는 것을 떠올립니다. 노화에 대한 우리의 언어도 이러한 관점을 반영합니다. 우리는 "늙은 개에게 새로운 재주를 가르칠 수는 없다.", "변하기에는 내가 너무 늙었다.", "그는 자기 방식에 너무 고착되어 있다."와 같은 표현을 사용합니다. 현대 과학과 베다 과학 모두에서 유연성과 창의성의 상실은 신체/정신 시스템의 관성, 에너지 고갈, 무질서의 증가로 인한 결과입니다.

베다 이론에 따르면 우주에는 세 가지 근본적인 힘이 작용하고 있습니다: 삿트와(Sattwa), 라자스(Rajas), 타마스(Tamas)입니다. 삿트와는 창의성, 진화, 변화의 힘입니다. 타마스는 안정, 저항, 관성의 힘입니다. 라자스는 창의력과 관성의 힘 사이의 긴장입니다. 어린이와 청소년기에는 변화, 유연성, 창의성이 지배적이며 자연스러운 삿트와가 우세합니다. 우리의 두뇌와 행동은 확장, 적응, 변화, 진화할 수 있는 엄청난 능력과 새로운 것을 경험하고 배우려는 의지와 욕구를 반영합니다. 성인이 된 우리는 라자스가 일어나는 것을 봅니다. 이는 세상에 자신을 증명하고자 하면서 일상적인 스트레스와 성과에 대해 집착한 결과입니다. 나이가 들어감에 따라 우리는 점점 더 안전함에 관심을 기울이게 되고 이때 타마스가 우세해지기 시작합니다. 이러한 안정성은 우리의 행동에 반영되고 뇌의 뉴런 사이의 연결에 반영됩니다. 안정은 정체로 이어지고, 정체는 부패로 이어지며, 부패는 무질서와 에너지 고갈로 이어지고, 궁극적으로는 죽음으로 이어집니다.

죽음은 유연성 상실에 대한 영혼의 반응입니다. 당신의 생리가 삶의 경험에서 얻은 에너지와 정보를 통합할 유연성과 창의성을 잃을 때, 영혼은 인큐베이션의 단계로 들어갑니다. 베다의 지혜에 따르면 영혼은 일생의 경험을 소화해야 할 때 먼저 인큐베이션을 거쳐 새로운 맥락과 새로운 몸과 마음으로 비약적인 도약을 하게 됩니다. 동양의 지혜 전통에서는 이를 환생, 즉 새로운 삶의 경험으로 육화하는 과정이라고 합니다.

새로운 삶의 경험으로 양자 도약하기 위해 죽음을 기다리는 대신, 살아 있을 때 양자 도약을 해보는 것은 어떨까요? 이렇게 하면 지속적으로 육화(말 그대로 환생)할 수 있습니다. 이를 위해서는 (1) 놓아버림에서 비롯되는 유연성과 (2) 의도, 인큐베이션, 육화와 관련된 창의성이라는 두 가지 기본적이고 근본적인 행동 패턴을 배워야 합니다. 유연성과 창의성을 진화하는 행동 패턴으로 통합하는 법을 배우면 대부분의 사람들이 말 그대로 죽기 살기로 노력해야 하는 육화, 즉 새로운 몸과 마음을 창조하는 방법을 매일 익힐 수 있습니다. 영원한 젊음의 기초가 되는 이 두 가지 자질에 대해 알아봅시다.

의식의 유연성과 창의성을 키우면
매 순간 자신을 새롭게 하고 노화 과정을 되돌릴 수 있다.

유연성

유연성의 본질은 기꺼이 놓아주는 것입니다. 백세인(100년 이상 살아온 사람)을 대상으로 한 설문조사에서 "건강하게 오래 살 수 있는 이유가 무엇이라고 생각하십니까?"라는 질문을 자주 합니다. "식단 때문인가요? 평생 운동을 하셨나요? 담배를 피우지 않으셨나요? 술을 마시나요?" 물론 이러한 질문의 의도는 우리 모두가 더 건강하게 오래 사는 데 도움이 될 수 있는 공통의 원칙을 파악하기 위한 것입니다. 놀랍게도 이러한 질문 중 어느 것도 장수의 비결을 명확하게 밝혀내지 못했습니다. 장수 노인들이 가장 흔히 설명하는 것은 '놓아버리는 능력'입니다.

장수하는 사람들은 삶에서 피할 수 없는 도전에 직면했을 때 유연성과 회복력을 가지고 있습니다. 100세까지 산다면 도전과 상실을 경험했을 가능성이 크지만, 장수 노인들은 역경을 극복하고 삶을 이어 나갈 수 있었습니다. 그들은 자신에게 도움이 되지 않는 경험에 대한 집착을 버립니다. 그들은 놓아버리고 앞으로 나아갑니다.

아유르베다의 관점에서 볼 때, 현재 일어나고 있는 일을 처리하면서도 부산물로 손상을 남기지 않는 이러한 능력을 아그니(Agni)라고 알려진 강력한 소화력으로 봅니다. "소화력"이라는 말은 음식물을 소화하는 능력뿐만 아니라 삶의 모든 경험을 소화하는 능력에 적용됩니다. 아그니는 물질을 대사하는 불의 힘을 의미합니다. 소화력이 강하면 어떤 경험에서든 필요한 영양분을 추출하고 자신에게 도움이 되지 않는 것은 제거할 수 있습니다. 아그니가 강하면 삶에서 처리되지 않은 잔여물을 처리하고 삶이 제공하는 것을 소화할 수 있습니다. 강한 소화력은 생명력 있는 삶을 지속하는 사람들의 필수적인 특징입니다.

삶은 끊임없는 변화와 변형의 과정이기 때문에 놓아버리는 법을 배우는 것이 필요합니다. 변화를 붙잡고 막으려는 시도는 진화의 자연스러운 힘과 싸우는 것입니다. 궁극적으로 자연은 자신의 길을 갈 것이고, 생명의 강을 거스르는 당신의 투쟁은 생리적으로 대가를 치르게 될 것입니다. 저항으로 인한 마모는 노화를 가속화합니다. 저항을 포기하고 변화를 받아들이면 노화가 역전됩니다.

내려놓는 법을 배우는 것이 의도를 포기하는 것은 아닙니다. 의도와 욕구는 삶의 과정을 조율하고 더 높은 수준의 인식으로 진화하는 데 필요한 경험을 촉진합니다. 유연성을 위해 의도를 버릴 필요는 없습니다. 하지만 유연성을 발휘하려면 특정 결과에 대한 집착을 버려야 합니다. 당신은 상황의 결과를 통제할 수 없습니다. 그런데 상황이 어떻게 되어야 한다는 생각을 굳게 붙잡고 있으면 긴장, 스트레스, 노화로 이어집니다. 의도한 결과가 나타나지 않을 때마다 영적 스승이 말하는 다음 표현을 기억하세요:

일이 내 뜻대로 되지 않을 때, 큰 그림을 보지 못하고 있다고 믿으며 내가 생각하는 방식에 대한 집착을 버린다. 만약 내가 큰 그림을 안다면 상황이 이렇게 전개되는 데에는 이유가 있으며, 우주에는 내가 생각한 것보다 훨씬 더 큰 계획이 있다는 것을 이해할 수 있을 것이다.

결과에 집착하지 않고 내려놓는 것이 진정한 힘의 본질이며 진정한 안전의 가능성을 제공합니다. 특정 결과에서 벗어나는 것은 우주의 지성에 대한 신뢰에서 비롯됩니다. 이는 모든 가능성의 영역인 미지의 영역으로 기꺼이 발을 내딛겠다는 의지를 의미합니다. 이것이 바로 유연성의 진정한 의미입니다. 알려진 것에 대한 집착은 과거에 대한 집착입니다. 과거는 안정성입니다. 과거는 관성입니다. 과거는 정체입니다. 알려진 것에 대한 애착, 즉 과거에 대한 애착은 노화를 가속화합니다.

대부분의 사람들은 애착을 통해 일평생 안정감을 추구합니다. 애착은 대개 지위와 소유물에 대한 것입니다. 그런데 이러한 애착이 안정감을 주는 경우가 거의 없기에 사람들은 종종 더 높은 지위나 더 많은 소유물로 이 문제를 해결하려고 합니다. 내부 대화는 다음과 같이 들립니다: "돈만 더 많았으면…, 더 좋은 직업을 가졌으면…, 더 열정적인 관계를 가졌으면…, 그러면 안정감과 행복감을 느낄 수 있었을 거야." 돈, 지위, 소유, 직함은 안정감의 상징입니다. 하지만 이러한 상징은 내면으로부터 얻을 수 있는 진정한 안정을 대신할 수 없습니다.

진정하고 지속적인 안정감을 찾는 것은 불확실성의 지혜에 굴복하는 데서 시작됩니다. 이는 호기심과 수용의 내적 태도를 기르는 것을 의미합니다. 특정 결과에 집착하지 않고, 어떤 일이 발생하든 '이것은 이 시점의 가장 진화적인 결과'라는 사고방식을 개발하는 것을 의미합니다. 미지의 세계를 포용하고 특정 결과에서 벗어날 수 있는 이러한 상태는 노화 과정을 역전시킵니다.

저항을 포기하고 변화를 수용하면 노화가 역전된다.

현재 순간 인식

불교에 이런 표현이 있습니다. "어떤 것도 내 것이라고 집착해서는 안 된다." 나와 동일시하는 그 어떤 것도 실제로 내 것이라고 할 수 없습니다. 우리가 유지하는 물리적 수단을 내 몸이라고 생각할 수 있지만, 그것을 구성하는 모든 원자는 환경으로부터 일시적으로 빌려왔을

뿐이라는 사실을 당신은 이미 알고 있을 것입니다. 1년 이내에 현재 내 것이라고 부르는 거의 모든 원자는 더 이상 피부의 경계 안에 있지 않을 것입니다. 당신의 생각은 실제로 당신의 생각이 아닙니다. 그것은 집단정신의 일부입니다. 100년 전에는 이러한 개념이 아직 집단정신의 일부가 아니었기 때문에 "나는 라스베이거스로 가는 747 제트기를 타고 있다."라는 생각을 할 수 없었을 것입니다. 감정도 당신의 것이 아닙니다. 환희, 절망, 기쁨, 좌절, 황홀감, 질투 등 당신이 느낀 모든 감정은 인류가 시작된 이래로 사람들이 경험해 온 것입니다. 단 하나의 분자, 단 하나의 생각, 단 하나의 감정도 나만의 것이 아닙니다. 당신은 더 큰 계획의 일부입니다. 당신은 에너지, 변형, 지성으로 이루어진 무한한 우주의 그물망에서 몇 가닥의 가닥으로 짜여져 있습니다.

"그 어떤 것도 나 또는 내 것이라고 집착해서는 안 됩니다." 이 처방의 근간에는 인생의 모든 스트레스가 집착이나 혐오에서 비롯된다는 인식이 깔려있습니다. 물질적 대상, 지위, 관계 등 그것이 무엇이든 붙잡고 있으면 의식이 위축되고 노화가 가속화됩니다. 미묘한 수준에서 모든 집착에는 상실에 대한 두려움, 통제력을 잃는 것에 대한 두려움, 지지를 잃는 것에 대한 두려움 등 두려움이 수반되기 때문입니다. 두려움이 자라날 때 생물학적 노화를 가속화하는 스트레스 시스템이 작동하기 시작합니다. 젊음을 되찾으려면 이러한 두려움을 내려놓아야 합니다.

마음은 즐거움이 예상되는 대상에 기대거나 고통이 예상되는 두려움에서 멀어지려는 경향이 있습니다. 이러한 성향의 결과로 당신은 지금 현재에 머물 수 없지요.

현재에서 벗어난 자신을 발견하면, "지금 이 순간에 무엇이 문제인가?"라고 자신에게 물어보세요. 그러면 두 가지 가능성만 있다는 것을 알게 될 것입니다. 저항하고 있거나 그냥 그 순간에 있지 않다는 것입니다. 저항하고 있다면 의식적으로 지금 이 순간에 항복하세요. 그 안에 있지 않다면 부드럽게 현재로 돌아오세요. 현재의 순간이 제공하는 무한한 가능성에 자신을 열어보세요.

관찰되는 대상에서 관찰을 조용히 지켜보는 존재로 주의를 전환하는, 깨어 있는 상태에서 지켜보는 연습을 통해 현재-순간의 자각을 키울 수 있습니다. 관찰하는 동안 자기 자신에게로 돌아오세요.

당신의 관찰은 순간순간 변합니다. 관찰을 통해 자신이 누구인지 파악하면 당신의 정체성은 영속성을 갖지 못합니다. 그것은 순간순간 만들어지는 것이 됩니다. 끊임없이 변화하는 지각의 대상과 자신을 동일시할 때, 당신은 진정한 자아를 이미지의 대상에 희생하게 됩니다. 자신을 회사의 사장, 고급 자동차의 소유자, 예술가나 뮤지션의 매니저로 동일시한다면 당신의 자아를 외부에 의존하게 됩니다. 이는 조직, 은행 계좌, 인간관계 등 외부 기관에 대한 애착에서 비롯된 힘이기 때문에 때때로 '대리인 권한'이라고 알려져 있습니다. 대리인 권한의 문제점은 애착이 끝날 때, 힘과 자아존중감도 함께 사라진다는 것입니다.

대리인의 힘과 반대되는 것은 '자기 힘'이며, 이는 영과의 내적 연결에서 옵니다. 삶에서의 모든 관찰과 경험의 밑바닥에, 즉 사람과 상황 및 환경에 대한 모든 애착의 밑바닥에는 지켜보는 자각의 영원한 영역이 있습니다. 이것이 당신의 진정한 자아이며, 당신의 영입니다.

깨어 있는 지켜봄에서 당신은 주의를 목표 지향에서 과정 지향으로 전환합니다. 당신은 완전히 유연해집니다. 결과에 집착하지 않습니다. 불확실성의 영역에서 편안함을 느낍니다. 영이 내면의 기준점일 때, 당신은 예상하지도 저항하지도 않으며 그저 허용할 뿐입니다. 어떤 특정한 길을 걸을 때 당신은 특정 목적지에 도달하려는 의도가 있지만, 도중에 더 흥미로운 기회가 나타나면 그 흐름을 따라가는 유연한 내적 태도를 보입니다. 이 과정은 한 문장으로 요약될 수 있습니다: "오는 대로 받아들여라." 과정이 목표가 되는 것입니다.

움켜쥐거나 반발하고, 예상하거나 저항하는 자신을 발견할 때마다 주의를 지켜보는 자신에게 옮겨가세요. 자아로 돌아오는 이 간단한 과정을 통해 당신은 현재 순간으로 돌아올 수 있습니다. 현재 순간은 가능성의 장으로 통하는 문입니다. 현재 순간은 무한한 유연성이 특징입니다. 현재를 인식하는 삶은 노화 과정을 역전시킵니다.

두려움이 커지면
생물학적 노화를 촉진하는 스트레스 시스템이 작동하게 된다.

젊음을 되찾으려면 이러한 두려움을 버려야 한다.

용서

위대한 베다 학자 에크나스 이스와완은 가슴 아픈 이야기를 들려줍니다. 삶의 종착지에서 영혼은 각 삶을 검토하는 존재의 차원으로 이동합니다. 영혼은 최근의 삶을 담은 영화가 상영되는 극장으로 들어갑니다. 영혼은 영화를 보기 시작하지만 종종 끔찍하게 불편한 장면 때문에 돌아서야 합니다. 태만의 죄와 과실을 저지른 죄가 가슴을 조입니다. 그리고 장면은 너무 고통스러워 지켜볼 수 없게 됩니다. 영화 전체를 볼 수 없기 때문에 영혼은 중요한 삶의 교훈을 놓치고 다음 생에서 그것을 배우기 위해 환생해야 합니다.

이 이야기에 따르면, 인생의 고통스러운 장면을 보지 못하는 주된 원인은 타인과 자신에 대한 용서가 부족하기 때문입니다. 용서는 놓아버림의 본질입니다. 용서란 과거에 대한 집착을 버리고 심장을 짓누르는 짐을 내려놓는 것을 의미합니다. 이러한 짓누름은 관성, 에너지 고갈, 노화의 근원입니다. 젊어지려면 이것들을 풀어주세요. 다음의 간단한 운동을 해보세요:

눈을 감고 심장에 주의를 집중한 다음 당신이 불만, 적대감, 원망, 후회 등을 붙잡고 있지는 않은지 물어보세요. 떠오르는 것이 있다면 어떤 일이 있었기에 심장이 막히게 되었는지 물어보세요. 그런 다음, 이러한 독소를 풀어내기 위해 지금 어떤 일이 일어나야 하는지 물어보세요. 고통스러운 경험일 땐 모든 삶의 경험이 주는 선물을 찾아보세요. 그리고 그 경험에 감사를 표하세요.

기적 수업에 나오는 이 아름다운 표현을 기억하고 자주 떠올려보세요: "내가 내리는 모든 결정은 불만과 기적 사이의 선택이다."

기적을 선택하시기를 권장합니다. 일이 생각대로 되지 않을 때 당신은 자기 연민에 빠질 수 있습니다. 당신은 인생이 공평하지 않다고 불평하고 불만을 토로할 수도 있습니다. 자신이 얻지 못한 것에 대해 한탄하고 자신과 주변 사람들을 비참하게 만들 수도 있습니다. 아니면 그 상황을 유연성과 확장을 위한 또 다른 기회로 볼 수도 있습니다. 불만, 적대감, 분노, 후회는 곪은 감정적 상처가 되어 노화를 촉진합니다. 용서하고 잊어버리세요. 그러면 노화를 되돌릴 수 있습니다.

습관적인 패턴 깨기

우리는 자신에게 도움이 되지 않고 융통성을 떨어뜨리는 습관에 갇히곤 합니다. 삶에서 습관적인 것을 포기하고 새로운 사고와 행동 패턴을 만들어 의식적으로 유연성을 길러보세요. 그러면 신경계에도 유연성이 생깁니다. 신경계의 뉴런과 삶의 선택은 지속적인 피드백 루프(시스템의 출력 일부를 입력 쪽으로 되돌리는 회로)에 관여합니다. 새로운 것을 시도하려는 의지가 있으면 신경 네트워크는 더욱 유연해지고 새로운 인식, 해석, 선택에 개방적이 되어 새로운 뉴런 연결을 도와줍니다.

다음은 습관적인 행동 패턴에서 벗어나기 위해 할 수 있는 몇 가지

제안 사항입니다. 일주일 동안 시도해보고 몸과 마음에 어떤 변화가
일어나는지 관찰해보세요.

- 식단 바꾸기
- 운동 프로그램 변경
- 출퇴근 경로 변경
- 취침 시간 변경
- 더 오래 명상하기
- 다른 옷 구입하기
- 새로운 색상의 옷 입기
- 다양한 종류의 음악 듣기
- 시계 착용을 중단하기
- 다른 쪽 손목에 시계 착용하기
- 새로운 사람과 점심 식사하기
- 새로운 레스토랑에 가보기
- 무언가 또는 누군가에 대한 의견 바꾸기
- 오랫동안 연락하지 않았던 친구에게 전화하기
- 전화 받을 때 다른 방식으로 받기
- 자신을 소개하는 짧은 글 변경하기
- 평소에는 고려하지 않던 책 읽기
- 평소와 다른 프로그램 시청하기

- 평소와 다른 노래 듣기
- 새로운 수업 듣기

기존의 방식을 버리면 새로운 기분을 느낄 것입니다. 유연해지는 법을 배운다는 것은 우리 존재의 가장 유연한 영역, 즉 몸과 마음의 근간을 이루는 초시간적인 인식의 영역에 접근하는 법을 배우는 것을 의미합니다. 이 유연성의 영역은 젊어지는 것의 기초입니다. 명상을 통해 매일 이 무한한 유연성의 영역에 몰입하세요. 유연하게 생각하고 행동하려는 의식적인 의도를 가지세요. 붙잡고 있는 것이 더 이상 도움이 되지 않을 때마다 놓아버리는 연습을 하세요.

창의력

유연성을 기르고 나면 당신은 창의성을 발휘할 준비가 된 것입니다. 유연성 없이는 창의성도 있을 수 없습니다. 『양자적 창의성』의 저자 아미트 고스와미에 따르면 창의성은 한 가지 사고 패턴에서 완전히 새로운 사고 패턴으로 비연속적이고 비알고리즘적으로 양자 도약하는 것이라고 합니다. 한 패턴에서 다른 패턴으로 점진적인 단계를 거치지 않고 양자 도약, 즉 패러다임 전환을 하는 것입니다. 예술, 음악, 건축, 과학 분야의 모든 위대한 창의적 발전은 기존의 패턴으로는 예측할 수 없었던 새로운 상상력의 도약을 나타냅니다. 아인슈타인의 상대성 이론, 피카소의 입체파, 비틀즈의 음악 등 일단 창의적인 도약이 이루어지면 세상은 영원히 바뀝니다.

당신이 그렇게 생각하지 않을지라도, 당신은 본질적으로 창의적인 존재입니다. 어렸을 때 당신은 모든 창의성의 원천인 풍부한 상상력을 가지고 있었습니다. 젊음의 유연성과 현재에 대한 자각은 지속적으로 새로운 인식과 해석을 가능하게 했습니다. 해변에서 모래성을 쌓거나 가상의 인형 가족을 가지고 노는 등 당신은 상상력으로 모든 세계를 창조할 수 있었습니다. 오늘날 당신이 살아 있다는 사실 자체가 창의성의 증거입니다. 당신은 매 순간 현실을 창조하고 있기 때문입니다. 당신은 경험하고자 하는 충동을 느낄 때마다, 숨을 쉴 때마다, 새로운 몸과 마음을 창조하고 있습니다. 창의적 반응을 다시 일깨우는 방법을 배우세요. 그러면 젊음의 에너지와 열정을 되찾게 될 것입니다. 창의적 과정은 젊어지는 데 도움이 될 뿐만 아니라 치유, 관계, 예술, 비즈니스에도 적용될 수 있습니다.

창의적으로 도약하기

창의성이란 우주의 원초적인 에너지, 정보, 물질을 가져다가 이전에 만들어진 적이 없는 무언가로 변화시키는 과정입니다. 독창적인 예술 작품을 만들든, 새로운 음악을 만들든, 독특한 소프트웨어 프로그램을 만들든, 질병에 대한 치유책을 만들든, 창의성은 인식의 도약을 필요로 합니다. 만약 당신이 이미 존재하는 것을 개선하고 있다면, 바로 그것이 혁신입니다. 창의성은 이전에는 없던 것을 존재하게 하는 것입니다.

창의적 반응에는 9가지 기본 단계가 있습니다. 인생에서 문제나 도전에 직면할 때마다 이 단계를 의식하고 창의적 반응을 이용하세요. 당신에게는 직면한 모든 문제를 해결하는 데 사용할 수 있는 무한한 창의적 잠재력이 있습니다.

의도한 결과

창의적 반응의 첫 번째 단계는 의도한 결과를 명확히 하는 것입니다. 당신이 원하는 것이 무엇인지에 대한 명확한 비전이 있어야 합니다. 만약 당신이 원하는 것이 무엇인지 확실하지 않다면, 원하는 바를 성취할 가능성은 낮습니다. 원하는 결과를 명확하고 긍정적인 언어로 표현하세요: "나는 에너지가 풍부한 건강한 몸을 가지고 있다." "나의 친밀한 관계는 사랑과 보살핌이 넘친다." 원하지 않는 것을 기준으로 자신의 의도를 정의하지 마세요. "이 끔찍한 직장을 그만두고 싶다."라고 말하는 대신 "나는 내 잠재력을 최대한 발휘할 수 있는 위치에 있다."라고 당신의 의도를 표현하세요.

자신의 의도를 적어두고 정기적으로 검토하여 그것이 현재의 욕구를 반영하는지 확인하세요. 유연한 상태로 산다는 것은 특정 결과에 집착하지 않는다는 것을 의미하지만, 여전히 명확한 의도를 갖는 것이 중요합니다. 명확한 의도를 세우고 결과에 집착하지 마세요.

정보 수집

두 번째 단계는 정보 수집입니다. 이 단계에서는 직면하고 있는 문제에 대해 가능한 모든 정보를 수집합니다. 당신의 특별한 변화가 독특하다는 것을 인식하면서 당신이 마주한 문제에 대해 전문가가 되세요. 책을 읽고, 조사하고, 인터넷을 사용하고, 영적 문헌을 탐구하고, 강의에 참석하고, 워크숍에 참여하고, 친구 및 가족과 대화하세요. 판단하거나 필터링하지 말고 가능한 모든 출처에서 정보를 수집하세요. 다른 사람들이 자신의 문제에 대해 어떤 말을 하는지 알아가면서 몸의 감각에 주의를 기울이고, 어떤 접근 방식이 자신에게 편안하게 느껴지고 어떤 접근 방식이 불편하게 느껴지는지 주목하세요.

정보 재구성 및 정보 분석

정보를 수집할 때 당신의 마음은 학습한 내용을 소화하여 자신에게 유용한 방식으로 정보를 구성할 것입니다. 이러한 정보 재구성 과정은 의식과 무의식 수준 모두에서 일어납니다. 데이터는 그 문제에 대한 새로운 이해의 단서를 제공할 수 있는 패턴을 찾기 위해 분석됩니다.

인큐베이션

네 번째 단계는 인큐베이션입니다. 인큐베이션 단계에서 당신은 명상을 통해 의식이 보다 확장된 의식 상태에 안착할 수 있도록 합니다. 인큐베이션은 고요함의 단계입니다. 의도를 형성하고 얻은 정보를 수집하고 재구성했다면, 다음 단계는 이성적인 마음을 넘어 더 깊은 인식의 영역에 접근하여 의도의 성취를 조율하는 것입니다. 앞쪽에서 설명한 소-훔 명상 기법을 사용하여 마음을 고요하게 하고 확장시키세요. 명상을 시작하기 전에 잠시 동안 자신의 의도를 검토한 다음 놓아버리세요. 놓아버리면 전에는 생각하지 못했던 완전히 새로운 무언가가 인식에 떠오를 수 있습니다.

통찰

조건이 맞으면 다섯 번째 단계인 통찰을 경험하게 될 것입니다. 통찰은 이전의 관계와 의미를 완전히 새로운 맥락으로 재배열하여 새로운 해석을 가능하게 합니다. 통찰은 문제에 대한 인식과 해석이 완전히 바뀌는 창의적인 도약입니다. 이 새로운 내적 비전이 바로 창의적 반응의 본질입니다. 통찰은 초공간적인 인식의 영역에서 비롯됩니다. 명상 과정은 생각의 틈새에 영원히 존재하는 이 초공간적 영역으로 들어가게 합니다. 사물이 어떻게 되어야 한다는 생각을 넘어 이 더 깊은 영역에 접근할 수 있게 될 때, 전례 없는 무언가가 나타납니다. 이것이 바로 통찰입니다.

영감

통찰이 생길 때, 자연스럽게 영감이 떠오릅니다. 통찰이 떠오를 때 솟구치는 열정의 수준은 그 통찰이 진정한 창의적 도약이라는 것을 보여주는 좋은 지표입니다. 새로운 시각으로 사물을 바라볼 때, 몸과 마음 전체는 활력이 넘칩니다. 머릿속으로는 통찰이 사실임을 알고, 몸으로는 그 통찰이 옳다는 것을 느낍니다. 열정, 들뜬 기분, 흥분, 그리고 기쁨은 모두 당신이 인큐베이팅 중에 떠오른 통찰이 문제를 해결하고 의도를 달성할 것이라는 신호입니다.

구현, 통합, 구체화

이제 당신의 과제는 통찰을 행동으로 옮기는 것입니다. 의도를 이루기 위해 무엇이 필요한지 알았으니 당장 실행에 옮기세요. 창의적인 반응을 실현하기 위해 변화를 만들고, 단계를 밟고, 행동하세요. 변화를 당신의 삶에 통합하세요. 통찰을 사고와 행동에 통합하고 실행하면 통찰이 몸에 스며듭니다. 그것은 당신의 일부가 되고, 그 결과 당신은 새로운 사람이 됩니다. 당신은 창의적인 도약을 통해 새로운 몸과 마음을 갖게 된 것입니다.

창조적 반응의 원형, 아르키메데스

아르키메데스는 당대 최고의 수학자였습니다. 기원전 3세기 시칠리아의 시라쿠사 출신인 그는 히에로 왕으로부터 자신의 왕관이 순금인지 알아내 달라는(의도) 요청을 받았습니다. 아르키메데스는 왕관의 밀도를 계산할 수 있다면 다른 금속이 첨가되었는지 알아낼 수 있을 것이라고 생각했습니다(정보 수집). 그는 밀도가 무게, 즉 질량을 부피로 나눈 값이라는 것을 알고 있었습니다. 그는 저울로 왕관의 무게를 잴 수는 있었지만 불규칙한 모양 때문에 정확한 부피를 구하는 방법을 알지 못했습니다. 며칠 동안 이 문제를 계속 고민한 후(정보 재구성), 그는 하인의 설득으로 고민을 잠시 내려놓고 따뜻한 물에 들어가 목욕을 하기로 했습니다(인큐베이션). 욕조에 몸을 담그는 동안 그는 자신의 몸무게와 같은 양의 물이 몸 밖으로 빠져나가는 것을 발견했습니다. 이를 통해 그는 물이 얼마나 많이 이동했는지 알아내면 왕관의 밀도를 계산할 수 있다는 아이디어(통찰력)를 얻게 되었습니다. 그는 자신의 발견(영감)에 매우 흥분하여 그리스어로 "내가 찾았다!"라는 뜻의 "유레카!"를 외치며 시러큐스 거리를 뛰어다녔다는 이야기가 전해지고 있습니다. 조사 결과 금속 세공인이 금을 일부 빼돌리고 은을 대신 섞은 것이 밝혀졌지요.

이 과정을 개인적인 차원에 어떻게 작용할지 살펴보겠습니다. 배우자가 자신의 기대를 충족시키지 못해 끊임없이 혼란스러워하는 한 여성이 여기 있습니다. 그녀가 생각할 때 배우자는 자기 혼자 있거나 친구 및 동료와 통화하는 데 너무 많은 시간을 보냅니다. 고통과 불안으로 인해 그녀는 더 많이 먹고, 체중이 증가하고, 자존감을 잃고 있습니다.

그녀는 먼저 안정감, 감사함, 사랑을 느끼고 싶다는 자신의 의도를 공식화하여 이 9단계 창의적 프로세스를 적용하기로 결정합니다. 그녀는 인간관계에 관해 설명한 유명한 서적을 몇 권 읽기로 결심하고 여러 가지 새로운 관점을 접하게 됩니다. 그녀는 명상을 배워 정기적으로 수련하기 시작합니다. 깊은 명상 중에 그녀는 친구들이 정말 그리웠고, 그녀의 원망은 남편이 그녀 자신이 원하는 것을 경험하고 있는 것에서 비롯되었다는 통찰을 얻습니다. 그녀는 그 생각에서 영감을 얻어 다른 도시에 사는 대학 시절 룸메이트를 방문할 계획을 세웁니다. 그녀는 며칠 동안 너무 즐거워서 삶에 대한 태도 전체가 완전히 바뀌었습니다. 그녀는 운동과 식습관을 개선하기 시작했고 결혼 생활을 포함한 모든 관계가 개선되었습니다.

창의적인 양자 도약을 경험할 수 있는 조건을 설정함으로써 그녀는 이전에는 얻을 수 없었던 삶의 에너지에 접근할 수 있었습니다. 오래된 문제에 대한 새롭고 창의적인 해결책을 경험할 수 있는 능력은 유연성의 본질이자 젊음을 되찾는 핵심 요소입니다.

창의성을 위한 기회

당신의 삶에서 문제나 도전을 인지할 때마다 9단계 프로세스를 활용하세요. 모든 도전을 창의력을 발휘할 수 있는 기회로 생각하세요. 그러면 당신은 삶의 도전을 기대하며 흥미를 갖게 될 것입니다.

다른 사람들에게 창의적 반응법을 가르쳐주어 그들의 문제 해결을 도와주세요. 직장과 가정생활에서 창의적 반응을 가르치고 활용하세요. 자녀에게 도전을 창의력을 발휘할 수 있는 기회로 인식하는 방법을 가르치세요. 유연성과 창의성은 진화적 진보로 가는 열쇠입니다. 다윈의 관점에서 보더라도 적응할 수 있는 사람이 살아남습니다. 적응을 위해서는 먼저 유연성이 필요하고 그다음에는 창의성이 필요합니다. 모든 진화의 도약은 창의성의 양자 도약입니다. 유연성을 기르고 창의적인 반응을 연습할 때, 당신은 자신이 얼마나 더 젊어지고, 유연해지고, 적응력이 높아지는지 알게 될 것입니다.

나는 매일 모든 면에서 정신적, 육체적 능력을 향상시키고 있다.
내 생체 지표는 건강한 _____ 세로 설정되어 있다.
나는 건강한 _____ 세로 보이고 그렇게 느껴진다.

나는 생물학적 나이를 되돌리고 있다:

- 내 몸과 노화, 시간에 대한 인식을 바꿈으로써
- 두 종류의 깊은 휴식, 즉 편안한 자각과 편안한 수면을 통해
- 건강한 음식을 통해 내 몸을 키움으로써
- 영양 보충제를 현명하게 사용함으로써
- 심신 통합을 강화함으로써
- 운동을 통해
- 내 삶에서 독소를 제거함으로써
- 그리고 의식의 유연성과 창의성을 키움으로써

사랑을 통해
젊음을 되찾아라

나는 사랑을 내 인생에서 가장 중요한 것으로 만들어 생물학적 나이를 되돌리고 있다.

나는 다음과 같이 실천한다:

1. 상대방의 말을 주의 깊게 듣는다.
2. 매일 정직하고 진솔하게 감사를 표현한다.
3. 가까운 사람에게 사랑의 말을 자주 한다.

사랑은 치유한다.
사랑은 새롭게 한다.
사랑은 안정감의 토대다.
사랑은 두려움을 정복한다.
사랑은 진정한 젊음을 가져온다.

당신은 사랑을 통해 생물학적 나이를 되돌릴 수 있습니다. 사랑은 삶의 본질입니다. 인간에게 사랑은 음식과 물만큼이나 필수적이며, 사랑이 없으면 생존할 수 없습니다. 사랑은 단순한 심리적 경험이 아닙니다. 사랑은 생리를 변화시킵니다. 토끼부터 침팬지까지 포유류의 아기들은 어미의 사랑을 받지 못하면 정상적으로 발달하지 못합니다. 우리는 일반적으로 사랑을 과학적인 측면에서 생각하는 데 익숙하지 않지만, 지난 25년간의 과학적 연구는 사랑의 경험이 우리의 생리에 심오한 생명 유지 효과를 가져온다는 명백한 증거를 제시했습니다.

과학적 연구에 따르면 단지 자비로운 행동을 관찰하는 것만으로도 면역력이 강화되는 것으로 나타났습니다. 하버드 대학교의 데이비드 맥클레랜드는 대학생들이 마더 테레사가 아이를 위로하는 영화를 볼 때 타액의 항체 생산이 증가하는 반면, 전쟁 장면을 볼 때는 항체 수치가 감소한다는 사실을 발견했습니다. 스탠포드 대학의 데이비드 슈피겔의 연구에 따르면 전이성 암에 걸린 여성으로서 돌봄 지원 그룹에 참여하는 여성은 그렇지 않은 여성보다 평균적으로 두 배 더 오래 산다고 합니다. 우리는 심장 마비를 앓고 있는 남성 중 아내가 자신을 사랑한다고 믿는 사람은 그렇지 않은 사람보다 더 잘 견디며, 심장 전문 간호사가 한 달에 한 번만 전화해도 심장병 환자의 생존 기간이 두 배로 늘어날 수 있다는 사실도 알고 있습니다. 동물을 대상으로 한 연구에서도 부드러움과 애정이 질병에 걸릴 위험을 낮출 수 있다는 사실이 밝혀졌습니다. 오하이오 주립대학의 흥미로운 연구에서 두 그룹의 토끼에게 고콜레스테롤 식단을 먹였습니다. 한 그룹은 동물 기술자가 토끼를 정기적으로 쓰다듬고 안아주었습니다. 다른 그룹의 토끼들은 동일한 사료를 먹었지만 쓰다듬거나 안아주지 않았습니다. 연구가 끝났을 때, 부드럽게 쓰다듬어 준 토끼는 쓰다듬어주지 않은 토끼에 비해 혈관에 지방이 10%밖에 축적되지 않았습니다. 사랑은 생리적으로 대사되어 건강과 질병, 삶과 죽음의 차이를 만들 수 있습니다.

이러한 과학적 보고는 우리를 놀라게 하지 않습니다. 우리 모두는 사랑을 느낄 때 경험하는 활력과 풍성함을 알고 있습니다. 또한, 우리는 이별과 거절에서 오는 고뇌와 절망도 알고 있습니다. 사랑을 잃으면 뇌의 화학 반응이 변화하여 신체의 모든 세포에 영향을 미칩니다. 이러한 변화는 암에서 심장병에 이르기까지 다양한 질병에 걸릴 위험을 크게 높입니다. 마찬가지로, 사랑으로 인한 흥분, 열정, 편안함은 정서적, 육체적 상태에 활기를 불어넣는, 삶을 긍정하는 변화를 만들어냅니다. 사랑은 기쁨, 즐거움, 안전의 생리를 만들어내기 때문에 우리를 기분 좋게 만듭니다. 사랑은 치유입니다. 사랑은 영양을 공급하며, 우리에게 이롭습니다.

사랑은 생리를 변화시킨다.

사랑이란 무엇인가?

사랑이 우리의 생리를 건강과 활력을 증진하는 방향으로 변화시킨다는 것을 알기에, 우리는 근본적인 질문에 답할 준비가 되었습니다: 사랑이란 무엇인가? 시인, 철학자, 작곡가들은 태곳적부터 이 영원한 주제에 관해 열정적으로 말해 왔습니다. 어떤 언어에서도 사랑만큼 세심하게 받아들여지는 단어는 없습니다. 사랑은 우리 각자에게서 평생의 기억과 욕망을 끌어내고, 몸과 마음과 영혼의 순수함과 열정을 하나로 엮어냅니다.

대부분의 사람들에게 사랑은 생각을 소비할 수 있는 감정이고 정서이며 느낌입니다. 사랑에 빠지는 것은 의식이 변화된 상태이며, 그곳에서 당신의 인식과 해석과 선택이 변화됩니다. 사랑에 빠질 때, 당신은 평온해지고 새로운 경험에 관대해집니다. 당신은 동시에 취약해지거나 아무도 범접할 수 없을 정도로 강해지기도 합니다. 당신은 새로워지고, 활력이 넘치고, 즐거워집니다. 사랑은 일상의 평범하고 사소한 걱정에서 벗어나 삶의 마법과 신비를 보는 인식을 열어줍니다. 사랑은 당신이 살아있음을 상기시켜 줍니다.

사랑은 위대한 일을 하도록 영감을 줍니다. 사랑의 힘을 통해 우리는 원초적인 에너지를 활용하고 신화적인 존재가 됩니다. 연인들은 사랑의 힘을 보여주기를 열망합니다. 사랑은 당신을 전형적인 연인과 연결해 줍니다. 당신은 무의식 속 신화적 영역에서 떠오르는 반복되는 사랑 이야기를 재연하는 것을 즐깁니다. 모든 문화는 고유의 사랑 이야기를 합니다. 큐피드와 프시케, 라마와 시타, 로미오와 줄리엣, 스펜서 트레이시와 캐서린 헵번에 이르기까지 로맨틱한 이야기들은 인간이 사랑을 통해 경험하는 이별의 지옥과 재결합의 천국을 재현합니다. 이 영원한 사랑 이야기는 보편적인 사랑의 문을 여는 열쇠입니다.

보편적 사랑과 개인적 사랑

모든 문화의 위대한 영적 전통은 하나 됨이 모든 존재의 궁극적인 진리임을 알려줍니다. 분열되지 않은 하나의 영은 무한한 존재들로 자신을 분할합니다. 그러나 일단 쪼개지면, 부분들은 근본적인 힘에 의해 다시 통합되기 위해 움직입니다. 원자는 분자가 되려고 노력합니다. 천체는 태양계와 결합하려고 합니다. 인간은 사랑하는 사람과 합치려고 노력합니다. 사랑은 본질적으로 영혼에 대한 탐구이며, 사귐에 대한 열망입니다. 하나 됨에 대한 갈망을 충족시키고자 하는 욕구는 개인적, 집단적 기억 깊숙한 곳에서 울려 퍼집니다. 외부에서 충만함을 찾으려는 모든 노력을 기울인 후 우리는 사랑의 유일하고 진정한 원천이 우리 존재 안에 있는 무한한 영의 바다라는 것을 어느 정도 의식적인 수준에서 알고 있습니다. 우리가 영과 더 많이 접촉할수록 우리는 더 사랑스럽게 느끼고 사랑스럽게 행동합니다.

대부분의 사람들은 자신의 영적 본질과 직접적으로 조율되어 있지 않습니다. 따라서 자연은 인간에 대한 연민으로 우리가 서로 사랑에 빠질 수 있는 기회를 제공했습니다. 이는 우리가 영의 변화하는 힘을 엿보게 해줍니다. 개인적인 사랑은 우리에게 보편적인 사랑을 맛보게 해주지만, 우리가 사랑에 빠졌을 때 느끼는 감정이 아무리 크다고 해도 그것만으로는 충분하지 않습니다. 우리의 영혼은 영과 궁극적으로 재결합을 경험하도록 몰아가기 때문에 우리는 더 많은 사랑, 더 많은 친밀감, 더 많은 경이로움을 경험하는 일에 영원히 이끌립니다.

사랑과 영이 동일하다는 것을 인식할 때, 당신은 사랑에 대한 갈망을 세상의 근간이 되는 우주 지성을 더 많이 인식하고, 더 많이 친교를 맺고, 더 많이 연결되고자 하는 굶주림으로 보게 될 것입니다. 모든 사랑의 행위는 신성의 행위이며 영의 표현입니다.

모든 사랑의 행위를 영의 표현으로 보도록 하세요. 아이의 사랑스러운 표정, 노숙자에게 돈을 주는 것, 낯선 사람의 펑크 난 타이어 교체를 돕는 것, 배우자에게 꽃을 가져다주는 것, 병원에서 자원봉사를 하는 것 등 이러한 모든 행위는 개인적이면서도 영적인 행위입니다. 이러한 행동은 내가 누구인지에 대한 개념을 확장하는 데 도움을 줌으로써 더 큰 기쁨을 가져다줍니다. 모든 사랑의 행위는 자아에 갇힌 족쇄를 풀어줍니다. 모든 사랑의 행위는 영혼을 맛보게 하고 초시간적인 것을 시간에 묶인 존재로 통합하는 데 한 걸음 더 가까이 다가갈 수 있게 합니다. 사랑은 현재 순간의 영원을 경험하게 합니다. 그리고 우리가 영원을 더 많이 경험할수록 우리는 더 젊어집니다. 우리가 우리의 핵심, 즉 영을 더 깊게 활용하고 표현할수록 우리는 더 많은 사랑과 자유를 느낍니다.

사랑에 대해 생각해 보세요. 사랑에 대해 이야기하세요. 사랑을 찾으세요. 사랑을 격려하세요. 당신 삶의 모든 상호작용에서 사랑을 표현하는 데 전념하세요. 이것이 당신의 영혼이 완전함을 기억하는 방법입니다. 삶의 모든 교훈은 사랑의 교훈입니다. 영적인 삶을 산다는 것은 모든 상황에서 사랑을 찾아가는 것을 의미합니다. 사랑을 당신의 삶에서 가장 중요한 것으로 만드세요. 그러면 당신은 더 젊어지고 더 오래 살게 될 것입니다.

사랑은 그 본질이 영을 추구하는 것이다.

소통하는 사랑

사랑은 움직이는 영입니다. 한 가슴에서 다른 가슴으로 이동하는 사랑은 노화를 역전시키는 생리를 만들어냅니다. 사랑이 자신과 사랑하는 사람들에게 도움이 되려면 표현되어야 합니다. 당신은 세 가지 방식으로 다른 사람에 대한 사랑을 표현할 수 있습니다:

- 상대방의 말을 주의 깊게 경청한다.
- 상대방에 대한 감사를 말이나 행동으로 표현한다.
- 애정을 담아 사랑스럽게 만진다.

이러한 표현은 사랑에 빠졌을 때 자연스럽게 일어납니다. 사랑에 빠진 커플을 보세요. 그들은 서로의 모든 말에 매달립니다. 서로의 매력적이고 훌륭하며 뛰어난 점에 대해 시적인 표현을 쏟아냅니다. 꽃에서 보석으로, 그리고 직접 만든 쿠키로 사랑의 물건을 통해 감사를 표현합니다. 마침내 그들은 서로에게서 손을 떼지 못합니다.

당신이 새로운 사랑 행위의 첫 단계에 있든, 수년간 헌신적인 관계를 유지해 왔든, 대학 시절부터 알고 지낸 친구를 만나든, 이 세 가지 사랑의 얼굴은 모두 중요합니다. 온전히 사랑을 표현하세요. 말과 행동으로 감사를 표하세요. 애정을 표현하세요. 이러한 사랑의 원칙을 의식적으로 실천하세요. 그 결과 당신은 더 젊어지고 더 오래 살 것입니다.

사랑, 성, 그리고 영

성 에너지는 우주의 원초적인 창조 에너지이며, 살아있는 모든 것은 성 에너지에서 비롯됩니다. 동물과 다른 생명체에서 성적 에너지는 오로지 생물학적 창의성으로만 표현됩니다. 동물은 더 많은 동물을 낳습니다. 인간의 경우 성적 에너지는 신체적, 정서적, 영적 등 모든 수준에서 창의력으로 전환될 수 있습니다. 매력, 각성, 경계, 열정, 흥미, 영감, 흥분, 창의성, 또는 열정을 느끼게 하는 모든 상황에서는 성 에너지가 작용하고 있습니다.

이러한 다양한 성 에너지의 발현은 모두 육체에서 감각으로 나타납니다. 성적으로 흥분할 때마다 몸에는 수반되는 느낌이 있습니다. 열정, 영감, 기쁨, 활력 또는 열정을 느낄 때마다 수반되는 느낌, 즉 특정 신체 감각이 있습니다. 이러한 각 경험의 공통점은 확장하는 느낌입니다. 때때로 이 확장하는 느낌이 너무 강해서 피부가 터질 것 같이 느껴질 수도 있습니다. 당신은 에너지로 가득 차게 됩니다. 이러한 충만감에 대한 의학 용어는 발기입니다. 그것은 일반적으로 성적 흥분 상태에 적용되지만, 흥분과 열정의 다른 표현을 특징지을 수도 있습니다.

이러한 감각과 접촉하고 몸에서 다양한 표현을 인식하는 방법을 배워보세요. 지금 눈을 감고 무언가에 열정적으로 흥분했던 경험을 떠올려보세요. 그것은 아름다운 예술 작품이었을 수도 있고, 숨이 멎을

듯한 자연경관, 감동을 주는 음악이었을 수도 있습니다. 기발한 사업 아이디어가 떠올랐을 수도 있고, 직면한 문제에 대한 놀라운 통찰력을 얻을 수 있는 이야기를 들었을 수도 있습니다. 에로틱하고 열정적인 성적 경험이었을 수도 있습니다. 영감을 주는 경험이 몸에서 만들어내는 감각에 주목하세요. 이것이 다양한 형태로 표현되는 성적 에너지의 본질입니다. 모든 표현에서 이 강력한 생명력을 인식하는 법을 배워보세요.

일상생활을 하면서도 강렬한 생동감의 경험에 주의를 기울여 보세요. 그 생동감은 강렬하게 끌리는 사람, 해 질 녘 하늘의 화려한 색채, 할머니의 아름답고 사랑스러운 손길을 보면서 떠오를 수 있습니다. 삶을 열정적으로 사랑하는 사람이라면 느낄 수 있는 힘찬 에너지에 주목하세요. 몸의 모든 세포에 활기가 넘쳐흐르는 것을 느낄 때까지 주의를 기울여 이러한 감각을 키우세요. 당신의 몸에서 이러한 감각을 더 많이 찾고 인식할수록 감각적 경험은 더 고조된 자각의 경험이 될 것이며, 창조물 전체에서 단순하고 영향을 받지 않는 감사를 더 많이 경험하게 될 것입니다. 이것이 바로 영적인 삶의 본질입니다.

당신이 믿도록 길들여진 것과는 달리 성욕은 신성하고 고결한 것입니다. 인위적이고 부자연스럽고 작위적인 것은 성적인 에너지를 억압하는 것입니다. 많은 사람들에게 성적 친밀감의 경험은 영성의 경험을 어렴풋하게나마 처음으로 느껴보는 것입니다. 사랑하는 사람과 육체적, 감정적으로 합쳐질 때, 당신은 자아의 경계를 넘어서게 됩니다. 이 결합 상태에서 시간 없음, 자연스러움, 장난스러움, 무방비 상태를 경험하게 됩니다. 이러한 특성은 통제, 두려움, 분리에 의해 제약을 받지 않을 때 나타나는 정신의 특성입니다. 모든 관계에서 자연스러운 개방성과 자기 확신에 찬 취약한 상태를 키우는 것이 영적인 삶의 본질입니다.

성적 활력

성적인 에너지는 모든 연령대에서 열려있습니다. 성적 에너지에 열려있을 때, 노화가 역전됩니다. 많은 사람이 나이가 들면 성적 에너지가 감소한다고 생각하지만, 연구에 따르면 대다수의 남성과 여성은 60대, 70대 이후에도 성적으로 활발하게 활동하는 것으로 나타났습니다. 60대 기혼 남녀의 약 90%, 70대 남녀의 80% 이상이 성적으로 활동적이며 성생활을 즐기고 있다고 답했습니다. 성은 성인 생활 전반에 걸쳐 친밀한 사랑 관계의 특징입니다.

노화와 관련된 생리적 변화는 어떤 각도에서 보면 손실로 볼 수 있지만 다른 각도에서 보면 기회로 볼 수 있습니다. 60대와 70대의 일부 남성은 육체적으로 흥분하는 데 시간이 더 오래 걸립니다. 일부 여성은 에스트로겐 생산 감소와 관련하여 건조한 조직을 보완하는 데 도움을 받아야 합니다. 이러한 문제는 쉽게 해결할 수 있습니다. 육체적, 정서적, 영적 친밀감을 형성하는 데 시간과 관심을 투자하면 인생에서 가장 만족스러운 성적 경험을 할 수 있습니다.

성적인 경험을 향상하려면 기대치를 내려놓아야 합니다. 기대는 일반적으로 세 가지 영역에 있습니다. (1) "나는 어떻게 하고 있는가?"라는 질문에서 예시된 성과, (2) "나는 어떻게 느끼고 있는가?"라는 질문에서 예시된 감정, (3) "나를 정말로 사랑해?"라는 질문에서 예시된 안정감 등. 이러한 질문은 파트너와의 친밀감을 탐구할 때 나올 수 있는 관심사입니다. 또한 이러한 질문은 자신의 취약점을 표현하고 친밀감을 높일 수 있는 특별한 기회를 제공합니다. 친밀감은 기꺼이 취약해지려는 의지에서 비롯됩니다. 당신이 필요한 것을 요청하고 연인에게 필요한 것을 제공하세요. 개방성, 취약성, 기꺼이 주고자 하는 마음, 기꺼이 받을 준비가 되어 있는 마음은 모두 영의 특성입니다.

기대를 포기하세요. 기대를 포기하면 저항을 놓아버릴 수 있습니다. 당신의 저항은 지금 일어나고 있는 일을 즐기지 못하게 합니다. 삶의 모든 영역에서와 마찬가지로 섹스에서도 저항은 두려움에서 비롯됩니다. 모든 저항은 정신적인 것이며 느껴지는 것을 판단하는 데서 비롯됩니다. 판단을 내려놓고 기대를 내려놓는 연습을 하세요. 그러면 섹스가 제공하는 열정과 항복을 경험하게 될 것입니다. 그러면 성적인 사랑에서 나오는 집중된 열정이 삶의 다른 모든 측면에 스며들게 됩니다.

섹스를 할 때 수치심, 죄책감, 분노와 같은 숨겨진 감정이 섞여 있다면, 이러한 해롭고 억제하는 감정에서 벗어나려고 노력하세요. 성적인 친밀감은 진정한 자유를 경험하는 길입니다. 왜냐하면 성적인 친밀감은 당신이 완전히 자유로워질 수 있는 삶의 한 영역이기 때문입니다. 성적 만족감은 욕구가 아닌 유희에서 비롯된 경험일 때 일어납니다. 섹스가 욕구 충족을 위해 사용되면 중독으로 이어집니다. 섹스가 유희에서 비롯될 때, 그 결과는 환희의 절정입니다.

우리가 흔히 믿어온 것과는 달리 성욕은 신성하고 고결한 것이다.

놀이를 위해

섹스를 목표가 아닌 과정으로 볼 때 섹스는 가장 즐거운 것이며 사랑과 친밀감을 가장 많이 만들어냅니다. 서구 사회는 목표 지향적인 세계관이 지배적입니다. 남성과 여성 모두 어떤 목표가 설정되든 가능한 한 직접적이고, 빠르고, 효율적으로 달성하도록 조건화되어 있습니다. 이러한 태도는 성적 절정을 육체적 친밀감의 유일한 목표로 여기는 법을 배워온 우리의 사랑 행위에서도 그대로 나타납니다. 모든 연인이 오르가슴의 쾌감을 즐기지만, 인도와 중국의 고대 지혜 전통에 따르면 성적인 에너지를 가지고 놀고 사랑 행위의 과정을 확장하면 몸, 마음, 영이 확장되고 육체적 즐거움이 강렬하게 풍성해진다고 합니다. 인도에서는 탄트라, 중국 전통문화에서는 섹스의 도(道)로 알려진 의식적인 사랑 행위를 위한 기본 원칙에는 예식과 의사소통 및 기교가 포함됩니다.

예식

섹스를 신성한 행위로 여긴다면 예식의 가치를 이해하게 될 것입니다. 천상의 쾌락의 세계로 여행하는 것처럼 시간을 내어 섹스를 준비하세요. 가장 개인적인 선물을 나누기 위해 몸을 씻고 몸과 마음을 준비하세요. 모든 감각에 주의를 기울여 사랑 행위의 장면을 설정하세요. 파트너에게 영감을 주는 사랑의 시를 읽어주세요. 열정을 불러일으키고 마음을 열 수 있는 아름다운 음악을 들려주세요. 관능적인 옷을 입고, 촛불로 은은한 조명을 만들며, 기분 좋은 향기를 실내에 뿌려주세요. 연인의 눈을 바라보며 조용히 또는 소리를 내어 파트너와 친밀하게 교감할 수 있다는 선물에 감사하세요.

성을 단순히 또 다른 생리적 욕구라고 생각할 때, 성은 그 목적에만 충실할 뿐입니다. 동물적인 조상들과 달리 인간은 마음을 확장하고 의식을 고양하기 위해 창의적인 성적 에너지를 사용할 수 있는 능력이 있다는 것을 인식할 때, 당신은 주의와 의도를 집중하기 위해 예식을 이용할 수 있습니다. 두 사람 사이의 교류를 순수한 생리적 행위에서 몸과 마음, 그리고 영의 행위로 바꿀 때, 열정과 활력과 황홀감을 불러일으킬 수 있습니다.

의사소통

섹스 전, 섹스 중, 섹스 후에 당신의 감정과 욕구를 파트너에게 전달하세요. 무엇이 당신에게 즐거움을 가져다주는지, 안전과 사랑, 흥분을 느끼기 위해 필요한 것이 무엇인지 표현하세요. 의도의 방향을 단순히 성적 압박감을 해소하는 것에서 그 과정을 축하하는 것으로 돌리세요. 성행위를 오래 지속하는 것은 몸과 마음에 에너지를 강화하는 효과가 있습니다. 막 절정에 오르려고 할 때 파트너에게 알리고 속도를 늦춰 쾌감을 확장하고 연장하세요. 섹스는 신체적, 정서적, 영적 영역에서 하루 24시간 계속될 수 있는 몸과 마음과 영혼의 춤입니다.

성적 황홀감은 기꺼이 취약해지려는 의지를 통해 자양분을 얻습니다. 가장 깊은 욕망과 환상을 충족하기 위해 필요한 것을 구하려면 기꺼이 취약해지려는 의지가 필요합니다. 이러한 취약성을 통해 '나'와 '너', 그리고 육체와 영혼의 경계가 모호해집니다. 이것이 바로 영적 경험의 본질이자 깨어 있는 사랑 행위의 약속입니다.

기교

명상과 마찬가지로 사랑 행위도 힘과 노력과 통제가 성공이나 성취를 가져다주지 못하는 영역입니다. 미묘함, 타이밍, 기교는 황홀한 사랑 행위의 본질입니다. 성적 행복의 꽃을 피우려면 지금 이 순간에 온전히 집중하고 창의성을 발휘할 수 있는 개방성이 필요합니다. 자신의 몸과 연인의 몸이 보내는 신호에 귀를 기울이고 저항과 두려움을 내려놓고 항복할 때 섹스는 개인적인 변형을 위한 도구가 될 수 있습니다. 섹스는 개인적, 집단적, 보편적 인식의 영역에 접근하게 합니다. 사랑하는 모든 커플은 영원한 사랑의 신화를 재현하고 있으며, 영혼의 재결합을 재현하고 있습니다. 중국 전통 의학에서 사랑 행위는 안쪽으로 움직이는 원초적인 힘(음)과 바깥쪽으로 움직이는 힘(양)이 균형을 이룰 기회입니다. 아유르베다와 탄트라에서 성적 결합은 순수한 잠재력(시바)과 창조적 표현(샤크티)의 충동 사이에서 영원한 춤이 개인적으로 표현되는 것입니다.

진정한 친밀감은 육체와 육체, 마음과 마음, 영혼과 영혼 사이의 결합입니다. 성적 에너지는 우주의 창조적 에너지입니다. 성 에너지는 신성한 에너지입니다. 성적인 경험을 성스러운 영역으로 되돌려 놓을 때, 우리의 세상은 신성하고 거룩하며 치유됩니다.

성적 친밀감의 취약성을 통해
"나"와 "너"의 경계와 육체와 영혼의 경계가 모호해진다.

오자스(Ojas): 사랑의 본질

당신은 매일의 예식에서 오자스 만트라를 사용하여 몸을 에너지, 변형, 지성의 장으로 인식해 왔습니다. 이 미묘한 물질은 신체적, 정서적, 영적 신체에 영양을 공급합니다. 그것은 우리 존재의 모든 측면을 통합하는 본질입니다.

아유르베다에 따르면, 우리는 소량의 오자스를 가지고 태어나는데,

이 오자스는 삶에 도움이 되거나 해로운 경험을 통해 증가하거나 고갈될 수 있습니다. 건강한 음식, 사랑스러운 감정, 감각적 인상, 활력을 주는 허브, 성적 에너지의 창의적 사용은 모두 오자스를 더욱 풍부하게 만듭니다. 오자스는 몸의 모든 세포에 몸과 마음 네트워크의 온전함을 지원하라는 기본 지시를 상기시켜 줍니다. 또한 타고난 면역력을 강화합니다. 오자스가 고갈되면 암을 비롯한 퇴행성 질환에 걸리기 쉽습니다. 따라서 오자스 공급을 보호하고 늘리는 것이 노화 과정을 되돌리는 핵심입니다.

오자스는 정액의 과도한 방출로 고갈될 수 있습니다. 이것은 남성에게 중요하며 나이가 들어감에 따라 사정하는 빈도를 줄이면 활력을 향상시킬 수 있다는 생각의 기본 바탕이기도 합니다. 이 제안은 도덕성에 근거한 것이 아니라 에너지를 절약하라는 표현입니다. 일반적으로 만약 당신이 남성이라면, 성적 경험과 사정의 비율을 늘릴 수 있는지 살펴보세요. 성관계를 가질 때마다 성적 긴장을 풀어주는 데 익숙하다면 이를 두 번에 한 번꼴로 줄일 수 있는지 확인하십시오. 그런 다음 세 번에 한 번꼴로 횟수를 줄여보세요. 처음에는 약간의 좌절감을 느끼겠지만, 향상된 에너지와 열정에 금방 감사하기 시작할 것입니다. 만약 당신이 여성이라면, 파트너가 곧바로 사정하지 않고 성적인 에너지를 유지하도록 도와주세요. 연인들이 의식적으로 강력한 성적 에너지를 조절할 때, 그들은 서로에게 더욱 매력적으로 다가갈 수 있습니다. 사랑 행위의 모든 측면, 성적인 표현 안팎의 모든 측면이 더욱 황홀해집니다.

오자스를 위한 영양 공급

아유르베다에 따르면 오자스를 강화하는 데 효과적인 음식과 허브가 있습니다. 신선한 과일과 채소, 통곡물, 견과류(특히 아몬드), 꿀, 잘 관리된 젖소에서 추출한 유제품은 모두 오자스를 강화하는 데 도움이 됩니다. 오자스를 고갈시키는 물질로는 술, 담배, 통조림, 고도로 가공된 음식, 튀긴 음식, 인공 감미료가 함유된 음식 등이 있습니다. 지나치게 강박적이 되거나 경직되지 말고 더 건강한 선택을 하세요. 강박과 경직성은 오자스를 고갈시킵니다. 가능한 한 삶에서 오자스를 증가시킬 수 있도록 선택에 더욱 주의를 기울이세요.

허브와 오자스

전 세계의 힐링 시스템에는 오자스 강화에 도움이 되는 고전적인 원기 회복 허브가 많이 있습니다. 한국의 인삼은 세계에서 가장 인기 있는 허브이며 전통적으로 정력 증강에 사용되어 왔습니다. 과학적 연구에 따르면 인삼은 동물과 남성 모두의 성욕과 발기 기능을 향상시킬 수 있다고 합니다. 인삼은 전반적인 건강과 활력을 증진시키며, 캡슐, 차, 껌 등 다양한 형태로 섭취할 수 있습니다.

아유르베다에는 최적의 생식 조직을 유지하고 회복하는 데 전념하는 의학 분야가 있습니다. 바지카라나(Vajikarana)는 이 분야에서 언급되는 허브로, 최음제라고도 불립니다. 최음제는 성욕을 불러일으키는 약이라고 생각할 가능성이 높지만, 아유르베다에 따르면 이러한 최음제 허브는 생식의 본질을 개선하는 역할도 한다고 합니다. 다시 말해, 오자스를 강화한다는 뜻입니다. 아유르베다에서 가장 일반적으로 권장하는 오자스 강화 물질은 아슈와간다(ashwagandha), 샤타바리(shatavari), 아말라키(amalaki) 등 세 가지입니다.

아슈와간다(Ashwagandha, 위다니아 솜니페라 Withania somnifera)

겨울 체리라고도 불리는 이 강력한 향의 허브는 오랫동안 남성의 활력을 되찾아주는 주요 물질로 알려져 왔습니다. 산스크리트어로 '말의 향취'라는 뜻으로, 사용자에게 말의 힘을 불어넣어 준다는 의미를 담고 있습니다. 오랫동안 정력 강화 허브로 명성이 높았지만, 대부분의 연구는 스트레스 감소와 면역력 강화에 초점을 맞춰왔습니다. 최근 동물을 대상으로 한 실험에 따르면 아슈와간다가 성호르몬을 조절하는 뇌하수체 화학 물질에 영향을 미치는 것으로 밝혀졌습니다.

아유르베다에서는 취침 전에 꿀이나 흑설탕으로 달게 달인 따뜻한 우유에 아슈와간다 1티스푼을 넣을 것을 권합니다. 이것은 남성이 사정한 날에 잃어버린 오자스를 보충하는 데 도움이 되는 것으로 적극 권장됩니다. 여성의 성적 열정에 활기를 불어넣는 데에도 도움이 되는 것으로 알려져 있습니다.

샤타바리(Shatavari, 아스파라거스 라세모수스 *Asparagus racemosus*)

이 야생 형태의 아스파라거스는 남성과 여성 모두가 지닌 양육적이고 수용적이며 창의적인 여성 에너지를 지원한다는 점에서 아슈와간다와 동등한 것으로 간주됩니다. 월경 전 증상 완화, 모유 흐름 개선, 폐경기 전환을 원활하게 하는 등 여러 가지 적응증을 가진 고전적인 강장제로, 아유르베다에서 종종 언급되는 허브입니다. 샤타바리에 대한 과학적 연구는 현재까지 제한적으로 이루어졌으며, 주로 위장 장애를 완화하고 수유를 개선하는 전통적인 역할의 유용성이 확인되었습니다. 여성의 생리를 강화하는 데 있어 샤타바리의 오랜 가치를 고려할 때, 샤타바리는 과학적으로 더 깊이 탐구할 가치가 있습니다.

샤타바리는 일반적으로 여성에게 가장 많이 권장되지만, 남성에게도 유용한 강장제로 간주됩니다. 아슈와간다와 마찬가지로 보통 꿀이나 원당으로 달게 한 뜨거운 우유에 넣어 섭취합니다. 뜨거운 우유 한 컵에 샤타바리와 아슈와간다(각각 1티스푼)를 넣고 사프란 한 꼬집과 꿀 또는 흑설탕을 조금 넣으면 남성과 여성 모두에게 훌륭한 강장제가 되며 전통적인 오자스 회복제입니다.

아말라키(Amalaki, 엠블리카 오피시날리스 *Emblica officinalis*)

이 강력한 작은 과일은 자연에서 가장 풍부한 항산화제 공급원 중 하나입니다. 아말라키 주스에는 오렌지 주스의 20배에 달하는 비타민 C가 함유되어 있습니다. 아말라키는 남성과 여성 모두에게 유익하며, 가장 강력한 일반 아유르베다 강장제로 간주됩니다. 서양에서는 아말라키와 다른 여러 강장제 허브 및 향신료를 결합한 허브 잼의 형태가 많습니다.

이 고대의 회춘 물질에 관한 신화는 왕으로부터 공주와 결혼해 달라는 청혼을 받은 현자 차반(Chavan)에 관한 이야기입니다. 차반은 젊은 신부의 욕구를 충족시키지 못할까 걱정했지만 명상 중에 젊은 활력을 되찾아주는 약초를 발견했습니다. 이것은 이후 차반프라쉬(Chavanprash) 또는 차반 잼으로 알려지게 되었습니다.

아말라키에 대한 과학적 연구에 따르면 발암 물질 해독, DNA 보호, 콜레스테롤 수치 저하, 속쓰림 완화 등 건강 증진 효과가 있는 것으로 나타났습니다. 서양에서는 아말라키를 기본으로 한 허브 잼이 점점 더 많이 출시되고 있습니다. 천연의 오자스 강화 강장제로, 섭취 시 매일 한두 티스푼을 권장합니다.

성적인 경험을 성스러운 영역으로 되돌려 놓을 때
우리의 세상은 신성하고 거룩하게 치유된다.

사랑과 영혼

사랑은 영혼에 도움이 됩니다. 우리는 사랑을 통해 삶의 교훈을 배우고 온전함에 대한 기억을 일깨웁니다. 우리의 영혼은 기억과 욕망을 엮어 삶의 모든 선택과 경험의 틀을 제공합니다. 우리는 영혼을 맥락과 의미가 합쳐진 것으로 볼 수 있습니다. 맥락은 일련의 관계를 수반하며, 의미는 우리가 관계를 해석하는 방식입니다. 우리의 삶은 관계와 의미의 강입니다.

우리 모두는 신뢰와 배신, 일방적인 사랑과 금지된 욕망, 무조건적인 사랑과 계산적인 욕구 등 사랑의 영원한 주제를 끊임없이 재연하고 있습니다. 아담과 이브부터 유다와 예수에 이르기까지, 시대와 문화를 초월해 우리가 서로에게 전하는 가장 강력한 이야기는 바로 사랑입니다. 사랑은 지구의 원초적인 힘이며, 명백하고 명시된 이유를 넘어 모든 행동의 배후에는 사랑이 있습니다. 깊이 파고들면 학교에서 좋은 성적을 받기 위해 노력하는 것, 직장에서 좋은 성과를 내는 것, 훌륭한 예술 작품을 만드는 것, 아름다운 교향곡을 작곡하는 것, 위대한 소설을 쓰는 것, 노벨상을 수상하는 것 등 이 모든 이야기가 가면을 쓴 사랑 이야기라는 것을 알 수 있습니다. 진정한 동기를 감추기 위해 상당한 노력을 기울일 수도 있지만, 사실 우리가 어떤 일을 하는 유일한 이유는 더 많은 사랑을 받기 위해서입니다.

사랑에 대한 우리의 논의는 간단한 결론으로 이어집니다: 신체적,

정서적, 영적 평화를 위해 삶에서 더 많은 사랑을 창출하세요. 매일 아침 눈을 뜨면 자신에게 물어보세요. "오늘 어떻게 하면 더 많이 사랑할 수 있을까? 오늘 어떻게 하면 더 많은 사랑을 표현할 수 있을까? 어떻게 하면 오늘 더 많은 사랑을 받을 수 있을까?"라고요. 모든 상호작용에서 서로 사랑을 나누도록 하세요. 조경사와 대화를 나누든, 식료품값을 지불하든, 자녀와 대화를 나누든, 사랑하는 사람과 친밀하게 지내든, 이는 모두 내면에서 솟아나는 사랑의 대화에서 비롯됩니다. 사랑을 삶에서 가장 중요한 것으로 만들 때, 당신의 몸과 마음은 시대를 초월한 공명을 일으킵니다.

나는 매일 모든 면에서 정신적, 육체적 능력을 향상시키고 있다.
내 생체 지표는 건강한 ＿＿＿＿ 세로 설정되어 있다.
나는 건강한 ＿＿＿＿ 세로 보이고 그렇게 느껴진다.

나는 생물학적 나이를 되돌리고 있다:
- 내 몸과 노화, 시간에 대한 인식을 바꿈으로써
- 두 종류의 깊은 휴식, 즉 편안한 자각과 편안한 수면을 통해
- 건강한 음식을 통해 내 몸을 키움으로써
- 영양 보충제를 현명하게 사용함으로써
- 심신 통합을 강화함으로써
- 운동을 통해

- 내 생활에서 독소를 제거함으로써

- 의식의 유연성과 창의성을 키움으로써

- 그리고 사랑을 통해

실천 10

싱싱한 마음으로
젊음을 되찾아라

나는 젊은 마음을 유지함으로써 생물학적 나이를 되돌리고 있다.

나는 다음과 같이 실천한다:

1. 열정이 가득한 하루하루를 만들어간다.
2. 배우고 성장하는 삶을 자랑스럽게 여긴다.
3. 주변의 반응을 신경 쓰지 않고 매일 크게 웃는다.

몸은 분자의 장이며, 마음은 생각의 터전이다.
생각이 향하는 곳에 분자도 따라간다.
생생한 생각은 생생한 분자를 만든다.
마음이 젊어지면 몸도 젊어진다는 걸 기억하자.

젊어지고 오래 살기 위한 열 번째 단계는 젊은 마음을 유지하는 것입니다. 마음은 몸과 같은 것이 아닙니다. 몸은 분자의 장입니다. 만질 수 있습니다. 그것은 단단합니다. 끊임없이 변화하고 변형되지만, 조각품처럼 고정된 물체의 모습을 하고 있습니다. 우리는 신체를 검사해 상당히 정확하고 객관적인 방법으로 생물학적 지표를 측정할 수 있습니다. 이러한 생체 지표는 앞쪽에 설명되어 있습니다.

반면에 마음은 분자의 영역이 아니라 아이디어의 영역입니다. 아이디어는 시험관에 넣거나 현미경을 통해 관찰할 수 없습니다. 아이디어는 주관적으로만 경험할 수 있습니다. 아유르베다에 따르면 몸은 우리가 객관적으로 경험하는 정보와 에너지의 장이며, 마음은 우리가 주관적으로 경험하는 정보와 에너지의 장과 동일합니다. 주관과 객관 사이에는 상관관계가 있습니다. 생각이 가는 곳에는 분자가 따라갑니다.

영적 전통에서는 말씀이 육신이 되었다고 합니다. 사실 말씀과 육체는 같은 것입니다. 물리학에서 입자와 파동이 같은 것이라고 말하는 것처럼 말입니다. 몸은 입자의 집합체입니다. 마음은 파동의 집합체입니다. 그들은 객관적이든 주관적이든 관찰 방법에 따라 다르게 경험되는 동일한 것입니다.

많은 연구에 따르면 생물학적 나이는 연대기적 나이보다 심리적 나이와 더 밀접한 관계가 있는 것으로 확인되었습니다. 심장이 젊다면 생물학적 지표는 말 그대로 젊은 심장을 반영할 가능성이 높습니다. 적대감이나 사랑 부족으로 인해 심장이 공격을 받으면 실제로 심장마비를 겪을 수 있습니다.

따라서 무엇이 젊은 마음을 만드는지 이해하는 것이 중요합니다. 왜냐하면 젊은 마음은 젊은 신체로 이어질 가능성이 높기 때문입니다. 물론 이전 장에서 논의한 모든 요소는 매우 중요합니다. 그러나 마음이 늙으면 이 책에서 지금까지 제안한 모든 것을 실천해도 몸은 그 늙은 마음을 반영합니다. 젊은 마음은 끊임없이 성장하는 마음입니다. 속담에 "사람은 늙어가는 것이 아니다. 성장하기를 멈출 때 늙는 것이다."라는 말이 있습니다.

신경과학자들은 뇌가 끊임없이 자신을 재구성하는 놀랍도록 역동적인 기관이라는 사실을 배우고 있습니다. 두께가 5밀리미터에 불과한 뇌의 피질에는 200억 개가 넘는 뉴런이 있습니다. 이러한 뇌세포는 각각 뇌 전체의 다른 10,000개 이상의 신경 세포와 연결되어 있습니다. 이러한 연결은 끊임없이 변화하고 있습니다. 뇌의 전기적, 자기적, 화학적 장은 끊임없이 유동적이며, 시시각각 변화하는 경험을 반영하지요.

심지어 뇌의 해부학적 구조도 재구성되고 있습니다. 한 뉴런과 다른 뉴런을 연결하는 미세한 덩굴손이 확장하고 또한 축소되고 있습니다. 세포 자체가 왔다 갔다 합니다. 성인은 새로운 뇌세포를 생성하지 않는다는 오랜 믿음이 뒤집혔습니다. 프린스턴 대학의 연구진이 매일 수천 개의 새로운 뇌세포가 태어난다는 증거를 발견했지요.

당신의 경험은 끊임없이 변화합니다. 모든 경험은 마음에서 일어납니다. 그리고 마음은 고정되어 있지 않은 것으로 악명이 높습니다. 뇌는 이러한 유연성을 반영합니다. 마음을 싱싱하고 젊게 유지하는 데 주의를 기울이세요. 그러면 뇌와 몸을 싱싱하고 젊게 유지하게 될 것입니다.

몸은 우리가 객관적으로 경험하는 정보와 에너지의 장이며,
마음은 우리가 주관적으로 경험하는 정보와 에너지의 장이다.

젊은 마음

젊은 마음은 역동적이고 활기차며 호기심이 많습니다. 강한 신체적

활력과 함께 깨어 있는 활기찬 정신, 이것은 우리 모두가 원하는 것입니다. 이 프로그램의 다른 단계들에 헌신한 결과, 당신은 이 이상적인 상태를 위한 발판을 마련했습니다. 당신의 노화에 대한 인식과 기대가 바뀌었습니다. 매일 시간을 내어 명상을 통해 마음을 고요히 하고 있습니다. 건강한 음식, 영양 보충제, 심신 통합 기법, 균형 잡힌 운동으로 몸을 멋지게 가꾸고 있습니다. 당신은 몸과 마음, 영혼으로부터 독소를 제거하고 있습니다. 당신의 의식에 유연성과 창의성을 키우고, 사랑을 인생에서 가장 중요한 것으로 만들고 있습니다. 이러한 다른 모든 핵심 요소들이 갖추어진 상태에서, 긍정적인 선택의 결실을 즐기고 당신이 쌓아놓은 삶의 지혜를 누릴 수 있도록 마음을 활발하게 유지하고 확장하는 것이 필수적입니다.

젊은 마음에는 매우 중요한 자질이 많이 있습니다. 그것은 열정적이고, 자발적이며, 유동적이고, 적응력이 뛰어납니다. 편안하게 아이를 관찰해보세요. 그러면 젊은 마음의 모든 자질이 작용하는 것을 보게 될 것입니다. 당신 안에는 지금 젊은 마음이 있습니다. 그것을 밖으로 드러내는 것을 허용하기만 하면 됩니다.

열정

젊은 마음은 열정적인 마음입니다. 열정이라는 단어는 그리스어 엔테오스(entheos)에서 유래한 것으로, "신성한 것으로 가득 찬"이라는 뜻입니다. 우주의 창조적 지성이 깃든 마음이 젊은 마음입니다. 그것은 에너지로 넘쳐납니다. 우주는 매 순간 새롭게 태어나며, 이 에너지와 공명하는 마음은 어린아이의 눈으로 세상을 바라봅니다. "기억과 조건의 강에서 벗어나 처음 보는 것처럼 세상을 바라보라."는 시바(Shiva) 신의 조언을 따르세요.

젊은 마음은 초심자의 마음입니다. 그것은 나비, 무지개, 밤하늘의 별, 솜털 토끼, 새 책, 향기로운 장미, 신선한 딸기 등 모든 것에 열광합니다. 주변에서 벌어지는 놀라운 광경에 주의를 기울여 보세요. 항상 신선하고 새로운 자연의 놀라운 춤에 주목하세요. 활기찬 경각심은 열정의 기초입니다. 열정은 노화를 역전시킵니다.

자발성

젊은 마음은 자발적입니다. 예측할 수 없습니다. 그것은 조건화되지 않았습니다. 젊은 마음은 모든 가능성에 깨어 있으며 기존의 규범에 얽매이지 않습니다. 젊은 마음은 자신을 좁게 정의하고 싶은 욕구를 놓아버립니다. 젊은 마음은 모호함을 용인하며, 그것이 자발성을 불러일으킵니다.

지금 당신의 내면에는 자발적인 충동이 있습니다. 눈을 감고 발현하고 싶어 하는 자발성의 충동을 느껴보세요. 지금 이 책을 읽으면서 자발적으로 무언가를 해보세요. 당신 안의 충동을 찾아 주의를 기울여 키우세요. 다음은 몇 가지 제안입니다:

- 배우자에게 키스하기

- 춤추기 시작하기

- 어머니에게 전화하기

- 노래 부르기

- 옷 벗기

- 시 읽기

- 그림 그리기

자발적이 되세요. 자발성을 '연습'하는 것은 불가능합니다. 하지만 내면에서 솟아나는 자발적인 충동을 키우는 데 주의를 기울일 수는 있습니다. 자발성은 젊은 마음의 자질입니다.

유동성과 적응력

젊은 마음은 유동적이고 적응력이 뛰어납니다. 모든 것의 통합을 가리는 경계에 갇히지 않습니다. 그것은 삶의 상호 연관성을 자연스럽게 파악합니다. 따라서 변화하는 상황과 환경에 저항 없이 흘러갈 수 있습니다. 젊은 마음은 세세한 구별에 얽매이지 않습니다.

적응력을 키우세요. 좁고 제한된 시각으로 사물을 바라보는 데 갇히지 마세요. 큰 그림을 보는 연습을 하세요. 경계가 당신의 통합을 가리지 않도록 하세요. 삶에 있는 모든 것의 상호 연관성을 찾아보세요.

양자 현실의 수준에서 우주는 사물로 구성되어 있지 않습니다. 그것은 진동하는 에너지장으로 구성되어 있습니다. 양자 영역은 자발적입니다. 본질적으로 예측할 수 없으며 정확하게 정의하려는 모든 노력에 저항합니다. 양자 영역에서는 모든 것이 서로 연관되어 있습니다. 양자 영역의 모든 흔들림은 양자 영역의 다른 모든 것에 영향을 미칩니다.

양자 영역은 무한한 에너지, 무한한 예측 불가능성, 무한한 상호 연결성을 가지고 있습니다. 이를 다른 말로 표현하면 양자 영역은 열정적이고 자발적이며 유동적이라는 것입니다. 이러한 특성은 매 순간 새로운 우주를 만들어내는 우주적 마음의 특성입니다. 바로 이것이 매 순간 새로운 몸을 만들어내는 젊은 마음의 특성입니다.

감각 인식의 수준 높이기

젊은 마음은 삶의 풍부한 내적, 외적 감각에 깨어 있습니다. 노화된 마음은 무뎌지고 내면과 외부에서 느낄 수 있는 감각적 즐거움에 둔감해집니다. 감각 자각 상태를 높임으로써 당신은 젊고 활기찬 마음을 만들 수 있습니다. 안팎의 풍부한 감각에 눈을 떠보세요. 상상력을 자극하세요. 젊은 마음은 우리가 살고 있는 다차원적이고 다감각적인 우주에 맞춰져 있습니다.

오감을 통해 몸과 마음에 영양 공급하기

주변 환경에 주의를 기울이세요. 당신의 감각에 맞있고, 흥미롭고, 경외심을 불러일으키는 충동을 공급하세요. 젊은 마음은 새로운 영역을 탐험함으로써 영양을 공급받습니다. 새로운 눈으로 주변을 바라보세요. 세상을 당연하게 여기지 마세요.

- 온 세상의 아름답고 흥미롭고 다양한 음악을 들어보세요. 새들의 노래, 나뭇잎 사이로 부는 바람, 지붕을 때리는 빗소리, 해안에 부딪히는 파도 소리 등 자연의 소리에 귀를 기울여 보세요.
- 사물의 질감을 느껴보세요. 손으로 땅을 파보세요. 애완동물을 쓰다듬어 보세요. 사랑하는 사람을 애무하세요. 조각품을 느껴 보세요. 나무껍질을 쓰다듬어 보세요.
- 새로운 눈으로 세상을 바라보세요. 평소에는 주의를 기울이지 않던 것들에 주목하세요. 자연이 그리는 다양한 녹색의 음영을 보세요. 구름이 나타났다가 사라지는 모습을 지켜보세요. 가까운 미술관에 가서 갤러리를 걸어보세요. 주변 사람들의 얼굴을 유심히 살펴보세요.
- 음식을 마치 처음 먹는 것처럼 맛보세요. 시큼한 사과를 한 입 베어 물어보세요. 갓 구운 체리 파이의 풍미를 음미해 보세요. 클로

브 꽃봉오리를 입에 넣어 보세요. 열정적인 키스로 연인의 맛을 느껴보세요. 갓 짜낸 오렌지 주스 한 잔을 마셔보세요. 미각을 즐겁게 하세요.

- 주변 환경의 향기에 주목하세요. 정원의 향기를 들이마셔 보세요. 저녁 식사 냄새를 맡아보세요. 사랑하는 사람의 향기를 들이마셔 보세요. 비가 온 후 밖에 나가서 흙냄새를 맡아보세요. 냄새가 기억과 감정과 얼마나 밀접하게 연결되어 있는지 알아보세요.

상상력을 확장하세요

세상의 에너지와 정보는 의식의 화면에서 경험되는 미묘한 감각 충동으로 변환됩니다. 이러한 내면의 충동을 아유르베다에서는 탄마트라(Tanmatra)라고 합니다. 탄마트라는 물리적 세계에서 물질의 가장 미묘한 단위와 같은 주관적인 정신적 양자로 생각할 수 있습니다. 적극적인 상상력을 통해 탄마트라를 깨우면 젊은 마음이 만들어집니다.

다음 글을 읽은 후 눈을 감고 마음속으로 생생한 인상을 떠올려보세요.

청각

다음과 같은 소리를 상상해 보세요:

- 일요일 아침에 울리는 교회 종소리

- 밤에 창문 밖에서 지저귀는 귀뚜라미 소리
- 고등학교 풋볼 경기에서 연주하며 행진하는 밴드
- 6시 방향에서 울리는 할아버지의 시계 소리
- 달을 향해 울부짖는 코요테 소리

촉각

다음과 같은 감각을 상상해보세요:

- 모래사장을 걷는 느낌
- 따뜻한 물로 샤워하기
- 장미 꽃잎 만지기
- 어린아이의 부드러운 뺨을 쓰다듬기
- 비단 이불 어루만지기

시각

다음과 같은 광경을 상상해보세요:

- 태평양 너머로 지는 태양
- 머리 위로 무리를 지어 날아가는 기러기 떼
- 따뜻한 여름날의 뭉게구름
- 어린이 발레 공연

- 다이빙대에서 우아하게 뛰어내리는 선수

미각

맛을 상상해보세요:

- 신선하고 잘 익은 복숭아
- 초콜릿 칩 아이스크림 한 숟가락
- 민트 맛 구강 청결제로 가글하기
- 매콤한 할라피뇨 고추 한 개
- 쌉싸름한 꽃상추 잎사귀

후각

냄새를 상상해보세요:

- 오븐에서 구워지는 빵
- 방금 포장을 뜯은 새 비누
- 시나몬 스틱
- 갓 자른 레몬
- 향기로운 장미

다감각 상상력

다감각적 경험을 상상함으로써 미묘한 감각을 발달시킬 수 있습니다. 다음 연습을 시작으로 당신만의 시각화를 만들어 상상력을 발휘해 보세요.

상상해 보세요:

당신은 열대 섬의 해변을 걷고 있습니다. 몸에 따스한 햇볕이 느껴집니다. 해안에 부딪히는 파도와 갈매기의 울음소리가 들립니다. 코코넛 선탠로션의 은은한 향기가 느껴집니다.

상상해 보세요:

당신은 50대 후반의 고객입니다. 구석에 있는 주크박스에서 엘비스 프레슬리의 노랫소리가 실내를 가득 채웁니다. 식당의 젊은 남성들은 소매를 걷어 올린 흰색 티셔츠를 입고 있습니다. 당신은 커다란 얼음 분수 잔에 담긴 초콜릿 밀크 쉐이크를 한 모금 들이킵니다.

상상해 보세요:

당신은 더운 여름밤 라운지 의자에 누워있습니다. 당신은 어두운 하늘을 바라보고 있고, 반딧불이들이 반짝반짝 빛나고 있습니다. 귀뚜라미들이 일제히 울고 있습니다. 밤에 피는 재스민 향기가 공기를 가득 채웁니다. 싱싱한 복숭아를 한 입 베어 물자 하늘에 별똥별이 반짝입니다.

외부 세계와 내부 세계의 소리, 촉각, 시각, 미각, 후각에 대한 높은 인식과 함께 오는 열정을 기르세요. 감각이 주는 선물에 주의를 기울여 보세요.

학습과 성장

젊은 마음은 성장하는 마음입니다. 그것은 지속적인 확장과 학습에 전념합니다. 젊은 마음은 새로운 경험과 새로운 지식으로 번창합니다. 지식과 결합된 경험은 지혜로 이어집니다.

평생 배움에 전념하세요. 다음은 당신의 정신을 계속 성장시키기 위한 몇 가지 제안입니다:

- 고전, 소설, 셰익스피어, 공상과학, 판타지 등 다양한 장르의 책 읽기. 평소에 잘 선택하지 않는 장르를 시도해보기
- 루미, 타고르, 하피즈, 블레이크, 롱펠로우, 프로스트, 긴즈버그 같은 다양한 시인들의 시를 읽어 보기
- 성경, 코란, 바가바드 기타, 우파니샤드, 담마파다 등 영적 문학 읽어 보기
- 지역 대학에서 수업 듣기

- 외국어 배우기
- 피아노 레슨 받기
- 춤 배우기
- 미술 수업 듣기
- 요리 배우기
- 작문 수업 수강하기
- 합창단 가입하기
- 도예 수업 수강하기
- 새로운 컴퓨터 프로그램 배우기
- 시 쓰기 수업 수강하기
- 사랑, 인간의 잠재력, 성공, 영성, 건강에 관한 워크숍 참석하기
- 승마 강습받기
- 사진 수업 수강하기
- 새로운 장소 방문하기
- 외국 여행하기
- 박물관 및 미술관 방문하기
- 외국 영화 감상하기
- 콘서트 관람하기

당신이 누구인지에 대한 경직된 생각을 버리고 새로운 경험과 새로운 관점으로 도전하세요. 어휘력을 넓히세요. 예술, 과학, 기술, 의학,

정치, 음악, 패션의 흐름을 파악하세요. 자신을 포함한 일반적인 신념에 의문을 제기하는 것을 두려워하지 마세요. 매일 새로운 것을 배우세요. 정신이 성장하도록 계속 자극을 주면 뇌는 수십억 개의 세포 사이에 새로운 연결을 계속 만들어낼 것입니다.

지식과 결합된 경험은 지혜로 이어진다.

장난기, 경쾌함, 웃음

젊은 마음은 장난스럽고 경쾌합니다. 쉽게, 진정성 있게, 그리고 자연스럽게 웃습니다. 어린 시절에 너무 웃어서 서 있지도 걷지도 못할 정도로 크게 웃었던 기억이 있을 것입니다. 장난기와 기쁨은 영의 특성입니다. 그것은 본질적으로 가벼운 마음을 가졌습니다. 자신을 영원하고 무한한 존재로 알고 있는 영은 사소한 고민에 자신의 마법과 열정을 포기하지 않습니다.

놀이와 레크리에이션은 함께 진행됩니다. 놀이는 말 그대로 재창조의 기회, 즉 자신을 다시 창조할 수 있는 기회입니다. 마음껏 놀다 보면 현재의 순간으로 들어갑니다. 과거를 놓아버리고 미래를 잊어버립니다. 놀고 있으면 시간 가는 줄 모릅니다. 초시간적인 놀이의 영역은 영의 영역입니다. 영은 선천적으로 장난스럽습니다.

반면에 에고는 진지합니다. 그것은 오로지 권력, 통제 및 인정받는 일에만 관심이 있습니다. 에고는 쉽게 상처받습니다. 사람들이 오만함이나 자기 중요성 등 무엇을 투영하든 에고에 지배받고 있다면, 그들의 근본적인 경험은 다음 두려움 중의 하나입니다. 통제력을 잃는 것에 대한 두려움, 권력을 잃는 것에 대한 두려움, 인정을 잃는 것에 대한 두려움. 이러한 두려움은 진지함과 쉽게 상처받는 경향으로 이어집니다.

내면의 기준을 에고에서 영으로 전환할 때, 당신은 통제하고, 회유하고, 보류하고, 유혹하고, 조종하려는 욕구를 포기하고 단순히 우주와 삶이 펼쳐지도록 허용합니다. 이것은 자연스레 편안한 상태를 만들고, 당신은 마음이 가벼워지고 웃음을 짓게 됩니다.

웃음은 몸과 마음에 최고의 명약입니다. 과학적 연구에 따르면 웃음은 면역 체계를 활성화하고 통증 역치를 높여주며 우울증을 완화할 수 있다고 합니다. 우리는 당신이 마음을 밝게 하고 인간다운 삶을 사는 경이로움과 즐거움에 마음을 열어둘 것을 권장합니다. 자신에게, 친구에게, 사랑하는 사람들에게 끝까지 간 심각함이 생명력을 소모하지 않도록 상기시켜 주세요.

장난기와 웃음을 위한 제안:

• 아이들과 함께 시간 보내기

- 장난감 가게에 가기

- 동물과 함께 놀기

- 즉흥 연극 공연에 가보기

- 재미있는 영화 보기

- 오래된 몰래카메라 에피소드 찾아서 보기

- 즐겨보던 오락 프로그램 찾아서 보기

- 해변에 가기

- 스키 여행 가기

- 시트콤 재방송 시청하기

- 자전거 타기

- 볼링 치기

- 롤러블레이드 대여하기

- 야구 경기 관람하기

- 베개 싸움 시작하기

- 농담하기

- 보드게임 하기

- 누군가 간지럽히기

- 웅시 콘테스트 열기

- 가장무도회 열기

- 동물 없는 서커스 관람하기

- 춤추기

- 티 파티 열기
- 아이스크림 가게에 가기
- 쿠키 굽기
- 비눗방울 불기
- 미니 골프 치기
- 야구장에 가기
- 쇼핑몰에서 사람들 구경하기
- 놀이공원 가기
- 수채화로 그림 그리기
- 요트 대여하기
- 소풍 가기
- 재미있고 유쾌한 놀이 목록 만들기

시대를 초월한 놀이의 영역은 영혼의 영역이다.

영혼은 타고난 장난기이다.

베다 과학에 따르면 삶의 목적은 행복의 확장입니다. 창조는 우리 각자에게 다른 역할을 부여하는 기적적인 신성한 놀이입니다. 이 놀이를 뜻하는 산스크리트어는 릴라(leela)입니다. 당신은 자신의 역할을 매우 진지하게 받아들여 삶의 마법을 놓칠 수도 있으며, 또는 당신이 배우로 변장한 영원한 영임을 인식하고 릴라를 즐겁게 즐길 수도 있습니다. 삶이나 당신 자신을 너무 진지하게 받아들이지 않는다고 해서 무책임한 것은 아닙니다. 실제로 당신이 우주의 연극을 인식한다면, 당신은 더 책임감을 갖게 됩니다. 왜냐하면 모든 생각, 말, 행동이 신성한 극작가의 표현으로 보이기 때문입니다. 매 순간 마법과 신비를 만끽하세요.

웃음은 영성의 징후입니다. 웃음은 온몸에 흐르는 사랑입니다. 웃음은 달콤한 현재입니다.

> 삶에 더 많은 열정을 불러일으키세요.
> 더 많은 장난기를 불러일으키세요.
> 더 가벼운 마음을 초대하세요.
> 더 많은 웃음을 초대하세요.

페르시아 최고의 서정 시인 하피즈는 웃음에 관한 경쾌한 시를 우리에게 남겼습니다. 다니엘 라딘스키가 이 시를 번역했지요. 하피즈는 우리 모두를 우주의 춤에 초대합니다.

> 웃음이란 무엇일까?
> 우리 마음속에 싹트는 이 소중한 감정은 무엇일까?
> 영혼이 깨어나는 영광의 소리가 지금 들려온다!

놀고 즐기십시오. 몸과 마음과 영혼이 젊어질 것입니다.

나는 매일 모든 면에서 정신적, 육체적 능력을 향상시키고 있다.

내 생체 지표는 건강한 _____ 세로 설정되어 있다.

나는 건강한 _____ 세로 보이고 그렇게 느껴진다.

나는 생물학적 나이를 되돌리고 있다:

- 내 몸과 노화, 시간에 대한 인식을 바꿈으로써
- 두 종류의 깊은 휴식, 즉 편안한 자각과 편안한 수면을 통해
- 건강한 음식을 통해 내 몸을 키움으로써
- 영양 보충제를 현명하게 사용함으로써
- 심신 통합을 강화함으로써
- 운동을 통해
- 내 생활에서 독소를 제거함으로써
- 의식의 유연성과 창의성을 키움으로써
- 사랑을 통해
- 그리고 젊은 마음을 유지함으로써

삶에 더 많은 열정을 불러일으키세요.
더 많은 장난기를 불러일으키세요.

마치며

제임스 힐튼의 1933년 대표작 '잃어버린 지평선'에서 주인공 휴 콘웨이는 예기치 않게 샹그릴라로 불리는 티베트의 외딴 땅을 발견합니다. 그는 곧 이 땅의 주민들이 다른 규칙을 따르고 있다는 사실을 알게 됩니다. 왜냐하면 이들에게 질병, 노화, 죽음은 희귀한 현상이기 때문입니다. 예를 들어, 수도원의 고위 라마는 콘웨이에게 비밀의 노화 방지 수행의 결과로 그가 250년 이상 살아있다고 알려줍니다!

도착하자마자 콘웨이는 매일 저녁마다 승려들을 위해 음악을 연주하는 매혹적인 열아홉 살 중국 소녀 로첸에게 끌립니다. 그는 결국 그 소녀가 샹그릴라에서 탈출하기를 갈망하고 있다는 사실을 알게 됩니다. 낙원에서의 편안한 삶에도 불구하고 그녀는 고통과 노화, 죽음이 없는 샹그릴라가 제공할 수 없는 정반대의 경험을 갈망합니다.

콘웨이와 로첸은 샹그릴라를 떠나 문명으로 돌아가는 위험한 여정을 떠납니다. 우리는 에필로그를 읽기 전까지 그들의 운명을 알지 못합니다. 에필로그에서 콘웨이는 늙고 연약한 여성에 의해 중국의 선교 병원으로 옮겨졌으며, 그 여성은 곧바로 열병으로 사망했다는 사실이 밝혀집니다. 샹그릴라를 떠나면서 여인의 실제 나이가 밝혀집니다. 그녀는 100세가 넘었습니다. 이제 우리는 콘웨이의 궁극적인 운명을 상상할 수밖에 없습니다.

인류가 존재해 온 한 우리는 샹그릴라와 같은 땅을 꿈꿔 왔습니다. 울창한 계곡, 아름다운 자연경관, 맑은 산속 공기가 있는 이국적인 장소를 상상합니다. 하지만 샹그릴라는 장소가 아닙니다. 샹그릴라는 의식의 상태입니다. 모든 물질적 사물이 에너지와 지성의 끝없는 변화로 경험되고 고통, 노화, 에너지 고갈, 심지어 죽음조차 존재하지 않는 영원한 현실에서 살아가는 의식 상태입니다.

언뜻 보기에는 그런 곳이 바람직해 보일 수 있지만, 샹그릴라 이야기는 인간으로서 가치 있게 살아가기 위해서는 우리 삶이 반대의 것과 의미, 목적이 필요하다는 사실을 일깨워 줍니다. 오쇼 라즈니쉬는 꿈을 꾸는 한 남자의 이야기를 들려줍니다. 꿈에서 그 남자가 천상에 도착하자마자 수행원은 남자가 원하는 것은 무엇이든 즉시 나타날 것이라고 알려줍니다. 남자가 식사를 요청하자 수행원은 즉시 그를 위해 호화로운 만찬을 준비합니다. 남자가 유흥을 요청하면 수행원은 즉시 배우와 음악가 밴드를 불러 그를 즐겁게 합니다. 그가 관능적인 갈망을 표현하면 아름다운 여성들이 즉시 그의 성적 환상을 충족시켜 주기 위해 나타납니다. 처음에는 그런 경험에 매료되었지만, 며칠 후 남자는 지루함을 느끼고 수행원에게 자신이 할 일이 있는지 물어봅니다. 수행원은 목적이 있는 활동을 제외하고는 남성이 원하는 것은 무엇이든 줄 수 있다고 정중하게 알려줍니다. 그러자 남자는 말하지요. "쓸모 있는 일 없이는 시간을 보낼 수 없어요. 차라리 지옥에 있는 게 낫겠어요!" 그러자 수행원이 말합니다. "여기가 어디라고 생각하세요?"

아유르베다에 따르면 인간의 수명은 우리의 집단의식에 달려 있습니다. 베다 신화에 따르면 인간의 의식은 네 번의 주기를 거치는데, 산스크리트어로 유가라고 합니다. 각 유가마다 인간의 수명이 달라집니다. 첫 번째 주기인 삿트(Sat) 유가에서는 75%의 사람들이 깨달은 삶을 살며, 따라서 대부분의 사람들이 매우 오래 삽니다. 969세까지 살

았던 구약 성경 속 므두셀라의 예처럼 삿트 유가에서도 천 살까지 살 수 있습니다.

두 번째 주기는 드워파(Dwarpa) 유가입니다. 이 유가에는 약 50%의 사람들이 더 높은 의식 상태에 있습니다. 드워파 유가에서는 평균 수명이 약 500년으로 알려져 있습니다. 세 번째 시간 주기는 트레타(Treta) 유가라고 합니다. 이 시대에는 사람들의 25%가 더 높은 의식 상태에 있으며 평균 수명은 250년입니다.

마지막으로 소수의 사람들만이 더 높은 의식 상태를 경험하는 네 번째 주기인 칼라(Kala) 유가가 있습니다. 아유르베다에 따르면 이 시기가 바로 우리의 현재 시대입니다. 칼라 유가에서의 평균 수명은 100년입니다. 따라서 대부분의 인간은 칼라 유가에서 자신의 완전한 잠재력에 도달하지도 못합니다. 이 시기를 암흑의 시대라고 부르는데, 이는 인간이 가진 방대한 정신적, 육체적 잠재력 중 극히 일부만을 경험하기 때문입니다.

비평가들은 이러한 이론을 신화의 일부로 여기곤 하지만, 저명한 신화 탐험가인 조셉 캠벨은 "신화는 역사보다 더 많은 진실을 담고 있다."라고 말합니다. 신화는 집단적 상상력의 가장 위대한 열망을 표현합니다. 우리가 이러한 열망을 이룰 수 있는 때가 다가오고 있을지도 모릅니다. 집단의식 이론에 따르면 단 1%의 사람이 더 높은 의식 상태를 경험하면 사회는 완전히 다른 모습을 보인다고 합니다. 모든 것이 달라질 수 있습니다. 범죄율이 급감하고 입원율이 감소하며 사람들이 더 오래, 더 건강하게 살 것입니다.

수십억 년의 진화 끝에 생명은 그 내면의 비밀을 밝히기 시작했습니다. 유전자 코드에 담긴 생물학적 지성은 이제 자신의 기원을 탐구할 수 있는 인간을 만들어냈습니다. 이제 과학자들은 인간 게놈을 해독해 생명의 비밀을 알아가고 있습니다. 우리 모두는 이 새로운 기술을 통해 질병과 노화를 더 잘 이해하고 그것에 개입할 수 있기를 희망합니다. 기술 자체는 중립적입니다. 본질적으로 좋지도 나쁘지도 않습니다. 우리가 기술을 사용하는 방식이 우리의 집단의식을 반영합니다.

유전학이 발전함에 따라 우리는 수명을 크게 연장하고 점점 더 많은 사람이 잠재력을 최대한 발휘할 수 있도록 보장할 수 있을 것입니다. 개인, 인류 종, 지구 생태계를 위해 가장 진화적인 선택을 집단적으로 할 수 있도록 우리의 인식을 높이는 것이 중요합니다. 위대한 생물학자이자 소아마비 백신을 최초로 개발한 조나스 솔크는 우리가 한 종으로 살아남으려면 다윈의 "적자생존" 개념을 넘어 "현자생존"이라는 새로운 패러다임으로 나아가야 한다는 통찰을 제시했습니다. 이 책에서 제시하는 원칙과 수행은 이러한 높은 목적을 위한 것입니다.

삶의 주기는 지속적인 변화의 연속입니다. 적응은 안정으로 이어지고, 안정은 결국 정체, 에너지 고갈, 붕괴, 해체, 인큐베이션(흔히 죽음으로 인식되는)으로 이어집니다. 적절한 시기에 인큐베이션을 거치면 창의성이 비약적으로 발전하여 재생과 부활과 쇄신을 경험할 수 있습니다. 이 끝없는 순환이 없다면 우리는 늙고 쇠약함을 영원히 짊어져야 할 것입니다.

우리의 집단적 신념은 부패와 고갈의 힘이 삶의 경험을 지배할 정도였습니다. 이제는 우리 안에 있는 창조적인 힘에 주목해야 할 때입니다. 앞으로 수십 년이 지나면 인간의 노화가 완전히 새로운 양상을 띠는 시대가 열릴 것입니다. 지금쯤이면 알게 되었겠지만, 나이가 들어감에 따라 활력과 창의력, 그리고 정신과 육체의 능력이 향상될 수 있습니다. 많은 사람이 젊음을 낭비했다고 한탄하지만, 이제 우리는 젊음의 생물학과 성숙한 지혜의 절묘한 조합을 경험할 수 있습니다. 해석과 선택을 통해 우리는 삶에 세월을 더하고 세월에 삶을 더할 수 있습니다. 이것이 세상과 자신을 위한 우리의 의도입니다.

우리는 스스로의 인식 속에서 샹그릴라에 접근할 수 있습니다. 현대 물리학자들은 양자 수학이 평행하게 공존하는 현실을 예측한다고 말합니다. 양자 세계에는 고정된 물체가 없고 확률적으로 진동하는 가능성의 장이 중첩되어 있을 뿐입니다. 샹그릴라는 그러한 가능성 중 하나로서, 시간과 공간의 한계를 뛰어넘는 의식이 투영된 것입니다. 질병, 부패, 에너지 고갈, 조기 사망으로 물든 세계는 우리 주변에 널리 퍼져 있는 또 다른 의식이 투영된 것입니다. 현실이 바뀌면 관찰자와 관찰 대상 모두가 바뀝니다. 한 현실의 관찰자는 다른 현실의 관찰자와는 상당히 다릅니다. 관찰자가 변하지 않으면 관찰 대상도 변하지 않습니다.

여기서 관찰 대상은 신체이고 관찰자는 당신의 의식 상태입니다. 식이요법, 운동, 허브 등을 통해 신체에 집중하는 것도 도움이 되지만, 진정한 변화는 의식에 있습니다. 관찰자인 당신이 변하면 몸도 변하고 삶에 대한 해석도 변합니다. 이러한 변화 중 한 가지는 노화가 선택이라는 인식입니다.

아유르베다에 따르면 모든 인간은 환경, 신체, 정신, 영혼이 함께 엮인 존재입니다. 환경은 매 순간 변화하기 때문에 수명이 가장 짧습니다. 몸은 그보다 조금 더 긴 수명을 가집니다. 몸을 구성하는 거의 모든 원자와 분자를 교체하는 데 약 1년이 걸립니다. 지성과 에고를 포함하는 마음은 그보다 더 긴 수명을 갖고 있습니다. 당신의 열망, 신념, 꿈, 기억, 욕망은 평생 지속될 수 있습니다. 당신의 영혼은 영원하며 환경, 몸, 마음을 지배하는 고갈과 부패의 영향을 받지 않습니다. 영혼의 수준에서 살아가세요. 그러면 당신은 시간의 흐름에서 자유로울 수 있습니다.

이러한 인식이 육체적 죽음이라는 본질적인 사실을 없애지는 않습니다. 영혼이 진화하고 창의성을 비약적으로 발전시킬 기회를 가지세요. 영원히 같은 몸 안에 사는 것은 영원히 같은 자동차에 갇혀 사는 것과 같습니다. 언젠가는 낡음이 새로움을 낳아야 합니다. 테니슨의 시 '알프레드'에서 표현된 것처럼 순환은 계속되어야 합니다:

옛 질서는 변하여 새 질서에 자리를 내어주고,

신은 하나의 좋은 관습이 세상을 타락시키지 않도록
여러 가지 방법으로 자신을 내보인다.

이 책에서 우리는 상상력, 영감, 혁신, 창의성의 진화적 힘을 활용하여 신과 함께 공동 창조자가 될 수 있는 도구를 제공합니다. 이 도구에는 엄청난 힘이 있습니다. 우리는 당신이 이 도구를 현명하게 활용하여 기쁨과 지혜, 활력이 넘치는 세상을 만드는 데 앞장서기를 희망합니다.

더 젊게,
더 오래 사는 레시피

세계 각국의 요리로 구성된
7가지 채식 식단을 소개합니다.
각 식단은 4인분을 기준으로 제공됩니다.

태국 요리

코코넛, 두부, 채소를 넣은 맑은 국물 수프

당근과 채소를 곁들인 옐로우 타이 커리

바질과 민트를 곁들인 신선한 오이

망고를 곁들인 바스마티 라이스(Basmati 낟알이 길고 향내가 나는 쌀)

바나나 코코넛 스튜

코코넛, 두부, 채소를 넣은 맑은 국물 수프

버터기름 1작은술, 깍둑썰기로 자른 신선한 저지방 두부 1컵(1/4블록)

저염 간장 또는 타마리 소스 2~3작은술, 다진 부추 1/4컵

다진 신선한 생강 뿌리 1작은술, 중국 오향 1/2작은술, 야채 육수 2컵

얇게 썬 당근 1/2컵, 작은 꽃잎으로 자른 브로콜리 1/2컵

순한 맛의 미소(일본 된장) 2~3작은술, 저지방 코코넛 밀크 3/4컵

시금치 1컵(베이비 시금치 채소가 좋음), 다진 파 3줄기

수프 냄비에 버터기름을 두르고 깍둑썰기한 두부를 넣습니다. 살짝 갈색이 나도록 볶은 후 저염 간장이나 타마리 소스 1~2티스푼을 추가합니다. 냄비에서 두부를 꺼내 따로 보관합니다. 냄비를 다시 불에 올리고 부추를 추가한 다음 생강 뿌리를 넣고 2분간 볶습니다. 중국식 오향 향신료를 추가합니다. 냄비에 야채 육수를 넣고 끓입니다. 얇게 썬 당근을 넣고 2~3분간 끓입니다. 브로콜리를 넣고 2분간 더 끓입니다. 불을 줄이세요. 철사 거품기나 포크를 사용하여 미소, 남은 저염 간장 1작은술, 코코넛 밀크를 넣고 부드럽게 저어줍니다. 맛을 확인하고 필요하면 미소(일본 된장)를 더 추가합니다. 시금치 채소와 두부를 작은 그릇 4개에 나누어 담습니다. 육수 혼합물을 채소와 두부 위에 국자로 떠서 올립니다. 다진 파로 장식합니다.

옐로우 타이 커리(순한 맛)

카레 페이스트를 미리 만들어 밀폐 유리 용기에 담아 최대 한 달 동안 보관하세요. 카레 페이스트의 비결은 향신료를 드라이 로스팅하는 것입니다.

신선한 레몬그라스 4줄기, 커민, 통 씨 2큰술, 실란트로, 통 씨 2큰술
레드 칠리 플레이크 1작은술, 강황 가루 1작은술, 계피 1작은술
카다몬(생강과의 다년생 식물) 1작은 술, 아사푀티다(아위) 1/2작은술
잘게 썬 부추 또는 양파 1/2컵, 신선하고 잘게 썬 생강 3큰술
저염 간장 또는 타마리 소스 1큰술, 순한 맛의 미소(일본 된장) 1작은술

레몬그라스 줄기를 다듬는 것으로 시작하세요. 풀이 무성한 윗부분을 잘라내고 줄기를 약 7센티미터 정도 남겨둡니다. 뿌리 끝을 갈라 딱딱한 바깥 부분을 떼어냅니다. 안쪽 뿌리는 매끄럽고 평평해야 합니다. 날카로운 껍질 벗기는 칼을 사용하여 매우 얇은 조각으로 십자형으로 자릅니다. 그다음에는 잘게 자릅니다. 이 과정은 몇 분 정도 걸리지만 그만한 가치가 있습니다. 레몬그라스를 작은 그릇에 담습니다.

마른 팬을 달군 뒤 커민과 실란트로 씨앗을 노릇노릇하고 향기가 날 때까지 부드럽게 볶습니다. 씨앗이 타지 않도록 계속 움직이면서 볶아야 합니다. 레드 칠리 플레이크를 넣고 1분간 더 볶습니다. 볶은 칠리 플레이크, 커민, 실란트로 씨를 절구통이나 향신료 그라인더에 넣습니다. 으깨거나 갈아서 고운 가루로 만듭니다. 작은 믹싱 볼에 넣고 따로 보관합니다. 달군 소테팬에 마른 향신료를 넣고 1~2분간 또는 약간 갈색이 될 때까지 볶습니다. 타지 않도록 향신료를 이리저리 움직여주세요. 볶은 향신료를 작은 믹싱 볼에 넣고 섞어줍니다.

달군 소테팬에 부추와 생강을 넣고 3분간 볶습니다. 혼합물이 졸아들기 시작하면 저염 간장이나 타마리 소스를 추가합니다. 레몬그라

스를 넣고 1~2분간 아주 짧게 볶습니다. 볶은 향신료가 담긴 그릇에 부추와 생강을 추가합니다. 잘 섞어줍니다. 미소(일본 된장)를 티스푼으로 혼합물에 섞기 시작합니다. 계속 섞어주세요. 카레는 많이 섞을수록 잘게 부서집니다. 숟가락에 약간의 압력을 가하면 향신료와 부추를 함께 찧는 데 도움이 됩니다. 필요하면 미소(일본 된장)를 1/2작은술 더 추가합니다. 혼합물이 너무 건조하여 잘 섞이지 않으면 야채 육수를 최대 1큰술까지 추가합니다. 혼합물이 잘 섞이고 부드러운 페이스트의 농도가 되면 유리병에 넣고 냉장고에 보관합니다. 참고: 소형 푸드 프로세서를 사용하여 페이스트를 만들 수 있습니다.

당근과 채소를 곁들인 옐로우 타이 커리

옐로우 타이 커리 레시피를 따릅니다. 한 번에 만들어 뚜껑이 꼭 맞는 병에 보관합니다.

버터기름 1작은술, 참기름 1작은술, 잘게 다진 부추 1컵
당근 2컵, 통째로, 대각선으로 썬 것
야채 육수 2큰술, 옐로우 타이 커리 페이스트 4큰술
청경채 4컵을 6밀리미터 너비의 긴 조각으로 자른 것
얇게 썬 배추 4컵, 볶은 참깨 1큰술, 신선한 다진 실란트로 1/2컵
구운 코코넛 플레이크 1큰술, 즙을 낸 라임 2개

큰 소테팬에 버터기름과 참기름을 두르고 가열합니다. 부추를 넣고 2분간 볶습니다. 당근과 채소 육수를 넣고 2분간 더 끓입니다. 타이 커리 페이스트를 추가하고 2분간 끓입니다. 청경채와 적양배추를 추가합니다. 채소의 숨이 죽을 때까지 카레 페이스트에 버무립니다. 구운 참깨, 다진 실란트로, 코코넛으로 장식하고 신선한 라임 주스를 뿌려줍니다.

바질과 민트를 곁들인 신선한 오이

껍질을 벗기고 씨를 제거한 후 아주 얇게 썬 오이 3개
얇게 슬라이스한 신선한 바질 1/4컵, 얇게 썬 신선한 포장 민트 1/4컵
다진 신선한 실란트로 2큰술, 실란트로 1/2작은 술, 쌀 식초 2큰술
참깨 1작은술, 저염 간장 또는 타마리 소스 1작은술 또는 소금 1/2작은술

모든 재료를 함께 버무린 후 최대 1시간 동안 그대로 두었다가 차려냅니다. 쉬는 동안 몇 번 저어 풍미가 고루 퍼지도록 합니다. 입맛을 돋우는 곁들임 샐러드로 좋습니다.

망고와 바스마티 라이스

잘 씻어서 체에 거른 유기농 바스마티 쌀 2컵
물 또는 야채 육수 3 3/4컵, 시나몬 스틱 1개, 코코넛 밀크 1/2컵

잘 익은 신선한 망고 1컵(해동한 냉동 망고 사용 가능)

커민 1/2작은술, 카다몬 1/2작은술

3리터 냄비에 쌀과 시나몬 스틱을 넣고 물이나 육수를 부어 끓입니다. 냄비를 꼭 맞는 뚜껑으로 덮고 불을 줄입니다. 가능한 가장 약한 불에서 20분간 끓입니다. 끓이는 동안 냄비 뚜껑을 열지 마세요. 20분 후 불에서 내립니다. 포크로 밥을 퍼서 코코넛 밀크와 망고 조각, 향신료를 추가합니다. 잘 섞일 때까지 포크로 섞어주고 시나몬 스틱은 차려내기 전에 제거합니다. 차려낼 준비가 될 때까지 뚜껑을 덮어 보관합니다.

바나나 코코넛 스튜

버터기름 1작은술, 껍질을 벗기고 얇게 썬 바나나 4개, 클로브 1/2작은술,

사과 주스 1/2컵, 메이플 시럽 2큰술, 저지방 코코넛 밀크 1/2컵

소테팬에 버터기름을 두르고 얇게 썬 바나나를 넣은 뒤 2~3분간 볶습니다. 클로브와 사과 주스를 추가합니다. 1~2분간 아주 짧게 볶습니다. 메이플 시럽과 코코넛 밀크를 바나나가 잠길 정도로 넣습니다. 필요하면 사과 주스를 더 추가하여 바나나가 잠길 수 있도록 합니다. 혼합물을 10분간 끓입니다. 개별 디저트 볼에 담아 차려냅니다. 구운 아몬드와 코코넛 플레이크로 장식을 해도 좋습니다.

중국 요리

야채 탕수프

부처님의 잔치

양념 참깨 두부 스트립

간단한 찐 쌀밥

아몬드 쿠키

야채 탕수프

얇게 썬 저지방, 단단하거나 매우 단단한 신선한 두부 1컵(1/2파운드, 113g)

저염 간장 또는 타마리 소스 3작은술, 버터기름 1작은술

참기름 1작은술, 레드 칠리 플레이크 1/2작은술

껍질을 벗기고 얇게 썬 가지 1컵, 얇게 썬 당근 1컵, 야채 육수 4컵

유기농 사과 식초 2큰술, 칡가루 1큰술, 냉수 1/4컵

다진 파 2큰술, 해바라기 싹 또는 콩나물 1컵

두부를 볼에 담고 저염 간장 1작은술을 넣습니다. 포크로 버무린 후 따로 보관합니다. 수프 냄비에 버터기름과 참기름을 넣고 가열합니다. 칠리 플레이크를 추가합니다. 가지와 당근을 넣고 3~4분간, 또는 당근이 익어 부드러워질 때까지 볶습니다. 야채 육수를 넣고 끓입니다. 두부, 식초, 저염 간장 2티스푼을 추가합니다. 5분간 끓입니다. 작은 그릇에 칡을 냉수에 녹이고 포크로 섞어줍니다. 계속 저어주면서 수프에 추가하세요. 수프가 걸쭉해지기 시작할 것입니다. 이것은 1분밖에 걸리지 않습니다. 불을 끄고 수프를 국자로 떠서 그릇에 담고 대파와 새싹 채소로 장식합니다.

나한재(羅漢齋, 부처님 만찬)

중국식 볶음 기본 소스

완성량: 2컵

마늘 3쪽(선택 사항), 다진 것 또는 가루 1작은술

생강 1작은술, 갈거나 가루로 만든 것, 고춧가루 1/2작은술

참기름 1큰술, 야채 육수 1 1/2컵, 저염 간장 또는 타마리 소스 4큰술

쌀 식초 3큰술, 레몬즙 1큰술, 메이플 시럽 1큰술, 마른 겨자 1작은술

물 2큰술에 녹인 칡 2큰술

작은 냄비에 참기름을 두르고 마늘, 생강, 고춧가루를 가볍게 볶습니다. 칡을 제외한 나머지 재료를 모두 넣고 끓기 직전까지 끓입니다. 불을 줄이고 물에 녹인 칡을 붓습니다. 계속 저어가며 걸쭉해질 때까지 끓입니다.

부처님이 가장 좋아하는 야채

1인당 약 2컵의 혼합 야채가 필요하며, 4인분 기준 총 8컵이 필요합니다. 다음 야채 중 하나를 선택하여 볶습니다. 주어진 순서는 야채가 익는 순서입니다.

버터기름 1작은술, 참기름 1작은술, 대각선으로 얇게 썬 당근 2컵

한입 크기로 썬 콜리플라워 2컵

한입 크기로 썬 브로콜리 2컵, 줄기 껍질을 벗기고 얇게 썬 것

어슷 썬 셀러리 2컵, 아스파라거스 2컵, 2센티미터 조각

어슷 썬 청경채 2컵, 잘게 썬 양배추, 흰 양배추 또는 붉은 양배추 2컵

얇게 썬 홍고추 또는 피망 1컵, 그린빈 1컵, 숙주나물 2컵

조각 썬 시금치 2컵, 통 완두콩 1컵

버터기름 1작은술과 참기름 1작은술을 넣고 가열하여 볶기 시작합니다. 한두 사람이 먹을 채소를 만드는 경우에는 양을 줄이세요. 순서에 따라 야채를 한 번에 하나씩 추가하고 당근이 부드러워질 때까지 볶습니다. 야채가 익으면 소스를 붓습니다. 밥이나 우동면 위에 얹어 차려냅니다. 참깨와 파로 장식합니다.

마리네이드 참깨 두부 스트립

작은 조각으로 자른 단단하고 신선한 두부 350그램
구운 참깨 1/4컵

마리네이드 양념장

쌀 식초 1/2컵, 저염 간장 또는 타마리 소스 1/2컵
메이플 시럽 2큰술, 레몬즙 2큰술, 커민 가루 1작은술
생강 가루 1작은술, 참기름 1작은술

마리네이드 재료를 섞습니다. 두부를 원하는 모양으로 자르고 마리네이드 양념장에 6시간 또는 하룻밤 동안 담가둡니다. 양념장에서 두부를 건져냅니다. 작은 볼에 참깨를 넣고 두부 조각에 참깨를 골고루 묻혀줍니다. 기름을 바른 팬에 두부를 올립니다. 오븐에서 두부가 노릇노릇해질 때까지 20~30분간 굽습니다. 볶음 요리에 얹어서 내거나 깍둑썰기한 두부가 필요한 모든 요리에 사용하세요.

간단한 찐 쌀밥

바스마티 쌀 1컵, 물 또는 야채 육수 2컵

쌀과 물을 끓입니다. 불을 가장 약한 불로 줄이고 밥이 15~20분 동안 방해받지 않고 익을 때까지 기다립니다. 포크로 고루 섞어 볶음과 함께 차려냅니다.

아몬드 쿠키

아몬드 1컵(모든 종류의 견과류 사용 가능), 유기농 귀리 1컵

아몬드를 푸드 프로세서에 넣고 1분간 섞습니다. 귀리를 넣고 계속 섞으면서 거칠게 만듭니다. 혼합물을 믹싱 볼에 넣습니다.

통밀 페이스트리 가루 또는 쌀가루 1컵, 시나몬 또는 육두구 1/2작은술
소금 1/2작은술, 메이플 시럽 1/2컵, 카놀라유 또는 버터기름 1/4컵
갈아놓은 망고, 또는 사과 소스, 또는 으깬 바나나 1/4컵
통 아몬드 12~15개

밀가루, 아몬드/귀리 혼합물, 시나몬, 소금을 믹싱 볼에 넣습니다. 거품기로 섞어줍니다. 별도의 볼에 메이플 시럽, 오일, 망고(또는 으깬 과일)를 넣고 거품기로 섞어줍니다. 젖은 재료와 마른 재료를 섞어줍니

다.(비닐장갑을 사용하세요) 부드러운 질감이 될 때까지 섞어줍니다. 계량
스푼을 사용하여 혼합물을 스프레이 베이킹 시트에 떠서 올립니다. 엄
지손가락으로 살짝 찍어 쿠키 중앙에 아몬드 한 개를 통째로 넣습니다.
350도에서 20~25분간, 또는 노릇하게 갈색이 될 때까지 굽습니다.

이탈리아 요리

흰콩과 야채 수프

페스토를 곁들인 시금치와 가지 레이어드 파스타

구운 토마토 소스

가르반조와 그린빈 스튜

신선한 로즈마리를 곁들인 당근 구이

라즈베리 두부 셔벗

흰콩과 야채 수프

흰콩 1컵을 하룻밤 물에 불린 후 아침에 체에 걸러 헹굽니다.

수프 냄비에 콩을 넣습니다. 냄비에 콩보다 5센티미터 위까지 물을 채우고 끓입니다. 콩이 부드럽지만 무르지는 않을 때까지 익힙니다. 계속 끓어오르도록 필요에 따라 물을 보충합니다. 콩을 체에 걸러서 보관합니다. 물은 버립니다.

버터기름 또는 올리브 오일 1작은술, 다진 부추 1컵

2분간 함께 볶은 후 순서대로 추가합니다:

셀러리 1컵, 후추 1/2작은술, 바질 1작은술, 마조람 1작은술
딜 1작은술, 오레가노 1작은술, 저염 간장 1큰술
당근 1컵, 1/4인치 슬라이스
꽃잎 모양으로 자른 콜리플라워 1컵

자주 저어주면서 5분간 함께 볶습니다. 다음에 추가합니다:

주키니 호박 1컵, 익힌 흰콩 2컵
야채 육수 5~6컵(재료를 충분히 덮을 만큼), 월계수 잎 2장

야채가 부드러워질 때까지 약 20분간 함께 끓입니다.

포장된 혼합 요리용 채소 또는 시금치 1컵, 유기농 토마토 페이스트 2큰술
얇게 썬 신선한 바질 1큰술, 다진 신선한 파슬리 1큰술

혼합 채소, 토마토 페이스트, 신선한 허브를 마지막에 추가합니다. 페이스트가 걸쭉해질 때까지 저어줍니다. 큰 수프 그릇에 담아 차려 냅니다.

페스토를 곁들인 시금치와 가지 레이어드 파스타

페스토

꼭지를 제거한 포장된 신선한 바질 2컵
굵게 다진 뒤 올리브 오일 1작은술에 살짝 볶아낸 브로콜리 1컵
잣 1/2컵(소테팬에 노릇노릇해질 때까지 볶은 것), 레몬즙 2큰술
올리브 오일 3큰술, 저염 간장 또는 소금 1/2작은술

푸드 프로세서에 바질과 볶은 브로콜리를 넣고 1분간 섞어줍니다. 잣, 레몬즙, 오일, 저염 간장을 추가합니다. 부드러운 질감이 될 때까지 퓌레로 만듭니다.

파스타

신선한 파스타, 또는 5×23센티미터의 말린 스트립 파스타 9장

가능하면 신선한 파스타 시트를 사용하거나 마른 라자냐 면을 사용합니다. 신선한 시트를 적당한 길이로 자릅니다. 마른 라자냐 시트는 그대로 사용합니다. 큰 냄비에 물 3리터를 넣고 끓입니다. 면을 끓는 물에 담그고 부드러워질 때까지 익힙니다. 생면 파스타는 2~3분, 마른 파스타는 6~7분간 삶습니다. 삶은 물에서 건져내어 사용할 때까지 찬물에 따로 보관합니다. 캐서롤을 만들기 직전에 물기를 제거합니다.

필링

이탈리안 허브 1큰술, 후추 2작은술, 올리브 오일 1큰술, 저염 간장 1큰술
큰 가지 1개 또는 중간 가지 2개, 6밀리미터 두께로 썬 것
깨끗이 씻어 잘게 찢은 신선한 시금치 900그램, 끓는 물에 2분간 데친 후 찬물에 헹구어 따로 보관하거나 해동한 냉동 시금치 500그램
말린 딜 1작은술, 올스파이스 1작은술, 파프리카 1/2작은술, 빵가루 1/4컵

이탈리안 허브, 후추 1작은술, 오일, 저염 간장을 섞어줍니다. 큰 볼에 가지를 넣고 그 위에 올리브 오일 혼합물을 뿌립니다. 가지가 잘 코팅될 때까지 버무립니다. 시트 팬에 가지를 깔고 오븐에서 20분, 또는 가지가 거의 부드러워질 때까지 굽습니다. 오븐에서 꺼내 식힙니다. 시금치를 볼에 담고 딜, 올스파이스, 남은 후추를 넣습니다. 별도의 볼에 파프리카와 빵가루를 섞어 따로 보관합니다.

조합하기

정사각형 캐서롤 팬에 올리브 오일을 뿌리거나 버터기름을 살짝 발라줍니다. 팬 바닥에 파스타 세 줄을 깔아줍니다. 가지의 절반을 파스타 위에 겹겹이 쌓습니다. 가지 위에 페스토 절반을 펴 바릅니다. 시금치의 절반을 페스토 위에 얹고 원하는 경우 강판에 간 치즈를 추가합니다. 파스타 세 줄을 더 얹고 지긋이 눌러줍니다. 나머지 가지, 페스토, 시금치도 같은 방법으로 층층이 쌓습니다. 남은 파스타를 시금치 위에 올리고 골고루 눌러줍니다. 캐서롤 위에 올리브 오일이나 버터기름을 가볍게 바르고 파프리카와 빵가루를 뿌립니다. 양피지와 호일로 덮어줍니다. 350도의 오븐에 넣고 30분간 굽습니다. 익힌 토마토소스와 함께 차려냅니다.

구운 토마토 소스(1리터 분량)

작은 토마토 12개를 씻은 뒤 윗부분에 X 모양의 칼집 낸 것
올리브 오일 1/4컵, 후추 1작은술
줄기에서 떼어낸 신선한 로즈마리 4가지
말린 바질 1큰술, 말린 타임 1작은술, 발사믹 식초 1큰술

토마토 익히기: 볼에 토마토를 다른 재료와 함께 버무린 뒤 얕은 로스팅 팬에 넣습니다. 350도에서 20~30분, 또는 토마토가 부드러워지고 껍질이 쉽게 벗겨질 때까지 익힙니다. 식힌 후 껍질을 제거합니다. 으깬 토마토를 체에 밭칩니다. 토마토의 물기가 빠지도록 따로 보관합니다.

버터기름 또는 올리브 오일 1큰술, 레드 칠리 조각 1/2작은술
후추 1작은술, 다진 부추 또는 샬롯 2컵

달군 소스 팬에 버터기름과 향신료를 넣은 뒤 부추를 넣고 부드러워질 때까지 볶습니다. 토마토를 넣고 아주 약한 불에서 최소 30분에서 최대 1시간까지 끓입니다. 끓이는 동안 파슬리와 바질을 제외한 나머지 재료를 추가합니다.

구운 고추 1/2컵, 물기를 빼고 다진 신선한 것 또는 통조림
발사믹 식초 1작은술
다진 신선한 파슬리 1/4컵
얇게 썬 신선한 바질 1/2컵

불을 끄고 파슬리와 바질을 넣고 핸드 블렌더를 이용해 퓌레로 만듭니다.

가르반조와 그린빈 스튜
물에 담가 하룻밤 불린 가르반조 콩 또는 병아리콩 1컵

수프 냄비에 콩을 넣습니다. 냄비에 콩보다 5센티미터 정도 위까지 물을 채웁니다. 콩을 부드럽지만 무르지 않을 때까지 익힙니다. 계속 끓어오르도록 필요에 따라 물을 보충합니다. 콩을 체에 걸러 따로 보관합니다. 물은 버립니다.

버터기름 또는 올리브 오일 1작은술, 다진 부추 1컵, 후추 1작은술
저염 간장 또는 타마리 소스 1작은술
줄기를 제거하고 2.5센티미터 크기로 자른 포장된 신선한 그린빈 2컵
말린 바질 1작은술, 말린 딜 1작은술, 오레가노 1작은술
야채 육수 1/2컵, 신선한 토마토 1 1/2컵, 깍둑썰기한 것
익힌 가르반조 콩 2컵

소테팬에 버터기름이나 올리브 오일을 두르고 부추를 넣습니다. 후추와 저염 간장을 추가합니다. 2분간 끓입니다. 그린빈과 향신료를 추가합니다. 야채 육수 1/4컵을 넣고 3~4분간 끓입니다. 토마토, 가르반조, 나머지 야채 육수를 추가합니다. 그린빈이 부드러워질 때까지 끓입니다. 대부분의 수분이 흡수됩니다.

신선한 로즈마리를 곁들인 구운 당근

버터기름 또는 올리브 오일 1작은술, 카레 가루 1작은술
말린 딜 1작은술, 육두구 1작은술, 굵게 다진 신선한 로즈마리 잎 1큰술
저염 간장 또는 타마리 소스 1작은술
껍질을 벗기고 2.5센티미터 깍둑썰기로 자른 큰 당근 6개

당근을 제외한 모든 재료를 큰 믹싱 볼에 넣고 섞습니다. 당근을 넣고 잘 코팅될 때까지 버무립니다. 시트 팬에 당근을 깔고 350도 오븐에 넣습니다. 부드러워질 때까지 약 20분간 굽습니다.

라즈베리 두부 셔벗

냉동 라즈베리 또는 냉동 딸기 300그램(유기농), 연두부 300그램
메이플 시럽 1/4컵, 바닐라 추출물 1작은술, 클로브 1/4작은술
구운 코코넛 플레이크, 구운 슬라이스 아몬드

푸드 프로세서에 라즈베리나 딸기를 넣고 부드러워질 때까지 섞습니다. 두부를 넣고 계속 섞은 뒤 메이플 시럽, 바닐라, 클로브를 추가합니다. 부드러운 질감이 될 때까지 계속 섞습니다. 푸드 프로세서에서 꺼낸 후 그릇에 떠서 차려냅니다. 구운 코코넛 플레이크와 구운 슬라이스 아몬드로 장식합니다. 남은 것은 냉동실에 보관하세요.

멕시코 요리

아보카도와 실란트로를 곁들인 또띠야 수프

검은콩과 고구마 엔칠라다

스페인 쌀밥

망고와 토마토 살사

메이플 시럽을 곁들인 구운 바닐라 플랑

아보카도와 실란트로를 곁들인 또띠야 수프

버터기름 2작은술, 다진 부추 1컵, 저염 간장 또는 타마리 소스 1작은술
후추 1작은술, 레드 칠리 플레이크 1/2작은술, 칠리 파우더 1작은술(순한 맛)

커민 1작은술, 한입 크기로 자른 당근 1컵, 다진 피망 1/2컵

야채 육수 4컵, 신선한 옥수수 또는 냉동 옥수수 1컵(유기농)

다진 구운 고추 1/4컵, 신선하거나 잘게 썰어 병에 담아놓은 것

2.5센티미터 크기로 자른 옥수수 또띠야 2장

깍둑썰기한 생 아보카도 1컵, 다진 실란트로 1/4컵, 실란트로 줄기 몇 개(장식용)

수프 냄비에 버터기름 1티스푼을 넣고 가열한 후 부추를 넣습니다. 저염 간장, 후추, 기타 향신료를 추가합니다. 1분간 볶습니다. 당근과 피망을 추가합니다. 2분간 볶은 뒤 야채 육수 1/2컵을 추가합니다. 4~5분간 계속 끓입니다. 옥수수, 구운 고추, 나머지 육수를 추가합니다. 당근이 거의 부드러워질 때까지 수프를 끓입니다. 작은 소테팬에 남은 버터기름 1티스푼을 두르고 또띠야를 넣습니다. 또띠야가 바삭해질 때까지 재빨리 볶습니다. 불을 끄고 다진 실란트로와 함께 또띠야를 수프에 넣고 저어줍니다. 아보카도를 그릇에 나누어 담습니다. 수프를 국자로 떠서 아보카도 위에 얹고 실란트로 줄기로 장식합니다. 바로 차려냅니다.

검은콩과 고구마 엔칠라다스

밤새 불린 검은콩 1컵 또는 유기농 검은콩

껍질을 벗겨 작은 조각으로 자른 고구마 2컵, 버터기름 1작은술

다진 부추 1컵, 후추 1작은술, 붉은 칠리 플레이크 1/2작은술

저염 간장 또는 타마리 소스 1큰술, 다진 시금치 또는 근대 1컵

시나몬 1/2작은술, 오레가노 1작은술, 커민 1작은술, 야채 육수

줄기를 제거하고 다진 실란트로 1/4컵

말린 검은콩을 사용하는 경우, 큰 냄비에 검은콩을 넣고 물을 콩보다 최소 7센티미터 위까지 채웁니다. 검은콩이 부드러워질 때까지 약 1시간 동안 조리합니다. 필요에 따라 물을 보충합니다. 콩이 부드러워지면 냄비에서 물기를 빼줍니다. 2쿼트 냄비에 물을 넣고 끓인 후 고구마를 넣고 5분간 끓입니다. 감자가 거의 부드러워질 것입니다. 감자의 물기를 빼고 따로 보관합니다.

소테팬에 버터기름을 두르고 부추를 넣은 뒤 후추, 칠리 플레이크, 저염 간장을 넣습니다. 부추를 2~3분간 끓입니다. 불을 줄이고 익힌 검은콩과 익힌 고구마를 추가합니다. 약한 불에서 계속 끓입니다. 혼합물이 너무 건조하면 야채 육수를 추가합니다.

계속 끓이면서 혼합물에 채소를 추가합니다. 남은 향신료를 추가합니다. 포크로 재료를 부드럽게 으깨면서 끓입니다. 실란트로를 넣고 저어준 후 불에서 내립니다. 따로 보관합니다.

엔칠라다 소스

유기농 엔칠라다 소스를 구입하거나 다음 레시피로 만들 수 있습니다.

버터기름 1작은술, 부추 또는 양파 1컵, 후추 1작은술

저염 간장 또는 타마리 소스 1작은술

다진 중간 크기 토마토 3컵 또는 5개(껍질을 벗기고 씨를 제거한 것)

커민 1작은술, 실란트로 1작은술, 칠리 파우더 2작은술

토마토 주스 또는 야채 육수 1컵, 옥수수 또띠야 12개

소테팬에 버터기름을 두르고 부추 또는 양파, 후추, 저염 간장을 넣습니다. 부추를 2~3분간 끓입니다. 부추가 약간 갈색이 나기 시작하면 토마토와 나머지 향신료를 추가합니다. 주스를 천천히 추가하고 20~30분간 계속 끓여 주스가 졸아들 때까지 끓입니다. 블렌더로 퓌레를 만들거나 핸드 블렌더를 사용합니다. 이 소스는 부드럽고 약간 걸쭉해야 합니다. 또띠야를 소테팬에 한 번에 하나씩 가열합니다. 얕은 팬에 소스를 약간 붓고 가열한 또띠야의 양면을 소스에 담급니다. 기름을 바른 팬으로 옮깁니다. 데운 또띠야에 속을 채우고 뒤집어서 양쪽을 집어넣습니다. 남은 소스를 말아놓은 또띠야 위에 붓고 350도에서 뚜껑을 덮어 20~30분간 굽습니다. 원하는 경우 유제품이나 두유 치즈를 위에 얹어도 좋습니다. 다진 실란트로로 장식합니다.

스페인식 밥

잘 씻은 유기농 바스마티 쌀 1컵, 야채 육수 2컵 + 1큰술

버터기름 1작은술, 부추 또는 양파 1/2컵, 후추 1/2작은술

저염 간장 또는 타마리 소스 1작은술, 파프리카 1작은술
칠리 파우더 1작은술, 커민 1작은술
유기농 옥수수 1/2컵, 유기농 완두콩 1/2컵

쌀과 육수 2컵을 섞어 부드러워질 때까지 끓입니다. 별도의 소테팬에 버터기름을 두르고 가열합니다. 부추, 후추, 저염 간장을 넣고 부추가 살짝 갈색이 될 때까지 볶습니다. 남은 향신료, 옥수수, 완두콩, 야채 육수 한 스푼을 추가합니다. 1분간 끓입니다. 파프리카 혼합물을 밥에 넣고 저어줍니다.

망고 토마토 살사

깍둑썰기한 신선한 망고 또는 파파야 1컵, 오렌지 또는 사과 주스 1/4컵
잘게 다진 실란트로 1/4컵, 다진 부추 또는 파 1/4컵(부추는 먼저 살짝 볶음)
레몬 주스 1큰술, 메이플 시럽 1큰술, 실란트로 1작은술
올스파이스 1/2작은술, 계피 1/2작은술, 육두구 1/2작은술
카다몬 가루 1/2작은술, 으깬 고추(카이엔) 1/2작은술

모두 섞어 차갑게 식힌 후 차려냅니다.

메이플 시럽을 곁들인 구운 바닐라 플랑

연두부 340그램, 메이플 시럽 1/4컵, 바닐라 추출물 2작은술

칡가루 2작은술, 클로브 약간, 유기농 설탕 6작은술, 메이플 시럽 6작은술

블렌더나 푸드 프로세서로 처음 다섯 가지 재료를 부드러워질 때까지 섞어주세요. 베이킹 접시 6개에 오일이나 버터를 바릅니다. 두부 혼합물을 6개의 접시에 나누어 담습니다. 350도에서 15분간 굽습니다. 오븐에서 꺼내 각각 설탕 1티스푼을 뿌리고 메이플 시럽 1티스푼도 넣습니다. 5분, 또는 윗부분이 노릇노릇해질 때까지 다시 오븐에 넣습니다. 따뜻하게 차려냅니다.

프랑스 요리

크리미한 아스파라거스 수프

시금치, 부추, 감자 타르트

그린빈스 아만딘 찜

근대, 아루굴라 레몬 타라곤 드레싱

블랙베리를 곁들인 데친 배

크리미한 아스파라거스 수프

버터기름 2작은술, 다진 대파 2대, 후추 1작은술

저염 간장 또는 타마리 소스 1작은술

껍질을 벗기고 깍둑썰기한 흰 감자 120그램

타라곤 1큰술, 타임 1작은술, 아스파라거스 350그램,

밑동은 2.5센티미터 크기로 자른 것

야채 육수 4~6컵, 육두구 1/2작은술, 다진 파슬리 2큰술

큰 수프 냄비에 버터기름을 데웁니다. 부추를 볶고 후추와 저염 간장을 넣습니다. 부추를 계속 끓입니다. 감자, 타라곤, 타임을 추가합니다. 감자가 갈색이 될 때까지 볶습니다. 아스파라거스 조각을 넣고 채소가 잠길 때까지 야채 육수를 넣습니다. 감자가 부드러워질 때까지 끓입니다. 블렌더나 푸드 프로세서를 사용하여 수프를 부드러운 질감의 퓌레로 만듭니다. 육두구와 파슬리로 수프를 장식합니다.

시금치, 부추, 감자 타르트 크러스트

유기농 흰 밀가루 또는 통밀 페이스트리 가루 1 1/2컵

소금 1/2작은술, 잘게 자른 냉장 버터 1/2컵

레몬즙 또는 식초 1작은술, 찬물 1/4컵

푸드 프로세서에 "S"자 칼날을 넣습니다. 프로세서 바닥에 밀가루와 소금을 넣습니다. 기계를 켜고 버터 조각을 밀가루 혼합물에 한 번에 몇 개씩 떨어뜨리기 시작합니다. 버터가 모두 푸드 프로세서에 들어가면 골고루 섞어줍니다. 레몬즙을 넣고 다시 섞습니다. 푸드 프로

세서의 속도를 늦추고 뻣뻣한 반죽이 될 때까지 물을 천천히 뿌려줍니다. 밀가루를 뿌린 조리대 위에 반죽을 올립니다. 반죽을 손으로 모아 평평하고 둥근 원반 모양으로 만듭니다. 밀대를 사용하여 반죽을 고르게 펴줍니다. 돌돌 말아준 반죽을 기름을 바른 25센티미터 타르트 팬에 조심스럽게 놓습니다. 반죽 바깥쪽을 손가락으로 눌러 타르트 팬의 벽을 따라 1.3센티미터 높이의 가장자리를 만듭니다. 조합할 준비가 될 때까지 타르트를 냉장고에 넣습니다.

필링

버터기름 또는 올리브 오일 2작은술

둥글게 아주 얇게 썬 중간 크기의 붉은 감자 4개, 둥글게 얇게 썬 대파 2대

후추 1작은술, 말린 바질 1작은술, 말린 세이지 1작은술

저염 간장 또는 타마리 소스 2작은술

유기농 시금치 4컵 또는 해동 후 다진 냉동 시금치 500그램

말린 딜 1작은술, 말린 마조람 1작은술

연두부 300그램, 야채 육수 1/4~1/2컵, 물 1큰술에 녹인 칡 1큰술

큰 소테팬에 버터기름 1티스푼을 넣고 가열합니다. 감자를 양면이 노릇해질 때까지 가볍게 볶습니다. 팬에서 꺼내 따로 보관합니다. 소테팬에 버터기름 1작은술을 더 데우고 부추, 후추, 바질, 세이지, 저염 간장 1작은술을 넣어 볶습니다. 노릇노릇해질 때까지 볶은 뒤 팬에서 꺼내 따로 보관합니다. 생시금치를 사용하는 경우, 소테팬을 다시

가열해 시금치를 짧게 볶습니다. 불에서 내립니다. 믹싱 볼에 시금치를 넣습니다. 허브를 추가한 뒤 함께 버무립니다. 블렌더에 두부를 넣습니다. 두부가 부드러워지면 육수를 천천히 추가하며 섞습니다. 물에 녹인 칡과 남은 저염 간장을 추가합니다. 가볍고 부드러운 질감이 될 때까지 섞습니다. 혼합물이 너무 걸쭉하면 육수를 조금 추가합니다. 시금치에 두부 믹스 1/2컵을 추가합니다. 잘 섞어줍니다.

조합하기

볶은 부추를 냉장 타르트 팬 바닥에 놓고 시금치 혼합물을 부추 위에 층층이 펴 바릅니다. 시금치 위에 두부 혼합물을 붓습니다. 이 층은 시금치를 덮고 약 6밀리미터 두께가 되어야 합니다. 남은 양은 다른 용도로 사용하기 위해 남겨둡니다. 캐서롤 위에 감자를 원형 또는 직사각형 모양으로 배열합니다. 타르트 위에 파프리카, 딜, 육두구를 뿌려 색을 더합니다. 350도에서 35분간, 또는 칼을 넣었을 때 타르트 중앙이 깨끗하게 나오고 감자가 노릇노릇해질 때까지 구워줍니다.

그린빈 아만딘 찜

버터기름 1작은술, 신선한 유기농 그린빈 2큰술
커민 1작은술, 발사믹 식초 1작은술
얇게 썰어 오븐에 구운 아몬드 1/4컵

소테팬에 버터기름을 두르고 그린빈을 넣습니다. 커민을 넣고 계속 끓입니다. 물기가 부족하면 야채 육수 1티스푼을 추가합니다. 그린빈 이 거의 부드러워질 때까지 끓입니다. 차려내기 직전에 발사믹 식초 를 추가합니다. 그린빈을 팬에서 이리저리 굴려 식초가 골고루 묻도 록 합니다. 아몬드를 개인 접시 위나 그릇에 뿌립니다.

스위스 근대 및 루꼴라 레몬 타라곤 드레싱

씻은 근대 1단, 깨끗이 씻어 줄기를 제거한 루꼴라 1컵
야채 육수 1/4컵, 레몬 타라곤 드레싱 2큰술

마른 소테팬을 달구고 근대와 루꼴라를 넣습니다. 채소가 숨이 죽을 때까지 기다립니다. 팬이 너무 뜨거워서 채소가 갈색으로 변하기 시 작할 때만 육수를 추가합니다. 완성된 채소를 레몬 타라곤 드레싱에 버무립니다.

레몬 타라곤 드레싱

다진 파슬리 1/4컵, 다진 파 1대, 레몬즙 1/4컵
디종 머스터드 1작은술, 타라곤 1큰술, 메이플 시럽 2큰술
저염 간장 1작은술, 사과 주스 1/4컵, 올리브 오일 1/4컵

블렌더에 오일을 제외한 모든 재료를 넣으세요. 블렌더를 작동시키며 오일을 천천히 첨가합니다. 드레싱이 약간 걸쭉해질 때까지 계속 섞습니다.

블랙베리를 곁들인 데친 배

유기농 사과 주스 농축액 1캔, 반으로 자르고 껍질을 벗겨 씨를 제거한 배 1개
클로브 1/2작은술, 통째로, 시나몬 스틱 2개, 레몬즙 1큰술
말린 크랜베리 2큰술, 냉동 유기농 블랙베리 300그램 또는 신선한 블랙베리 1박스
메이플 시럽 1~2큰술, 장식용 시나몬 또는 육두구

사과주스 농축액을 소테팬에 넣고 가열합니다. 배, 클로브, 시나몬 스틱, 레몬즙, 크랜베리를 추가합니다. 배가 부드러워질 때까지 주스에 배를 넣고 끓입니다. 액체가 흡수되어 배의 겉면이 드러나면 사과 주스나 물을 더 추가합니다. 배는 액체에 잠긴 상태를 유지해야 합니다. 달군 별도의 소테팬에 블랙베리를 넣고 볶기 시작합니다. 불을 줄이고 블랙베리가 분해되어 주스가 만들어질 때까지 기다립니다. 필요한 경우 사과 주스를 약간 추가하여 액체를 만듭니다. 차려내기 직전에 메이플 시럽을 추가합니다. 베리류의 시큼함이나 단맛에 따라 양을 조절합니다.

차려내기

액체에서 배를 건져냅니다. (액체는 다른 용도로 사용하기 위해 남겨둡니다) 디저트 접시 중앙에 배를 놓습니다. 배와 베리 소테에서 나온 주스를 숟가락으로 떠서 올립니다. 시나몬 또는 육두구를 뿌려 장식합니다.

아메리칸 비스트로 요리

당근 실란트로 수프

구운 야채 보리 리조또

크랜베리와 고구마 처트니

사과 비네그레트를 곁들인 유기농 필드 그린스

아몬드 프랄린을 곁들인 코코아 두부 무스

당근 실란트로 수프

버터기름 1작은술, 다진 부추 1컵, 다진 신선한 생강 1큰술
후추 1작은술, 붉은 칠리 플레이크 1/2작은술

저염 간장 또는 타마리 소스 1큰술, 깍둑썰기한 당근 3컵

다진 황금 건포도 1/4컵, 말린 실란트로 2작은술

커민 1작은술, 아사푀티다 1작은술, 야채 육수 4~5컵

레몬즙 1작은술, 저지방 코코넛 밀크 1컵, 실란트로 또는 파슬리 2큰술

수프 냄비에 버터기름을 두르고 부추와 생강을 넣습니다. 후추, 칠리 플레이크, 저염 간장 1티스푼을 넣으세요. 당근과 건포도를 추가합니다. 2~3분간 볶습니다. 실란트로, 커민, 아사푀티다, 나머지 저염 간장을 추가합니다. 3~5분간 계속 볶습니다. 옅은 갈색이 될 때까지 볶습니다. 혼합물이 너무 건조해지면 육수를 약간 추가합니다. 야채 육수를 추가하여 덮고 끓입니다. 당근이 부드러워질 때까지 수프를 조리합니다. 푸드 프로세서나 핸드 블렌더로 수프를 퓌레로 만듭니다. 차려내기 직전에 레몬과 코코넛 밀크를 추가합니다. 갓 다진 실란트로나 파슬리로 장식합니다.

구운 야채 보리 리조또

버터기름 또는 올리브 오일 1작은술, 다진 중간 크기의 부추 3개

허브와 부추를 넣어 풍미를 더한 야채 육수 6~8컵

저염 간장 또는 타마리 소스 1작은술, 발사믹 식초 1작은술

말린 바질 1큰술 후추 1작은술, 유기농 보리 2컵

달군 프라이팬에 버터기름을 두르고 부추를 넣습니다. 1분간 볶다

가 야채 육수 2큰술, 저염 간장, 식초, 바질, 후추를 추가합니다. 부추가 투명해질 때까지 볶습니다. 보리를 추가합니다. 큰 스푼으로 보리를 팬에 넣고 갈색이 나도록 저어줍니다. 보리가 너무 마르지 않도록 주의하세요. 필요하면 육수 1/2컵을 추가합니다. 보리가 노릇노릇해질 때까지 볶습니다. 혼합물이 졸아들면 한 번에 육수 1/2컵을 계속 추가합니다. 보리가 육수에 충분히 잠길 정도면 됩니다. 조리하는 동안 사용할 수 있도록 뚜껑을 가까이에 둡니다. 몇 분마다 확인하고 저어주며 보리가 잠길 만큼 충분한 액체가 냄비에 남았는지 확인합니다. 빠르게 끓일 경우 30분 정도가 소요됩니다.

구운 야채

당근 2개, 주키니 호박 2개, 중간 크기의 가지 1개
올리브 오일 1큰술, 저염 간장 또는 타마리 소스 1큰술
발사믹 식초 1큰술, 후추 1작은술, 이탈리아 허브 1큰술

당근, 호박, 가지의 끝부분을 제거합니다. 각각 반으로 자릅니다. 각각 6밀리미터 두께로 썰어줍니다. 따로 보관합니다. 오일, 저염 간장, 식초, 후추, 이탈리안 허브를 큰 볼에 넣고 섞습니다. 거품기로 휘젓습니다. 야채를 넣고 가볍게 뒤적입니다. 볼에서 꺼내 기름을 바른 시트 팬에 펼쳐 놓습니다. 350도에서 30분간 오븐에 굽습니다. 야외 그릴에서 구워도 됩니다. 오븐에서 꺼내 식힙니다.

조합하기

구운 고추 1/2컵, 익힌 흰콩 1컵

다진 생 로즈마리 1큰술, 다진 신선한 민트 1큰술

얇게 썬 신선한 바질 2큰술

다진 토마토 1컵, 다진 파슬리 1/4컵

보리가 익고 액체가 흡수되면 보리가 부드러워질 때까지 육수를 계속 추가합니다. 너무 익지 않도록 주의하세요. 구운 야채를 한입 크기로 썰어줍니다. 다진 야채를 익힌 보리와 함께 냄비에 넣습니다. 구운 붉은 고추와 익힌 흰콩을 추가합니다. 다진 로즈메리, 민트, 바질을 냄비에 넣습니다. 모든 재료를 버무립니다. 리조또를 보기 좋은 접시에 담고 갓 다진 파슬리와 토마토로 장식합니다. 강판에 간 치즈를 추가하여 풍성한 맛을 더합니다.

크랜베리와 고구마 처트니(과일 · 설탕 · 향신료와 식초로 만드는 걸쭉한 소스)

버터기름 1작은술, 다진 부추 또는 샬롯 1/2컵, 후추 1작은술

저염 간장 또는 타마리 소스 1작은술, 잘게 썬 고구마 2컵

말린 크랜베리 1컵, 유기농 사과 주스 농축액 1캔

클로브 1/2작은술, 시나몬 스틱 3개, 말린 카다몬 1/2작은술

발사믹 식초 1큰술, 유기농 사과 식초 1작은술, 실란트로 1/2작은술

소테팬에 버터기름을 두르고 부추를 넣습니다. 1분간 볶은 다음 후

추, 저염 간장, 고구마를 추가합니다. 3~4분간 함께 볶습니다. 크랜베리와 사과 주스를 추가합니다. 클로브와 시나몬 스틱을 넣습니다. 액체가 녹고 한소끔 끓으면 카다몬, 발사믹 식초, 유기농 사과 식초, 실란트로를 추가합니다. 혼합물을 약한 불에서 최대 1시간 동안 끓입니다. 액체가 줄어들면서 부드러우면서도 걸쭉한 농도가 되어야 합니다. 따뜻하게, 또는 차갑게 차려냅니다.

사과 비네그레트(식초에 갖가지 허브를 넣어 만든 샐러드용 드레싱)를 곁들인 유기농 필드 그린스

새콤한 맛이 강한 푸른 사과 1개 다진 것, 물 1/2컵에 부은 레몬즙 1큰술
볶은 아몬드 1/4컵, 유기농 필드 그린 3컵, 씻은 시금치 1컵
잘게 부순 페타 치즈 1/4컵, 빨간 혹은 노란 방울토마토 1/2컵
해바라기 또는 알팔파 새싹 1컵

드레싱

사과 주스 1컵, 발사믹 식초 1/4컵, 꿀 1/4컵
타라곤 1작은술, 타임 1작은술, 다진 파슬리 2큰술
다진 바질 2큰술, 올리브 오일 1/4컵

다진 사과를 레몬 물에 담급니다. 아몬드를 베이킹 시트에 놓고 오븐에서 20분간 굽거나 살짝 볶습니다. 올리브 오일을 제외한 드레싱 재료를 블렌더에 넣습니다. 부드러워질 때까지 섞습니다. 올리브 오

일을 천천히 넣고 혼합물이 걸쭉해질 때까지 섞습니다. 채소, 물기를 제거한 사과, 페타 치즈, 토마토를 샐러드 볼에 넣습니다. 드레싱과 함께 버무립니다. 샐러드를 접시에 담고 아몬드와 해바라기 새싹으로 장식합니다.

아몬드 프랄린(설탕에 견과류를 넣고 졸여 만든 것)**을 곁들인 코코아 두부 무스**
버터기름, 또는 무염 버터, 또는 카놀라유(비건 채식인의 경우) 2큰술
사과주스 2큰술, 달지 않은 초콜릿 칩 1컵, 바닐라 추출물 2작은술
단단한 두부 340그램, 메이플 시럽 1/4컵
바닐라 추출물 2작은술, 장식용 코코넛 또는 신선한 과일

작은 냄비에 버터기름과 사과주스를 넣고 초콜릿 칩, 바닐라와 함께 녹입니다. 타지 않도록 자주 저어주세요. 원한다면 중탕을 해도 됩니다. 칩이 녹으면 불을 끄고 크림 같은 농도가 될 때까지 저어줍니다. 따로 보관합니다.

블렌더나 푸드 프로세서에 두부, 메이플 시럽, 바닐라 추출물을 넣습니다. 1분간 고속으로 섞습니다. 옆면을 긁어내어 부드러운 질감이 될 때까지 계속 섞습니다. 녹인 칩을 블렌더나 푸드 프로세서에 추가합니다. 부드럽고 잘 섞일 때까지 계속 섞습니다. 무스를 작은 디저트 볼에 숟가락으로 떠서 담거나 뚜껑이 꼭 맞는 용기에 보관합니다. 냉장고에 넣어 차갑게 식힙니다.

아몬드 프랄린
버터기름 1큰술, 메이플 시럽 2큰술, 얇게 썬 아몬드 1컵

작은 소테팬에 버터기름과 메이플 시럽을 넣고 가열합니다. 아몬드를 추가합니다. 자주 저으면서 아몬드를 잘 코팅하고 노릇노릇해질 때까지 볶습니다. 불을 끄고 식힙니다. 아몬드 프랄린과 코코넛 또는 신선한 과일로 장식합니다.

중동 요리

시금치와 렌틸콩 수프

후무스

퀴노아 타불리

크리미 두부 오이 민트 라이타

라따뚜이 스튜

메이플 월넛 필로 트라이앵글

시금치와 렌틸콩 수프

버터기름 1작은술, 레드 칠리 플레이크 1/2작은술, 마늘 3쪽(선택 사항)

생강 1작은술, 부추 또는 양파 2컵, 후추 1/2작은술

다진 신선한 로즈마리 1작은술, 저염 간장 또는 타마리 소스 1큰술

불거 밀(밀을 반쯤 삶아서 말렸다가 빻은 것) 1/2컵

커민 1작은술, 올스파이스 1/2작은술, 잘 씻은 렌틸콩 1컵

야채 육수 5컵, 월계수 잎 2장, 토마토 페이스트 2큰술

다진 신선한 시금치 4컵

수프 냄비에 버터기름을 두르고 고춧가루, 마늘, 생강, 파를 넣습니다. 후추, 로즈마리, 저염 간장을 추가합니다. 2~3분간 볶습니다. 불거 밀을 넣고 노릇노릇해질 때까지 볶습니다. 커민과 올스파이스를 넣고 계속 볶습니다. 잘 씻은 렌틸콩과 육수, 월계수 잎을 추가합니다. 수프를 끓입니다. 토마토 페이스트를 추가한 후 불을 줄입니다. 렌틸콩이 부드러워질 때까지 수프를 약하게 끓입니다. 시금치를 넣고 조금 기다립니다. 수프 그릇에 나누어 담고 고명을 올립니다.

가니쉬

갓 다진 파슬리 1/4컵, 다진 토마토 2컵, 다진 신선한 마늘 2쪽(선택 사항)

파슬리, 토마토, 마늘(선택 사항)을 섞어 개별 그릇에 담습니다. 수프를 국자로 떠서 혼합물 위에 올립니다.

후무스

다진 파슬리 1/4컵, 다진 대파 1개 또는 다진 부추 1큰술

다진 마늘 2작은술 또는 마늘 가루 1작은술

하룻밤 불려서 부드러워질 때까지 익힌 가르반조 콩 1컵

타히니(중동 지역에서 먹는, 참깨를 으깬 반죽 또는 소스) 2큰술

레몬즙 2큰술, 저염 간장 또는 타마리 소스 2작은술

커민 1작은술, 카이엔(붉은 고추) 1/4작은술, 말린 딜 1작은술

파슬리, 파, 마늘을 푸드 프로세서에 넣고 다집니다. 나머지 재료를 추가하고 부드러워질 때까지 계속합니다. 레몬즙 또는 향신료로 맛을 내고 기호에 맞게 조절합니다. 후무스는 질감이 되직해야 합니다.

퀴노아 타불리(퀴노아와 야채로 만든 샐러드)

퀴노아 1컵, 끓는 물 2컵, 버터기름 또는 올리브 오일 1작은술

다진 부추 또는 양파 1/2컵, 야채 육수 1/4컵

깍둑썰기한 토마토 2컵 또는 깍둑썰기한 야채(호박, 스쿼시, 당근, 고구마)

익힌 가르반조 콩 또는 흰콩 1컵, 다진 신선한 이탈리안 파슬리 1/2컵

다진 신선한 민트 1/4컵, 다진 칼라마타 올리브 2큰술, 씨를 제거한 것

드레싱

레몬 주스 1/4컵, 올리브 오일 1큰술, 발사믹 식초 1큰술

말린 딜 1작은술, 소금과 후추 각각 1/2작은술

다진 마늘 2쪽 또는 마늘 가루 1작은술

물 2컵을 끓입니다. 퀴노아를 넣고 뚜껑을 덮습니다. 불을 줄이고 15~20분간, 또는 수분이 흡수될 때까지 끓입니다. 포크로 치댄 후 믹싱 볼에 넣고 따로 보관합니다. 팬에 버터기름이나 올리브 오일을 두르고 달굽니다. 부추를 넣고 짧게 볶습니다. 혼합물이 졸아들면 야채 육수를 추가합니다. 야채 2컵을 넣고 옅은 갈색이 될 때까지 볶습니다. 토마토는 신선하게 보관하세요. 토마토는 볶을 필요가 없습니다. 불에서 야채를 꺼내 식힙니다. 콩, 파슬리, 민트, 올리브를 볼에 넣고 퀴노아와 함께 버무립니다. 별도의 볼에 드레싱 재료를 넣고 휘저은 뒤 퀴노아 혼합물 위에 부어줍니다. 이 필라프는 전채요리와 함께 따뜻하게 제공하거나 아티초크, 호박, 스쿼시 같은 채소를 채우는 소로 사용할 수 있습니다. 차가운 샐러드로도 좋습니다.

크리미 두부 오이 민트 라이타(요구르트를 넣어 다진 생채소 요리)

단단한 두부 170그램, 레몬주스 1/4컵
저염 간장 또는 타마리 소스 1작은술
커민 1작은술, 말린 딜 1작은술, 껍질을 벗겨 다진 오이 2개
잘게 썬 민트 1/2컵, 갓 다진 실란트로 1/4컵

블렌더 또는 푸드 프로세서에 두부, 레몬주스, 저염 간장을 넣습니다. 부드러워질 때까지 섞습니다. 커민과 딜을 추가합니다. 블렌더에서 분리하여 혼합물을 볼에 담습니다. 다진 오이와 신선한 허브를 추가합니다. 혼합물이 너무 걸쭉하면 사과 주스나 물을 약간 추가하여 크림 같은 질감으로 만듭니다. 두부 대신 요구르트를 사용해도 좋습니다.

라따뚜이 스튜

올리브 오일 또는 버터기름 1큰술, 다진 부추 2큰술
후추 1작은술, 마늘 가루 1작은술(선택 사항), 저염 간장 1큰술
이탈리아 향신료 2작은술, 깍둑썰기 한 큰 가지 1개
깍둑썰기한 큰 주키니 호박 2개, 깍둑썰기한 녹색과 빨간색 피망 3개
깍둑썰기한 토마토 2컵, 야채 육수 1 1/2컵, 얇게 썬 바질 1/2컵

큰 수프 냄비에 올리브 오일을 두르고 부추, 후추, 마늘, 저염 간장, 이탈리아 향신료를 넣습니다. 가지, 애호박, 피망을 넣고 4~5분간 볶습니다. 토마토를 넣고 계속 끓입니다. 혼합물이 졸아들기 시작하면 야채 육수를 추가합니다. 스튜는 약한 불에서 20~30분간 끓여야 합니다. 차려내기 직전에 신선한 바질을 추가합니다.

메이플 필로 월넛 트라이앵글

버터기름 1작은술, 메이플 시럽 2큰술, 굵게 다진 호두 2컵
코코넛 플레이크 1/4컵, 시나몬 1작은술, 통밀 페이스트리 필로 12장

버터기름 또는 식물성 오일 1/4컵, 육두구 1작은술

소테팬에 버터기름과 메이플 시럽을 넣고 가열합니다. 호두를 넣고 잘 코팅될 때까지 볶습니다. 코코넛 플레이크와 시나몬을 넣고 저어 줍니다. 잘 코팅될 때까지 계속 섞어줍니다.

필로 페이스트리 시트를 통째로 6밀리미터 조각으로 자릅니다. 페이스트리 브러시로 버터기름을 시트에 아주 가볍게 펴 바릅니다. (버터 기름 대신 식물성 오일을 사용할 수도 있습니다. 시트에 오일을 가볍게 바릅니다) 네 개의 스트립을 서로 겹쳐 쌓습니다. 다진 호두 혼합물 일부를 필로 페이스트리의 모서리에 넣습니다. 모서리부터 삼각형으로 접고 삼각형이 완성될 때까지 계속 접습니다. 기름을 바른 시트 팬에 놓고 그 위에 버터기름을 살짝 바른 뒤 육두구를 뿌립니다. 350도에서 10~15분간, 또는 노릇하게 갈색이 될 때까지 굽습니다.

몸은 우리가 먹는 음식으로 만들어지는
에너지, 변형, 지성의 장입니다.

들어가며
생각의 감옥에서 탈출하라

Langer, Ellen. *Mindfulness*. Reading, Mass.: Perseus Books, 1989.

Leaf, Alexander. *Youth in Old Age*. New York: McGraw–Hill, 1975.

실천 1
생각을 전환해 젊음을 되찾아라

Grey, Alex. *Sacred Mirrors: The Visionary Art of Alex Grey*. Rochester, Vt.: Inner Traditions International, 1990.

Murchie, Guy. *The Seven Mysteries of Life*. Boston: Houghton Mifflin, 1978, pp. 321–22.

실천 2
깊은 휴식으로 젊음을 되찾아라

스트레스

Cannon, Walter. *Voodoo death. American Anthropologist* 44(1943): 168–81.

Selye, Hans. *The Stress of Life*. New York: McGraw–Hill, 1978.

명상

Elson, B. D.; P. Hauri; and D. Cunis. *Physiological changes in yoga meditation*. Psychophysiology 14(1977):52–57.

Ghista, D. N.; D. Nandagopal; et al. Physiological characterization of the "meditative state" during intuitional practice (the Ananda Marga system of meditation) and its therapeutic value. *Medical and Biological Engineering* 14(1976):209–13.

Glaser, J. L.; J. L. Brind; et al. Elevated serum dehydroepiandrosterone sulfate levels in practitioners of the Transcendental Meditation (TM) and TM–Sidhi programs. *Journal of Behavioral Medicine* 15(1992): 327–41.

Wallace, R. K. Physiological effects of transcendental meditation. *Science* 167, no. 926 (1970):1751–54.

Wallace, R. K.; M. Dillbeck; et al. The effects of the transcendental meditation and TM—Sidhi program on the aging process. *International Journal of Neuroscience* 16(1982):53—58.

수면

Chopra, D. *Restful Sleep*. New York: Harmony Books, 1994.

Czeisler, C. A.; and E. B. Klerman. Circadian and sleep—dependent hormone release in humans. *Recent Progress in Hormone Research* 54(1999):97—130; discussion 130—32.

Irwin, M.; A. Mascovich; et al. Partial sleep deprivation reduces natural killer cell activity in humans. *Psychosomatic Medicine* 56(1994): 493—98.

Shochat, T.; J. Umphress; et al. Insomnia in primary care patients. *Sleep* 22, Suppl. 2 (1999):S359—65.

실천 3
건강한 음식으로 젊음을 되찾아라

Key, Tj; G. K. Davey; and P. N. Appleby. Health benefits of a vegetarian diet. *Proceedings of the Nutrition Society* 58(1999):271—75.

Segasothy, M., and P. A. Phillips. Vegetarian diet: panacea for modern lifestyle diseases? *Quarterly Journal of Medicine* 92(1992):531—44.

Walter, P. Effects of vegetarian diets on aging and longevity. *Nutrition Reviews* 55, no. 1 Pt 2 (1997):S61—S65; discussion S65—S68.

실천 4
영양 보충제로 젊음을 되찾아라

영양 보충제 권장 사항의 과학적 근거에 관심이 있는 독자를 위해 아래에 자세한 참고 문헌 목록이 제공됩니다.

Bauliey, E.; G. Thomas; et al. Dehydroepiandrosterone (DHEA), DHEA sulfate, and aging: contribution of the DHEAge Study to a sociobiomedical issue. *Proceedings of the National Academy of Sciences* 97(2000):4279-84.

Bell, K. M.; S. G. Potkin; et al. S-adenosylmethionine blood levels in major depression: changes with drug treatment. *Acta Neurologica Scandinavica Supplementum* 154(1994):15-18.

Bressa, G. M. S-adenosyl-1-methanonine (SAMe) as antidepressant: meta-analysis of clinical studies. *Acta Neurologica Scandinavica Supplementum* 154(1994):7-14.

Cohn, L.; A. G. Feller; et al. Carpal tunnel syndrome and gynaecomastia during growth hormone treatment of elderly men with low circulating IGF-I concentrations. *Clinical Endocrinology* 39(1993):417-25.

Crook, T. H.; J. Tinklenberg; et al. Effects of phosphatidylserine in age-associated memory impairment. *Neurology* 41(1991):644-49.

Emmert, D. H., and J. T. Kirchner. The role of vitamin E in the prevention of heart disease. *Archives of Family Medicine* 8(1999):537-42.

Fine, A. M. Oligomeric proanthocyanidins complexes: history, structure, and phytopharmaceutical applications. *Alternative Medicine Review* 5(2000):144-51.

Glaser, J. L.; J. L. Brind; et al. Elevated serum dehyroepiandrosterone sulfate levels in practitioners of transcendental meditation TM and TM-Sidhi programs. *Journal of Behavioral Medicine* 15(1992): 327-41.

Grimble, R. E., and P. S. Tappia. Modulation of pro-inflammatory cytokine biology by unsaturated fatty acids. *Zeitschrift für Ernährungswissenschaft* 37 Suppl. 1(1998):57-65.

Head, K. A. Ascorbic acid in the prevention and treatment of cancer. *Alternative Medicine Review* 3(1998):174-86.

Huppert, F. A.; J. K. Van Niekerk; and J. Herbert. Dehydroepiandrosterone

(DHEA) supplementation for cognition and well-being. *The Cochrane Database of Systematic Reviews* 2(2000):CD000304.

Kroboth, P.; S. Firoozeh; et al. DHEA and DHEA-S: A Review. *Journal of Clinical Pharmacology* 39(1999):327-48.

Langsjoen, P. H., and A. M. Langsjoen. Overview of the use of CoQ10 in cardiovascular disease. *Biofactors* 9(1999):273-84.

McAlindon, T. E.; P. Jacques; et al. Do antioxidant micronutrients protect against the development and progression of knee osteoarthritis? *Arthritis and Rheumatology* 39(1996):648-56.

McAlindon, T. E.; M. P. La Valley; et al. Glucosamine and chondroitan for treatment of osteoarthritis: a systematic quality assessment and meta-analysis. *Journal of the American Medical Association* 283 (2000):1469-75.

Marcell, T. J.; D. R. Taaffe; et al. Oral arginine does not stimulate basal or augment exercise-induced GH secretion in either young or old adults. Journal of Gerontology. Series A, *Biological Sciences and Medical Sciences* 54(1999):M395-99.

Martin-Du Pan, R. C. Are the hormones of youth carcinogenic? Annales d'Endocrinologie (Ann Endocrinol [Paris]) 60(1999):392-97.

Meydani, S. N.; M. Meydani; et al. Vitamin E supplementation and in vivo immune response in healthy elderly subjects. *Journal of the American Medical Association* 277(1997):1380-86.

Papadakis, M. A.; D. Grady; et al. Growth hormone replacement in healthy older men improves body composition but not functional ability. *Annals of Internal Medicine* 124(1996):708-16.

Perkins, A. J.; H. C. Hendrie; et al. Association of antioxidants with memory in a multiethnic elderly sample using the Third National Health and Nutrition Examination Survey. *American Journal of Epidemiology* 150(1999):37-44.

Pryor, W. A.; W. Stahl; and C. L. Rock. Beta-carotene: from biochemistry to clinical trials. *Nutrition Reviews* 58(2000):39-53.

Richardson, J. S. Neuroprotective agents. *Physical Medicine and Rehabilitation Clinics of North America* 10(1999):447-61.

Rigney, U.; S. Kimber; and I. Hindmarch. The effects of acute doses of standardized Ginkgo biloba extract on memory and psychomotor performance in volunteers. *Phytotherapy Research* 13(1999): 408-15.

Rimm, E. B., and M. J. Stampfer. Antioxidants for vascular disease. *Medical Clinics of North America* 84(2000):239-49.

Rudman, D.; A. G. Feller; et al. Effects of human growth hormone in men over 60 years old. *New England Journal of Medicine* 323(1990): 1-6.

Salvioli, G., and M. Neri. L-acetylcarnitine treatment of mental decline in the elderly. *Drugs under Experimental and Clinical Research* 20(1994):169-76.

Seshadri, N., and K. Robinson. Homocysteine, B vitamins, and coronary artery disease. *Medical Clinics of North America* 84(2000):215-37.

Shklar, G., and O. Se-Kying. Experimental basis for cancer prevention by vitamin E. *Cancer Investigation* 18(2000):214-22.

Thal, L. J.; A. Carta; et al. A one-year multicenter placebo-controlled study of acetyl-L-carnitine in patients with Alzheimer's disease. *Neurology* 47(1996):705-11.

Yarasheski, K. E.; J. J. Sachwieja; et al. Effect of growth hormone and resistance exercise on muscle growth and strength in older men. *American Journal of Physiology* 268, no. 2 pt 1 (1995):E268-76.

실천 5
몸과 마음의 통합으로 젊음을 되찾아라

Garfinkel, M., and H. R. Schumacher, Jr. Yoga. *Rheumatic Diseases Clinics of North America* 26(2000):125−32.

Garfinkel, M. S.; A. Singhal; et al. Yoga−based intervention for carpal tunnel syndrome: a randomized trial. *Journal of the American Medical Association* 280(1998):1601−3.

Hong, Y.; J. X. Li; and P. D. Robinson. Balance control, flexibility and cardiorespiratory fitness among older Tai chi practitioners. *British Journal of Sports Medicine* 34(2000):29−34.

Jain, S. C.; A. Uppal; et al. A study of response pattern of non−insulin dependent diabetics to yoga therapy. *Diabetes Research and Clinical Practice* 19(1993):69−74.

Khanam, A. A.; U. Sachdeva; et al. Study of pulmonary and autonomic functions of asthma patients after yoga training. *Indian Journal of Physiology and Pharmacology* 40(1996):318−24.

Mayer, M. Qigong and hypertension: a critique of research. *Journal of Alternative and Complementary Medicine* 5(1999):371−82.

Pandya, D. P.; V. H. Vyas; and S. H. Vyas. Mind−body therapy in the management and prevention of coronary disease. *Comprehensive Therapy* 25(1999):283−93.

Wolf, S. L.; H. X. Barnhart; N. G. Kutner; et al. Reducing frailty and falls in older persons: an investigation of Tai Chi and computerized balance training. Atlanta FICSIT Group. Frailty and Injuries: Cooperative Studies of Intervention Techniques. *Journal of the American Geriatric Society* 44(1996):489−97.

Xu, S. H. Psychophysiological reactions associated with qigong therapy. *Chinese Medical Journal* (English) 107(1994):230−33.

실천 6
규칙적인 운동으로 젊음을 되찾아라

Carpenter, D. M., and B. W. Nelson. Low back strengthening for the prevention and treatment of low back pain. *Medicine and Science in Sports and Exercise* 31(1999):18−24.

Douillard, J. Body, Mind and Sport. New York: Random House, 1994.

Evans, W., and I. H. Rosenberg. Biomarkers−*The 10 Determinants of Aging You Can Control*. New York: Simon & Schuster, 1992.

Fox, K. R. The influence of physical activity on mental well−being. *Public Health Nutrition* 2(1999):411−18.

Hassmen, P.; N. Koivula; and A. Uutela. Physical exercise and psychological well−being: a population study in Finland. *Preventive Medicine* 30(2000):17−35.

Kokkinos, P. F., and V. Papademetriou. Exercise and hypertension. *Coro naryArtery Disease* 11(2000):99−102.

Messier, S. P.; T. D. Royer; et al. Long−term exercise and its effect on balance in older, osteoarthritic adults: results from the Fitness, Arthritis, and Seniors Trial (FAST). *Journal of the American Geriatric Society* 48(2000):131−38.

Miller, T. D.; G. J. Balady; and G. F. Fletcher. Exercise and its role in the prevention and rehabilitation of cardiovascular disease. *Annals of Behavioral Medicine* 19(1997):220−29.

Roberts, J. M., and K. Wilson. Effect of stretching duration on active and passive range of motion in the lower extremity. *British Journal of Sports Medicine* 33(1999):259−63.

Rockhill, B.; W. C. Willett; et al. A prospective study of recreational physical activity and breast cancer risk. *Archives of Internal Medicine* 25;159(1999):2290−96.

Saltin, B.; J. H. Blomqvist; et al. Responses to exercise after bed rest and after training. *Circulation* 38, supplement 7 (1968):VII−1 to VII−78.

Ulrich, C. M.; C. C. Georgiou; et al. Lifetime physical activity is associated with bone mineral density in premenopausal women. *Journal of Women's*

Health 8(1999):365-75.

실천 7
독소를 제거해 젊음을 되찾아라

Batmanghelidj, F. *Your Body's Many Cries for Water*. Falls Church, Va.: Global Health Solutions, 1997.

Mack, G. W.; C. A. Weseman; et al. Body fluid balance in dehydrated healthy older men: thirst and renal osmoregulation. *Journal of Applied Physiology* 76(1994):1615-23.

Raichur, P. *Absolute Beauty*. New York: HarperPerennial, 1997.

Rosenberg, M. B. *Nonviolent Communication*. Del Mar, Calif.: Puddle-Dancer Press, 1999.

Sachs, M. *Ayurvedic Beauty Care*. Twin Lakes, Wis.: Lotus Press, 1994.

Stookey, J. D. The diuretic effects of alcohol and caffeine and total water intake misclassification. *European Journal of Epidemiology* 15 (1999):181-88.

Stout, N. R.; R. A. Kenny; and P. H. Baylis. A review of water balance in aging in health and disease. *Gerontology* 45(1999):61-66.

실천 8
유연함을 키워 젊음을 되찾아라

Course in Miracles, A. Tiburon, Calif.: Foundation for Inner Peace, 1975.

Easwaran, Eknath. *Dialogue With Death*. Tomales, Calif.: Nilgiri Press, 1998.

Goswami, Amit. *Quantum Creativity*. Cresskill, N.J.: Hampton Press, 1999.

Agarwal, R.; S. Diwanay; et al. Studies on immunomodulatory activity of Withania somnifera (Ashwagandha) extracts in experimental immune inflammation. *Journal of Ethnopharmacology* 67(1999): 27–35.

Al–Qarawi, A. A.; H. A. Abdel–Rahman; et al. The effect of extracts of cynomorium coccineum and withania somnifera on gonadotrophins and ovarian follicles of immature wistar rats. *Phytotherapy Research* 14(2000):288–90.

Brecher, E. M. *Love, Sex and Aging*. Consumer's Union report. Boston: Little, Brown, 1984.

Choi, Y. D.; R. H. Rha; and H. K. Choi. In vitro and in vivo experimental effect of Korean red ginseng on erection. *Journal of Urology* 162 (1999):1508–11.

Deepak and friend: *A Gift of Love*. New York: Tommy Boy Music, 1998.

Frasure–Smith, N., and R. Prince. The ischemic heart disease life stress monitoring program: impact on mortality. *Psychosomatic Medicine* 47(1985):431–45.

McClelland, D. C. The effect of motivational arousal through films on salivary immunoglobulin A. *Psychology and Health* 2(1988):31–52.

Medalie, J. H., and U. Goldbourt. Angina pectoris among 10,000 men. II. Psychosocial and other risk factors as evidenced by a multivariate analysis of a five–year incidence study. *American Journal of Medicine* 60(1976):910–21.

Nerem, R. M.; M. J. Levesque; and J. F. Cornhill. Social environment as a factor in diet–induced atherosclerosis. *Science* 1980; 208(1980): 1475–76.

Sharma, S.; S. Ramji; et al. Randomized controlled trial of Asparagus racemosus (Shatavari) as a lactogogue in lactational inadequacy. *Indian Pe-*

diatrics. 33(1996):675-77.

Simon, D., and D. Chopra. *The Chopra Center Herbal Handbook—Forty Natural Prescriptions for Perfect Health*. New York: Three Rivers Press, 2000. For more information on ashwagandha, shatavari, and amalaki.

Spiegel, D.; J. R. Bloom; et al. Effect of psychosocial treatment on survival of patients with metastatic breast cancer. *Lancet* 2(1989):888-91.

실천 10
싱싱한 마음으로 젊음을 되찾아라

Kamei, T.; H. Kumano; and S. Masumura. Changes of immunoregulatory cells associated with psychological stress and humor. *Perceptual and Motor Skills* 84(1997):1296-98.

Ladinsky, D. *I Heard God Laughing-Renderings of Hafiz*. Walnut Creek, Calif.: Sufism Reoriented, 1996.

Maslow, A. H.; R. Frager; and J. Fadiman. *Motivation and Personality*. Boston: Addison-Wesley Pub. Co., 1997.

Richman, J. The lifesaving function of humor with the depressed and suicidal elderly. *Gerontologist* 35(1995):271-73.

마치며

Hilton, J. *Lost Horizon*. New York: Pocket Books/Simon & Schuster, 1933, 1960.

Osho. *The Book of Secrets*. New York: St. Martin's Griffin, 1974.